ECKART WITZIGMANN
Kulinarische Kreationen

ECKART WITZIGMANN

Kulinarische Kreationen

Die neuen Rezepte von Deutschlands erstem Drei-Sterne-Koch

Mit Farbfotos
von
Johann Willsberger

Mitarbeit:
Bernd Neuner-Duttenhofer

Wilhelm Heyne Verlag
München

4. Auflage
Copyright © 1983 by Wilhelm Heyne Verlag
GmbH & Co. KG, München
Innenbebilderung und Foto Schutzumschlag:
Johann Willsberger
Schutzumschlag und graphische Gestaltung:
Atelier Ingrid Schütz, München
Redaktion, Produktbeschreibungen, Kapiteleinleitungen:
Bernd Neuner-Duttenhofer
Schlußredaktion: Ingrid Kaufmann
Satz: Fertigsatz, München
Druck und Bindung: Wiener Verlag
Printed in Austria 1984
ISBN 3-453-36002-8

Inhaltsverzeichnis

Vorwort	7
Vorspeisen	11
Suppen	35
Fisch	49
Schalen- und Krustentiere	81
Fleisch	101
Innereien	121
Geflügel	137
Wild	153
Gemüse	171
Desserts	189
Verzeichnis der Rezepte	220
Register	221

Am Anfang jeder Kochkunst steht die Natur – eine Küche kann nicht besser sein als die Produkte, von der sie ausgeht. Diese einfache, geradezu banale Aussage birgt in sich die Grundlagen der Persönlichkeit, der Arbeit und des Erfolges von Eckart Witzigmann. Der „Kopf aus Früchten und Gemüsen" von Anita Albus aus dem Jahre 1978 ist nicht nur ein Stilleben, das menschliche Züge angenommen hat: Es ist das Portrait von Eckart Witzigmann. Des Koches, der als Junge Gärtner werden wollte. Dessen Wesen, dessen Charme reine Natur ist. Der den Wald, die Berge, die Früchte, die Gemüse, die Kräuter liebt. Der sein Restaurant ganz schlicht „Aubergine" genannt und damit zugleich sein Programm entworfen hat.

Die Arbeit des Koches beginnt mit den Produkten. Nicht in der Küche, sondern auf dem Markt, beim Gärtner, beim Prüfen und Abschmecken der Waren. Gerade bei uns in Deutschland hat man die Qualität der Produkte zugunsten einer billigeren Großproduktion sträflich vernachlässigt. Deshalb in diesem Buch immer wieder eine Produktbeschreibung mit häufigen Hinweisen auf bessere ausländische Erzeugnisse. Früher gab es mehr Spitzenprodukte auch bei uns: Wer in älteren Kochbüchern liest, muß feststellen, daß die dort geschilderten Qualitätsmerkmale heute allzuoft nicht mehr zu finden sind. Die nach dem Krieg erstellten Qualitätsnormen haben nicht den Geschmack gefördert, sondern auf Größe und Aussehen Wert gelegt.

Wer heute kochen will wie Eckart Witzigmann, muß wie er Umschau halten nach hochwertigen Produkten. Die Beschaffung der richtigen Ware ist für ihn zum Haupt-

problem geworden. Viele Händler und Gärtner wissen
nicht mehr, was Qualität ist.
Dabei hat Eckart Witzigmann einige Trümpfe in der
Hand: Wer würde wohl eher ein echtes Milchlamm
angeboten bekommen? Welcher Privatmann kann sich
den aufwendigen Import von Krustentieren und Fischen aus den besten Fanggebieten Europas leisten?
Wer kocht sich seine Trüffel ein, wenn sie relativ preiswert in ausgezeichneter Qualität zu haben sind? Andererseits: Wer einen Garten hat, verfügt über frischere
Kräuter als er. Pilze und Beeren kann sich jeder selbst
sammeln, und gutes deutsches Obst, Salate und Gemüse
findet man auf kleinen Märkten noch eher
als in den großen Städten.
So ist die Küche Witzigmanns im Grunde eine ganz
einfache Küche. Es kommt ihm nicht auf Exotisches,
Ausgefallenes an. Gute Produkte vorausgesetzt, läßt
sich sehr einfach kochen! Gewiß, er tut es mit einem
unglaublichen, fast manischen Streben nach Perfektion
– was ihm die drei Michelin-Sterne eingetragen hat.
Und die Bemühungen, den Geschmack zu optimieren
und zu konzentrieren, verlangen bei manchen Rezepten (es gibt aber auch ganz unkomplizierte!) Kochprozesse, die angst und bange machen können – in der
täglichen Küche muß man anders, kann man nicht so
aufwendig arbeiten. Aber ein Witzigmann-Rezept ist
ebensowenig Alltag wie ein Essen im „Aubergine". Es
ist die Grundlage für ein Fest, um das sich die Mühe
lohnt. Wie der Besuch des Restaurants ein Fest ist, bei
dem man die Freude des Koches Witzigmann an der Arbeit mit guten Produkten erlebt. Ein Fest, das die Freude
des Menschen Witzigmann und aller seiner Mitarbeiter
am Leben feiert ...
Bernd Neuner-Duttenhofer

Danksagung

Für die kreativen Beiträge und die
geopferte Freizeit
bei der Vorbereitung dieses Buches
bedanke ich mich herzlich
bei meinen Mitarbeitern und Freunden,
insbesondere bei

Karl Ederer
und
Bernard Thierry
Hans Haas
Alois Köpf
Johann Lafer
Georg Wörther
Urs Weidmann
Hans Ratgeb
Günter Rochelt
Hasi Unterberger
Manfred Ducci
Wolfgang Schwaiger
Thomas Mühlberger
Josef Burkhardt
Martin Friedrich
Martin Wösle

Noch einige praktische Hinweise: In einer Restaurant-Küche wird anders gearbeitet als im Haushalt. Vor allem die Vorbereitungsarbeiten, die sogenannte „mise en place", können nicht in den Pausen während der Zubereitung eines Gerichtes vorgenommen werden, sondern müssen vor dem eigentlichen Kochen erledigt sein. Deshalb in den Rezepten eine genaue Trennung, die auch im Haushalt interessant sein kann, wenn man für Gäste kocht und während eines mehrgängigen Menüs nur kurz in die Küche entschwinden will. Sonst können Sie selbstverständlich die Arbeitsabläufe völlig nach Ihrem persönlichem Stil abwandeln.
Gemüsewürfel, geschlagene Sahne, Fonds usw. werden manchmal in winzigen Mengen verwendet. Im Restaurant stehen sie ganz nach Bedarf immer zur Verfügung. Hier ist die Arbeit im Haushalt verhältnismäßig aufwendig. Manchmal allerdings kann man auch die eine oder andere Zutat weglassen, ersetzen (zum Beispiel einige Blättchen Sellerie verwenden, die man sich vom Markt mitgenommen hat, anstelle der 10 Gramm Staudenselleriewürfel), oder man friert solche Grundzubereitungen in Eiswürfelportionen ein.
Zu den Abmessungen: 1 l = 10 dl = 100 cl; 1 dl ist also ⅒ l oder 0,1 l. 1 EL ist genaugenommen 1,5 cl, doch sollten Sie eher mit Gefühl arbeiten und lieber einen kleinen, aber nicht zaghaften Schuß nehmen; und die verlangten 10 g Zwiebelwürfelchen nicht auf der Briefwaage abwiegen, sondern einen knappen Eßlöffel voll nehmen. Kochen ist in erster Linie eine kreative Tätigkeit – keine buchhalterische. Gehen Sie also mit Mut daran, kochen Sie, schmecken Sie ab und kleben Sie nicht an Buchstaben, Maßen und Gewichten!

Vorspeisen

In der modernen großen Küche haben die Vorspeisen eine überragende Bedeutung gewonnen. An ihnen kann sich die Kreativität des Kochs richtiggehend austoben, sie sind am wenigsten den klassischen Gesetzen der Zubereitung unterworfen. Die Vorspeisen waren es auch, die bei der Erneuerung der feinen Küche für größten Wirbel sorgten! Etwa die „salade folle", der „verrückte" Salat von Michel Guérard, heute etwas ganz Selbstverständliches. Vor 15 Jahren galt er als wahre Revolution.
Inzwischen haben vielerlei Zutaten, die einst mit Recht für unvereinbar gehalten wurden, unter dem milden Mantel einer zart-säuerlichen Vinaigrette zueinander gefunden, und mancher kühne Fehltritt pseudokulinarischer Imagination wäre lieber unterblieben. Denn wo Tor und Tür von genialen Köchen aufgestoßen wurden, tummelten sich schnell eine Menge Möchtegerns. Und so wurden gerade die überzogenen, unharmonischen Vorspeisen, die den Gast in die Küche eines Restaurants einstimmen, für die rasche Ablehnung der Neuen Küche von einem Großteil der klassischen Genießer verantwortlich. Zwei Böhnchen, eine winzige Scheibe gebratener Gänseleber, verbrämt mit Mango- und Kiwischeibe, machen noch keine Kreation aus und verärgern nur.
Inzwischen haben sich Unruhe und Verunsicherung ein wenig gelegt. Die wagemutigen Köche sind braver geworden, haben zu gediegenen Zusammenstellungen zurückgefunden, und der Wettstreit der Sensationen scheint beendet. Die Vorspeise – Salat oder Terrine, Risotto oder Nudelgericht – ist wieder, was sie sein soll: eine Vorankündigung der kommenden Genüsse.

Gänselebermousse mit hausgemachten Brioches

Rezeptur für 4 Personen:
150 g gegarte Gänseleber,
1 cl weißer Portwein,
1 cl Madeira, 1 cl Trüffeljus,
Salz, Pfeffer, Muskat,
50 g Butter,
100 g geschlagene Sahne
Für die Dekoration:
Abgezupfte Kerbelblättchen,
Trüffelscheiben oder
Geleewürfel (s. Seite 21),
angesetzt mit Sauternes
und Gelatine
Für die Brioches (20 Stück):
¹/₁₀ l Milch, 20 g Hefe,
250 g Mehl, 20 g Zucker,
10 g Salz, 2 Eigelb,
65 g weiche Butter,
Butter für die Förmchen,
1 Eigelb zum Bestreichen

ZUBEREITEN
Die Gänseleber durch ein Sieb streichen. Portwein, Madeira und Trüffeljus einkochen lassen, bis die Flüssigkeit eine sirupartige Konsistenz hat, und zur Gänseleber geben. Die Masse würzen und die in einem kleinen Topf nußbraun erhitzte, wieder etwas abgekühlte Butter unterziehen. Nun auf Eis die Schlagsahne mit der Masse aufziehen. Das Ganze soll nicht flüssig werden. Anschließend in eine Form füllen und einen ½ Tag lang kalt stellen.
Brioches: 50 g Milch lauwarm werden lassen, die Hefe darin glatt rühren und mit ca. 50 g Mehl einen Vorteig machen. An einer warmen Stelle gehen lassen.
Das restliche Mehl in eine Schüssel sieben, Zucker und das Salz zugeben und den gegangenen Teig darauf legen. Die Eigelb und die restliche Milch darum herumgießen und die ganz weichen Butterstücke darüber verstreuen. Sämtliche Zutaten zu einem glatten Teig kneten, bis sich kleine Blasen bilden. Zur Kugel formen. Mit einem Tuch abdecken und bei Wärme gehen lassen. Danach nochmals zusammenkneten, den Teig in 4 Teile schneiden, in daumendicke Rollen auswälzen und davon ca. 30 g schwere Stücke schneiden.
Kleine Quiche-Förmchen kräftig mit weicher Butter ausstreichen. Die Teigstücke glatt drehen (mit der hohlen Innenhand der einen und dem Handballen der anderen Hand) und in die ausgebutterten Förmchen geben. Nochmals mit einem Tuch abdecken und gehen lassen. Mit Eigelb bestreichen und im vorgewärmten Ofen bei 180° in etwa 15–20 Minuten zu einer schönen braunen Farbe backen.

TIP
Vom restlichen Teig kann unter Beigabe von Rosinen, Zitronenschale oder Zimtzucker ein Frühstückszopf geflochten werden. Der Ofen muß unbedingt vorgeheizt sein.
Der Teig kann auch in einer Kastenform gebacken werden.

ANRICHTEN
Einen Eßlöffel in heißes Wasser tauchen, aus der Mousse Nocken ausstechen und auf kalten Tellern anordnen. Garnieren mit gezupftem Kerbel oder Trüffeln. Wenn vorhanden, mit fein geschnittenem Gelee umlegen. Brioches getrennt dazu reichen.

PRODUKTBESCHREIBUNG
Die Gänseleber kann gebraten oder pochiert sein, es kann auch Gänseleberterrine oder -parfait verwendet werden.

Rehterrine

Rezeptur für 12–16 Personen:
1 Apfel,
1 EL Gänsefett oder Butter,
350 g sehnenfreies Rehfleisch,
100 g Schweinehals oder Schweinerücken,
100 g geräuchertes Wammerl,
300 g Hühnerleber ohne Galle,
400 g fetter, ungeräucherter Spickspeck,
150 g rohe Gänseleber,
20 angedrückte Wacholderbeeren,
etwas Orangenschale,
8 Thymianzweige,
2 Rosmarinzweige,
2 Lorbeerblätter, 1 TL Majoran,
weißer Pfeffer, frisch gemahlen,
1 kleine Knoblauchzehe
1 TL Pökelsalz, 1 TL Pastetensalz, ca. 12 fette, ungeräucherte Speckscheiben für die Form,
1/8 l Rehgelee (s. Seite 21, angesetzt mit Rehfond und Gelatine) zum Auffüllen
Für die Marinade:
2 cl Cognac, 2 cl Portwein,
4 cl Noilly Prat
Für die Einlage:
60 g Herbst-(Toten-)trompeten oder getrocknete Morcheln (nach dem Einweichen gewogen) oder frische, schwarze Trüffeln,
10 g Butter, etwas Madeira,
150 g Spickspeck,
200 g frisches Rehfilet,
150 g Rinderzunge, gepökelt,
12 Hühnerlebern, Salz, Pfeffer

VORBEREITEN

Apfel schälen, vierteln und in Gänsefett oder Butter langsam weich dünsten, auskühlen lassen. Alles Fleisch (Reh, Schwein, Wammerl, Lebern, Speck) in 3 cm große Stücke schneiden und mit allen angeführten Zutaten (außer Speckscheiben) gut vermengen. In die Marinade aus Cognac, Portwein und Noilly Prat legen, auch die Apfelviertel zugeben. Mit Folie abdecken und für 3 Tage in den Kühlschrank stellen. Nach 3 Tagen das Fleisch auf ein Sieb schütten und die Wacholderbeeren, den Knoblauch, die Orangenschale und die Kräuterzweige entfernen. In einer großen Pfanne den fetten Speck und das Wammerl glasig dünsten und das Schweinefleisch, Reh und zum Schluß die Geflügelleber und Gänseleber beigeben. Das Fleisch rasch blutig anbraten (eventuell in mehreren Partien) und sofort auf ein Sieb zum Abtropfen und Auskühlen schütten. Kalt stellen (möglichst über Nacht).

Einlage: Die getrockneten Herbsttrompeten oder Morcheln in Wasser einweichen. Herausheben, Stiele entfernen, halbieren und in 10 g Butter und etwas Madeira trocken dünsten. Den Spickspeck in ½ cm große Würfel schneiden, in kochendes Salzwasser geben, umrühren, einmal aufkochen lassen, auf ein Sieb schütten und kalt abspülen. Das frische Rehfilet in 1½ cm große Würfel schneiden. Die gepökelte Rinderzunge kochen und in 1 cm große Würfel schneiden. Die Hühnerlebern putzen und ganz kurz, links und rechts, blutig anbraten. Leicht mit Salz und Pfeffer bestreuen. Die Rehfilets ebenso behandeln. Terrinenform von 30 cm Länge und jeweils 7 cm Höhe und Breite mit den Speckscheiben, die überhängen müssen, auslegen.

ZUBEREITEN

Das gut durchgekühlte, angebratene Fleisch zweimal durch die feine Scheibe des Fleischwolfs drehen. Danach abermals kalt stellen. Anschließend fein mixen, durch ein Haarsieb streichen und in einer eiskalten Schüssel schaumig aufrühren. Kräftig mit Salz und Pfeffer würzen und, wenn möglich, 5 cl frisches Blut darunter rühren. Nun die Einlage vorsichtig daruntermengen und alles in die Terrine füllen. Fest anklopfen, damit alle Luft herauskommt. Die überhängenden Speckscheiben darüberklappen. Mit einigen angedrückten Wacholderbeeren, Lorbeerblatt und Thymian bestreuen, den Deckel auflegen und im vorgewärmten Ofen im Wasserbad bei 80° eine gute Stunde lang garen. Dann herausnehmen, eine halbe Stunde auskühlen lassen, mit dem geschmolzenen Gelee auffüllen. Kalt stellen, mindestens 3 Tage lang.

Mousse vom Huhn und von der Zunge mit Gelee

Rezeptur für 10 Personen:
150 g Hühnerbrust, 60 g frische oder 12 g getrocknete Morcheln,
50 g Gänseleberpastete,
60 g Butter, 4 cl Madeira,
¼ l süße Sahne,
⅛ l geschlagene Sahne,
Salz, Pfeffer

Getrennt voneinander bereitet man eine Mousse vom Huhn, eine Zungenmousse (das Rezept finden Sie auf Seite 16) und ein Gelee (Anleitung auf Seite 21, angesetzt mit Hühnerbrühe, Weißwein und etwas Gelatine). Jede Mousse wird in eine mit Folie ausgelegte Form gefüllt, die nach dem Stürzen und Abziehen Blöcke ergibt, welche man leicht in schöne Scheiben portionieren kann, also in kleine Kastenformen, Terrinen oder halbrunde Pastetenformen (Rehrückenform). Die Mousses werden mit einem immer wieder in heißes Wasser getauchten, möglichst dünnen Messer geschnitten. Ist die Schnittseite nicht wohlgeraten, fährt man mit dem heißen Messer darüber. Es empfiehlt sich, die Scheiben mit einem Blatt Folie, das man auf die linke Hand legt, aufzufangen und zu transportieren, während man mit der rechten Hand schneidet. Selbstverständlich kann man auch nur eine der beiden Mousses bereiten und mit Brioches nach Art des Hauses (Rezept Seite 12) servieren.

VORBEREITEN
Die Hühnerbrust pochieren (bzw. sanft kochen). Falls getrocknete Morcheln verwendet werden, diese in kaltem Wasser kurz einweichen, sorgfältig den Sand auswaschen, wieder in frisches Wasser geben und ca. 3 Stunden sich vollsaugen lassen.

ZUBEREITEN
Morcheln aus dem Wasser nehmen, gut ausdrücken und in feine Würfel schneiden. In einer Schwenkpfanne mit 10 g Butter anschwitzen, mit Madeira ablöschen und einkochen lassen. ¼ l Sahne zugeben und weitere 10 Minuten langsam kochen lassen.
Hühnerbrust, Gänseleberpastete und Butter im Mixer fein pürieren, dann durch ein Haarsieb passieren.
Mit dem erkalteten Morchelragout vermischen und vorsichtig die geschlagene Sahne unterheben und glattrühren. Mit Salz und Pfeffer abschmecken. Anschließend 2 Stunden im Kühlschrank ruhen lassen.

ANRICHTEN
Mousses in hübsche Scheiben schneiden, mit Gelee umlegen und mit einem winterlichen Salat (etwa Streifen von Sellerie und Trüffeln auf Rankenblättern, italienisch Ruccola oder Ruchetta genannt) servieren.

Mousse vom Huhn und von der Zunge mit Gelee

Zungenmousse

Rezeptur für 10 Personen:
200 g gekochte Pökelzunge,
100 g Gänseleber, ⅛ l Sahne,
50 g Butter, 50 g braune Butter,
2 cl Kalbsfond,
4 cl Madeira, Salz, Pfeffer
Für die Einlage:
60 g gekochter Sellerie,
60 g Zunge

VORBEREITEN
Die Zunge im Mixer pürieren und durch ein Haarsieb streichen. Die Gänseleber ebenfalls durch ein Haarsieb streichen. Sahne steif schlagen. Sellerie in kleine Würfel schneiden und kochen.
Zunge für die Einlage ebenfalls in winzige Würfelchen schneiden oder kurz in den Zerhacker geben, jedoch nicht zu Mus verarbeiten.

ZUBEREITEN
50 g weiche Butter schaumig rühren, die braune Butter zugeben und verrühren. Zunge und Gänseleber zufügen und verrühren. Kalbsfond und Madeira beigeben, mit Salz und Pfeffer würzen. Nun die Schüssel in warmes Wasser stellen und die Sahne unterziehen. Zum Schluß die Einlage unterheben. Anschließend im Kühlschrank ruhen lassen.

ANRICHTEN
Mit der Mousse vom Huhn und Gelee anrichten, wie auf Seite 14 ausführlich beschrieben.

TIP
Nicht zu stark und zu lange rühren, sonst trennt sich die Mousse!

PRODUKTBESCHREIBUNG
Nehmen Sie ein Stück aus dem Mittelteil der Zunge – die Spitze ist zu hart, der hintere Teil zu fett. Sollte die Zunge sehr salzig sein, ist sie vor dem Kochen zu wässern.

Steinpilzsalat mit gebackenem Kalbshirn

Rezeptur für 4 Personen:
1 ganzes Kalbshirn (2 Hälften),
Salz, 1 Schuß Essig,
1 kleines Bund Schnittlauch,
½ Kopf Eissalat,
8 mittlere, feste Steinpilze
Für die Sardellensauce:
1 Knoblauchzehe, 2 Eigelb,
Saft von ½ Zitrone,
Salz, Pfeffer aus der Mühle,
4 EL Olivenöl,
4 EL geschmacksneutrales Öl,
2 TL heißes Wasser,
1 Schalotte, 1 Sardellenfilet,
1 TL Schnittlauchröllchen,
1 Spritzer Worcester-Sauce
Für die Vinaigrette:
1 EL milder Essig,
1 EL Zitronensaft,
Salz, Pfeffer aus der Mühle,
1 Prise Zucker,
2 EL geschmacksneutrales Öl,
2 EL Olivenöl
Für das Panieren:
Salz, Pfeffer, Zitronensaft,
1 EL Öl, 1 Ei,
6 EL frisch geriebenes, aber altbackenes Weißbrot,
reichlich Öl und Butter zum Ausbacken

VORBEREITEN
Kalbshirn: Das gut gewässerte Kalbshirn unter fließend lauwarmem Wasser enthäuten. In kräftig gesalzenem mit einem Schuß Essig gesäuertem Wasser aufsetzen. Einmal kurz aufkochen, noch etwa 5 Minuten am Herdrand ziehen lassen. Schnittlauch in Röllchen schneiden, Salatblätter waschen und in mundgerechte Stücke reißen.
Sardellensauce: Eine Schüssel mit einer halben Knoblauchzehe kräftig ausreiben. Eigelb, Zitronensaft, Salz und Pfeffer beigeben und alles zusammen schaumig schlagen, langsam das Öl dazugeben und mit ein wenig kochendheißem Wasser verdünnen. Die feingeschnittene Schalotte, die halbe zerdrückte Knoblauchzehe, das winzig-fein gehackte Sardellenfilet und den in Röllchen geschnittenen Schnittlauch beigeben, abschmecken und, wenn nötig, noch mit Worcester-Sauce würzen. Die Sauce sollte leicht dünnflüssig sein.
Vinaigrette: Essig, Zitronensaft, Salz, Pfeffer und 1 Prise Zucker verrühren und auflösen. Öl zufügen und alles schaumig schlagen.
Steinpilze: Ganz frische, feste Steinpilze trocken sauber putzen und mit einem Tuch abreiben, in messerdicke Scheiben schneiden, schön auf einem Teller anordnen.

ZUBEREITEN
Hirn in Scheiben schneiden, salzen und pfeffern, mit Zitronensaft beträufeln, durch das mit Öl geschlagene Ei ziehen, in Bröseln wälzen, in Öl und Butter ausbacken. Auf einem Tuch abtropfen.

ANRICHTEN
Steinpilze mit Vinaigrette beträufeln, Schnittlauchrollen darüber streuen, Hirn darauf placieren und mit Sardellensauce umgießen. Den Eissalat, in der restlichen Vinaigrette gewendet, als Garnitur.

PRODUKTBESCHREIBUNG
Bestellen Sie bei Ihrem Metzger das Hirn vor und bitten Sie Ihn, ein möglichst schönes und unzerstörtes Hirn zu besorgen – nur zu oft ist das, was im Laden angeboten wird, Matsch. Wert auf ein schönes Hirn legen im übrigen auch die türkischen und griechischen Metzger, die sorgfältiger arbeiten als die meisten ihrer deutschen Kollegen! Das Hirn, soll es schön weiß werden, wenigstens 8 Stunden in immer wieder gewechseltem, eiskaltem Wasser wässern.
Die Steinpilze müssen ganz frisch und fest sein – sie werden ja roh gegessen. Die Röhren sollten noch so klein sein, daß man sie kaum bemerkt. Sind sie schwammig, muß man sie entfernen.

Gekochte Rinderzunge auf Salatbett

Rezeptur für 6 Personen:
600 g Rinderzunge,
2 Kartoffeln, 2 Karotten,
2 Petersilienwurzeln,
Salz, 1 Eichblattsalat,
1 Friséesalat, 25 g Kerbel,
3 EL Rotweinessig,
4 EL geschmacksneutrales Öl,
3 EL Olivenöl, Pfeffer,
etwas geriebener Meerrettich

VORBEREITEN
Rinderzunge weichkochen (dauert etwa 2½ Std.). Kartoffeln, Karotten und Petersilienwurzeln getrennt in Salzwasser weichkochen. Salate putzen, wässern und trocknen. Kerbelblätter abzupfen.

ZUBEREITEN
Kartoffeln, Karotten und Petersilienwurzeln in Scheiben schneiden, würzen und mit Essig und Öl marinieren.
In einer Schüssel das Dressing aus Öl, Rotweinessig, Salz und Pfeffer anrühren. Die Salate zugeben, würzen und gut vermischen.

ANRICHTEN
Salat auf Teller verteilen, das marinierte Gemüse dazugeben, Zunge in dünne Scheibchen schneiden und auf dem Salat anrichten. Zum Schluß den Kerbel anlegen und etwas Meerrettich darüberreiben.

Feldsalat mit Ochsengaumen

Rezeptur für 4 Personen:
2–3 Ochsengaumen,
12 winzige rohe Champignons,
10 g Zwiebelwürfel,
10 g Gewürzgurkenwürfel,
3 frisch gekochte Salat-
Kartoffeln (Sieglinde),
40 g Feldsalat, Salz,
Koriander aus der Mühle,
abgezupfte Kerbelblättchen
Für die Marinade:
1 EL milder Rotweinessig,
2 EL geschmacksneutrales Öl,
1 TL Senf, Salz,
Pfeffer aus der Mühle

ZUBEREITEN
Den Ochsengaumen kochen und in schmale Streifen schneiden. Aus Essig, Öl, Senf, Salz und Pfeffer eine Marinade rühren. Die Champignonköpfe, Zwiebelwürfel und Gewürzgurkenwürfel zugeben. Kartoffeln in Scheiben schneiden, den Feldsalat gut waschen.

ANRICHTEN
Kartoffeln und Feldsalat mit einem Teil der Marinade vermengen, auf Teller verteilen und den frisch gekochten, unbedingt noch lauwarmen Ochsengaumen in die Mitte des Tellers legen. Leicht mit Salz und Koriander aus der Mühle bestreuen und die restliche Marinade darüber träufeln. Mit Kerbel garnieren.

PRODUKTBESCHREIBUNG
Ochsengaumen vorbestellen. Mehrere Stunden wässern, mehrfach fest ausdrücken. In kaltem Wasser aufsetzen, aufkochen. Abschrecken, harte Haut abschaben. Abspülen, mit Salz, Wurzelwerk und Kräuterstrauß in etwa 8 Stunden weich kochen.

Gekochte Rinderzunge auf Salatbett

Scheiben vom Kaninchenrücken auf Sellerie- und Rote-Bete-Salat

Rezeptur für 4 Personen:
2 junge Kaninchenrücken,
20 g Butter, 1 EL Olivenöl,
Salz, Pfeffer, Paprika
Für die Gemüsegarnitur:
20 g Karotten, 30 g Zwiebel,
10 g Schalotten,
30 g Staudensellerie,
2 Nelken, 1 Zweig Thymian,
1 Zweig Rosmarin,
1 kleines Lorbeerblatt,
30 g Butter, 4 cl trockener
Vermouth (Noilly Prat),
¼ l Geflügelbrühe oder Wasser
Salz, Pfeffer aus der Mühle
Für die Salate:
2 junge Rote Bete,
Salz, Kümmel, Zucker,
1 Schuß Essig,
2 junge Knollensellerie,
etwas Zitronensaft,
1 Bund Schnittlauch,
50 g Frühlingszwiebeln,
80 g Feldsalat
Für die Marinade:
4 cl weißer Estragonessig,
8 cl geschmacksneutrales Öl,
Salz, Pfeffer aus der Mühle

VORBEREITEN
Von den Kaninchenrücken Haut und Sehnen entfernen und kleinschneiden. Sämtliche Gemüse für die Garnitur putzen und in kleine Würfel schneiden. Rote Bete waschen, bürsten und in Salzwasser mit etwas Kümmel, Zucker und einem Schuß Essig weich kochen. Sellerie schälen, mit Zitronensaft einreiben und ebenfalls in Salzwasser weich kochen. Schnittlauch in 3 cm lange Stücke, Frühlingszwiebeln geschält in Scheiben schneiden. Feldsalat putzen, waschen und trocken schleudern. Aus den angegebenen Zutaten eine Marinade rühren.

ZUBEREITEN
Die noch warmen Roten Bete schälen und in etwa 3 mm dünne Scheiben schneiden. Mit Salz, etwas Zucker und Pfeffer aus der Mühle bestreuen, dann mit etwas von dem Salat-Dressing begießen und durchziehen lassen. Ebenso mit dem Sellerie verfahren.
<u>Kaninchenrücken:</u> Butter und Olivenöl hellbraun aufschäumen lassen. Die mit Salz, Pfeffer und Paprika gewürzten Rücken mit der Fleischseite einlegen. Haut und Sehnen beigeben. Im auf 220 Grad vorgeheizten Ofen in etwa 20 Minuten rosa braten. Nach 10 Minuten die Rücken umdrehen, vorbereitete Gemüse und Aromaten zugeben und die 30 g Butter über den Rücken verteilen. Die letzten 10 Minuten häufig begießen. Die Rücken herausnehmen und lauwarm abkühlen lassen. Die Gemüse mit dem Vermouth angießen, einkochen lassen. Mit Geflügelbrühe oder Wasser bedecken und alles zu einer kurzen, kräftigen Sauce einkochen. Durch ein Sieb drücken und das Aufsteigende sorgfältig entfernen.

ANRICHTEN
Rote Bete und Sellerie kreisförmig auf kalten Tellern anordnen, mit Schnittlauch und Frühlingszwiebeln bestreuen. Kaninchenrückenfilets horizontal in dünne Scheiben schneiden und elegant auf den Gemüsescheiben anrichten. Mit Salz und Pfeffer bestreuen und mit der Kaninchensauce beträufeln. Den Feldsalat mit dem restlichen Dressing umwenden und hübsch darum anordnen.

TIP
Nach Belieben die Kaninchensauce erwärmen, mit Butter aufmontieren und um den Salat gießen; auch die rosa gebratenen Kaninchenlebern dazu servieren. Anstatt Roter Bete und Sellerie können Sie Artischocken, Bohnen, Lauch oder Erbsenschoten nehmen. Mit weißen oder schwarzen Trüffeln parfümieren!

Kalbsbriesterrine mit frischer Gänseleber

Rezeptur für 8 Personen:
600 g Gänseleber, ungeputzt,
8 Scheiben grüner Speck
Für die Marinade:
Salz, 1 Prise Zucker, Muskat,
Pfeffer aus der Mühle,
2 cl Noilly Prat, 2 cl weißer
Portwein, Sherry-Essig
Für die Farce:
80 g Gänseleberabschnitte,
1 Ei, 20 g Sahne, Salz, Pfeffer
Für das Bries:
4 Kalbsbriesnüßchen
(ca. 600 g), 20 g Karotten,
20 g Lauch, 2 Schalotten,
Petersilien- und Estragonstengel,
1 Knoblauchzehe, 1 Tomate,
1 Lorbeerblatt,
1 Thymianstengel,
1 Nelke, 4 cl Noilly Prat,
4 cl Champagner,
¼ l Geflügelbrühe,
Saft einer halben Zitrone, Salz
Für das Gelee:
150 g Rindfleisch, 10 g Karotten,
10 g Staudensellerie,
10 g Petersilienstengel,
1 Schalotte,
1 kleine Knoblauchzehe,
1 Tomate, 1 Eiweiß, Salz,
3 zerdrückte Pfefferkörner,
4 Blatt Gelatine
3 cl Portwein, rot

VORBEREITEN

<u>Gänseleber marinieren:</u> Die Gänseleber häuten, Adern und Sehnen herauslösen, weniger schöne und nur lose anhängende Partien abschneiden, so daß etwa 80 g in kleinen Stückchen entstehen. Gänseleber mit den Gewürzen und Salz bestreuen, mit Noilly Prat, weißem Portwein und einigen Spritzern Sherry-Essig beträufeln. Zugedeckt 12 Stunden marinieren lassen. Dabei die Abschnitte zugeben.

<u>Bries kochen:</u> Kalbsbriese ausgiebig wässern. In ein dafür geeignetes Geschirr die Gemüse und Aromaten geben und darauf die gut gewässerten Kalbsbriesstücke legen. Mit Noilly Prat, Champagner, Geflügelbrühe untergießen, mit Zitronensaft beträufeln und mit Salz bestreuen. Mit Butterpapier abdecken, das Bries im auf 220° vorgewärmten Ofen ca. 30 Minuten garziehen, ohne es kochen zu lassen. Das Bries auskühlen lassen. Haut, Fett und Knorpel entfernen, in einen passenden Topf legen, und ein wenig von der Brühe darübergießen. Kalt stellen. Rest der Brühe für das Gelee verwenden!

<u>Gelee bereiten:</u> Das Rindfleisch ohne Fett durch die große Scheibe des Fleischwolfs drehen. Gemüse fein schneiden, Tomate würfeln. Das durchgedrehte Fleisch salzen, mit dem Eiweiß fest durchschlagen, Aromaten und Gemüse beigeben, nach und nach mit dem Kalbsbriessud auffüllen und unter ständigem Rühren aufkochen. 20 Minuten ziehen lassen, durch ein Tuch passieren. Eingeweichte Gelatine darin auflösen, roten Portwein zufügen.

ZUBEREITEN AM NÄCHSTEN TAG

<u>Farce:</u> Gänseleberabschnitte mit dem Ei und der Sahne kurz mixen, würzen und auf Eis stellen.
Bries aus der Brühe nehmen, das aufgestiegene Fett entfernen.

<u>Terrine:</u> Eine Terrinenform mit Speckscheiben auslegen und einen halben Zentimeter dick mit der Gänselebermasse einstreichen. Darauf die marinierte Gänseleber anordnen, etwas Gänselebermus daraufstreichen und die Briesstücke sowie die restliche Gänselebermasse daraufplacieren. Die Speckscheiben darüberschlagen, und die Terrine im vorgewärmten Ofen garen.
Die Terrine auskühlen lassen und lauwarm mit Gelee auffüllen, soviel sie aufnimmt. Rest in einen Teller gießen, erstarren lassen, würfeln. Terrine wieder im Kühlschrank fest werden lassen.

ANRICHTEN
Auf jeden Teller eine oder zwei Scheiben Terrine legen und etwas von den Geleewürfeln daneben.

Kalbsbriesterrine mit frischer Gänseleber, folgende Doppelseite

Frischer roher Lachs mit weißen Trüffeln

Rezeptur für 1 Person:
2 EL bestes Olivenöl, Salz,
schwarzer Pfeffer, 70 g Lachs,
¼ Zitrone, weißer Trüffel,
10 Kerbelsträußchen

ZUBEREITEN
Auf einen kalten Teller gibt man einen guten EL Olivenöl, bestreut mit Salz und einer Prise Pfeffer aus der Mühle, legt die hauchdünn geschnittenen Lachsscheiben darauf und bestreut die Oberfläche ebenfalls mit wenig Salz und Pfeffer.
Auf die Lachsscheiben nochmals einen guten EL Olivenöl geben, mit einigen Spritzern Zitronensaft beträufeln. Mit einem Trüffelhobel die rohen weißen Trüffeln darüber hobeln und mit den frischen Kerbelsträußchen ausgarnieren.

TIP
Statt Lachs kann auch Lachsforelle verwendet werden. Das oben angeführte Rezept ist mit feingeschnittenem Schnittlauch statt Trüffel ebenfalls empfehlenswert – das Wichtigste ist, daß der Fisch fangfrisch ist!

Taubenbrust auf Borschtschgelee

Rezeptur für 8 Personen:
Borschtsch s. Rezept Seite 44,
8 Taubenbrüste,
Salz, Pfeffer aus der Mühle,
saure Sahne,
Fenchel oder Schnittlauch

VORBEREITEN
Den bereits angeführten Borschtsch in tiefe Teller ca. 1½ cm hoch einfüllen und kalt stellen. (Vorher eine Probe machen, ob der Borschtsch geliert.) Die Taubenbrüste am Knochen rosig braten und lauwarm auskühlen lassen.

ZUBEREITEN
Die Taubenbrüste in feine Scheiben schneiden und in Form einer Rosette auf dem kalten Borschtsch anordnen. Leicht mit Salz und Pfeffer aus der Mühle bestreuen und mit wenig dünnflüssiger saurer Sahne begießen. Etwas gezupftes Fenchelgrün oder Schnittlauch darüberstreuen.

TIP
Die Suppe kann auch heiß serviert werden, nur in diesem Fall ohne saure Sahne.

Entenstrich (à la Schnepfendreck) nach Bogenberger

Rezeptur für 4 od. Amuse gueule für 10 Personen:
25 g Schalotten,
25 g geräucherter Schweinespeck,
25 g Butter, 1 Entenleber,
1 Entenherz, 1 TL Petersilie,
etwas frisch abgeriebene Zitronenschale,
2 EL Semmelbrösel,
10 EL Rotwein (Bordeaux),
Salz, Pfeffer, Muskat,
1 Eidotter (Eigelb),
10 Semmelscheiben
(1 cm dick von 2 Semmeln),
Butter zum Rösten der Semmelscheiben

VORBEREITEN
Schalotten und Schweinespeck klein schneiden und in der Butter goldgelb rösten. Leber und Herz fein wiegen, zugeben und kurz dünsten. Gehackte Petersilie, geriebene Zitronenschale und Semmelbrösel untermengen. Mit Rotwein aufgießen, mit Salz, Pfeffer und Muskat würzen und aufkochen lassen. Vom Herd nehmen und noch lauwarm den Eidotter einrühren.

ZUBEREITEN
Semmelscheiben auf beiden Seiten in einer Pfanne in Butter goldgelb rösten. Die Masse daraufstreichen und im heißen Bratrohr kurz überbacken.

ANRICHTEN
Servieren mit einem kleinen, winterlichen Salat, dessen zarte Bitterkeit besonders gut dazu paßt. Mit einer Sahne-Vinaigrette anmachen und mit frischen, geschälten Walnußkernen und in dünne Scheibe gehobelten schwarzen Trüffeln anreichern.

ANMERKUNG
Auf diese Weise kann man auch aus anderen Innereien eine einfache, aber köstliche Vorspeise bereiten.
Variante: Wallerlebern, Hecht- oder Rutten- (Trüschen-, Aalraupen-) lebern und -rogen auf diese Art, allerdings mit Weißwein angegossen, schmecken nicht minder gut.
Als Getränk paßt sowohl ein ganz trockener Sherry (Fino) als auch ein sehr trockener, säurebetonter Wein aus dem Loiretal (Sancerre oder Quincy). Auch gut: Beaujolais nouveau.

Taubenbrustscheiben auf Artischockensalat

Rezeptur für 4 Personen:
2 Tauben (möglichst a. d. Bresse)
Salz, Pfeffer, 1 Schalotte,
40 g rohe Gänseleber,
1 Prise Majoran,
1 Spritzer guter Essig
Für die Salatsauce:
1 ½ TL Sherry-Essig,
1 TL Balsamico-Essig,
3 EL Olivenöl, 3 EL Walnußöl,
Salz, Pfeffer aus der Mühle,
Trüffeljus (wenn vorhanden)
Für den Salat:
2 schöne Artischocken,
Zitronensaft, Salz,
40 g Feldsalat,
20 g Frisée (krause Endivie),
20 g Eichblattsalat, 1 Tomate

VORBEREITEN

Die Tauben ausnehmen und halbieren. Lebern und Herzen putzen und in Scheiben schneiden. Die Keulen abtrennen und für das Sauté von Taubenkeulen (s. Seite 140) verwenden. Die an dem Gerippe verbleibenden Brüste innen und außen salzen und pfeffern. Schalotten in feine Würfel schneiden. Gänseleber in ½ cm große Würfel schneiden. Die Salatsauce (Dressing) aus den angegebenen Zutaten anrühren.

Salat: Artischocken waschen, den unteren Teil schälen und sofort mit Zitronensaft abreiben. Die oberen zwei Drittel kappen, die strohigen Herzen mit einem Löffel herausschaben. Wieder mit Zitronensaft abreiben. Jetzt die Böden in gesalzenem Zitronenwasser knackig-gar kochen. Herausheben, in Scheiben oder dreieckige Stücke schneiden und noch warm in etwas Dressing marinieren. Blattsalate waschen und trocken schleudern. Tomate überbrühen, schälen, vierteln und entkernen.

ZUBEREITEN

Die Taubenbrüste im auf 200 Grad vorgeheizten Ofen in 15 Minuten rosa braten. Herausnehmen und 5 Minuten ruhen lassen.

Unterdessen die Gänseleberwürfel in einer Teflonpfanne ohne Fettzugabe bei guter Hitze rasch rundum braun und knusprig braten. Leber- und Herzscheiben zugeben, ebenso die Schalottenwürfel, eine Prise Majoran, Salz und Pfeffer. Kurz rosa schwingen, mit einem Spritzer Essig ablöschen und zum Abtropfen auf ein Sieb schütten.

ANRICHTEN

Die Salate im Dressing wenden und auf vier große, kalte Teller verteilen. Artischocken dazugeben. Mit Tomatenviertel (im Dressing gewendet) schmücken. Die Brüste in feine Scheiben entlang dem Brustknochen aufschneiden und die Scheiben auf das Salatbett legen. Salzen, pfeffern und das warme Ragout aus Gänseleber und Taubeninnereien darüber verteilen. Sofort servieren.

TIP

Wenn vorhanden, mit Geleewürfeln (aus Taubenkarkassen mit Weiß- oder Rotwein und Gelatine bereitet – s. Seite 21) umlegen. Zutaten nach Jahreszeit variieren, mit Trüffeln und rohen Steinpilzen besonders gut!

Taubenbrustscheiben auf Artischockensalat

Salat vom Masthuhn mit Sellerie, Äpfeln und Krebsen

Rezeptur für 4 Personen:
1 junges Masthuhn von ca. 1 kg,
1 Suppengrün für die Brühe,
1 kleiner Knollensellerie,
Zitronensaft, Salz,
Pfeffer, 1 Prise Zucker,
1 EL Weißweinessig,
2 EL geschmacksneutrales Öl,
12 Krebse, 1 Apfel,
80 g Frisée (krause Endivie),
20 g Feldsalat,
1 kleiner Radicchio,
einige Kerbelblättchen
Für die Marinade:
1 EL Balsamico-Essig,
2 EL Olivenöl, 2 EL Nußöl,
Salz, Pfeffer aus der Mühle
Für die Buttersauce:
4 cl Geflügelbrühe (aus Hals und Magen) oder Wasser,
70 g eiskalte Butter (demi-sel),
1 Spritzer Zitronensaft,
Salz, Cayennepfeffer,
1 EL geschlagene Sahne

VORBEREITEN

Huhn ausnehmen und bratfertig machen. Aus Hals, Magen, Wasser, Suppengrün eine kleine Brühe für die Buttersauce zubereiten. Sellerieknolle schälen, mit Zitrone einreiben und in Salzwasser nicht zu weich kochen. Noch im lauwarmen Zustand in Scheiben schneiden, mit Salz, Pfeffer, 1 Prise Zucker, Essig und Öl beträufeln. Die Krebse sauber waschen und in kochendes Salzwasser werfen. 2–3 Minuten kochen lassen und auf einen Durchschlag bzw. ein Sieb herausschütten oder schöpfen. Ausbrechen und in etwas von dem Kochwasser aufbewahren. Apfel schälen, vierteln, entkernen und in dünne Scheiben schneiden. Mit Zitronensaft leicht beträufeln. Marinade zusammenrühren. Salate putzen und waschen. Ofen auf 220° vorheizen.

ZUBEREITEN

Das Huhn innen mit Salz und Pfeffer, außen mit Salz bestreuen. Das Öl erhitzen, das Huhn auf den Keulen einlegen und ca. 20 Minuten braten, danach auf die andere Keulenseite legen und nochmals 20 Minuten braten. Die letzten 10 Minuten auf den Rücken legen und die Brust knusprig braun werden lassen. Danach herausnehmen und abkühlen lassen, bis es nur noch lauwarm ist. Das Bratenfett abschütten und den Bratensatz mit einigen Löffeln Wasser loslösen und aufheben.

Buttersauce: Die heiße, durch ein Sieb abgegossene Geflügelbrühe mit der kalten Butter aufmixen (Mixstab), mit Zitronensaft und Cayenne abschmecken. Zum Schluß die geschlagene Sahne unterheben.

ANRICHTEN

Die Salate mit der Marinade anrichten und in die Mitte eines großen kalten Tellers placieren, darumherum die Sellerie- und Apfelscheiben sowie die Radicchioblätter legen. Die Masthuhnbrust der Länge nach in feine Scheiben schneiden und hübsch auf dem Salat anordnen. Krebse darauflegen und mit Kerbel garnieren. Die Keulen ebenfalls in schräge Stücke schneiden und dazulegen. Haut mitservieren. Den Salat mit der Buttersauce umgießen. Das Fleisch mit dem Bratensaft beträufeln und sofort servieren. Sollte es zuviel werden, so nehmen Sie die Keulen für einen anderen Zweck.

Salat von Artischockenböden mit Masthuhnleber und frischen Walnüssen

Rezeptur für 4 Personen:
2 mittlere Artischocken,
1 Zitrone, 3 cl Olivenöl,
Salz, Pfeffer aus der Mühle,
8 frische Walnüsse,
24 blonde Masthuhnlebern –
pro Person ca. 80 g,
1 nußgroßes Stück Butter,
60 g schwarze Trüffel,
2 mittlere Tomaten,
1 Schalotte,
4 Blatt Eissalat, Kerbel
Salat-Dressing:
2 cl Zitronensaft, 5 cl Olivenöl,
1 Spritzer Sherry-Essig,
1 EL Trüffeljus,
Salz, Pfeffer aus der Mühle

VORBEREITEN

Artischockenböden: Die Stiele der Artischocken abbrechen, sämtliche Blätter der Reihe nach entfernen und den oberen Teil – etwa ¾ des Ganzen – mit einem Sägemesser waagerecht abschneiden. Mit kleinem rostfreien Messer das Heu vom Boden vorsichtig ablösen. Die Artischockenböden sollen eine glatte, halbrunde Form bekommen, ohne daß allzuviel weggeschnitten wird. Dann sofort mit Zitrone einreiben, die Böden halbieren und in kleine Keile schneiden, wieder mit Zitrone abreiben.
In einer Kasserolle – 22 cm – mit dickem Boden 2 cl Olivenöl erhitzen und die Artischockenkeile knackig braten, ohne viel Farbe zu geben. Mit Salz und Pfeffer bestreuen. Auf einen Teller legen, mit dem Salat-Dressing beträufeln und ca. 10 Minuten ziehen lassen.
Walnüsse: Frische Walnüsse knacken, Haut abziehen.
Masthuhnleber: Die von Galle und Nerven befreiten Masthuhnlebern in etwas heißem Olivenöl und einem nußgroßen Stück Butter auf beiden Seiten knusprig rosa braten. Leicht mit Salz und Pfeffer bestreuen – zuletzt braten, da die Lebern lauwarm sein sollen.
Trüffel: In kleine Würfel schneiden.
Tomaten: Von den Tomaten den Stengelansatz herausschneiden. In kochendheißem Wasser 4 Sekunden lang aufwallen lassen, in Eiswasser abkühlen und die Haut abziehen. Vierteln, Kerne entfernen und das Fruchtfleisch in ca. 1 cm große Würfel schneiden.
Schalotten: Die Schalotte schälen, in feinste Würfel schneiden und mit den Tomaten und etwas Salat-Dressing anmachen, mit Salz und Pfeffer aus der Mühle bestreuen.

ANRICHTEN

Auf einen kalten Teller das knackige Blatt vom Eissalat legen, die Artischockenstücke daraufgeben und mit der Masthuhnleber umlegen. Mit den groben Walnuß- und Trüffelstücken bestreuen und in der Mitte die Tomatenwürfel anrichten.
Alles mit der Marinade und etwas Pfeffer aus der Mühle beträufeln. Mit Kerbelblättern garnieren und sofort servieren.

PRODUKTBESCHREIBUNG

Masthuhnlebern haben eine gelbliche, „blonde" Farbe und sind fetter als normale Geflügellebern. Leider werden sie bei uns nur selten angeboten, denn diese Lebern gewinnt man nur bei Körnerfütterung, nicht mit dem üblichen Futter, das auf eine ausschließliche Umsetzung in Fleisch ausgerichtet ist.

Ravioli mit Hirn-Gemüse-Füllung in Kerbelbutter mit Pfifferlingen

Rezeptur für 8–12 Personen:
Für den Nudelteig:
430 g Mehl, 3 Eier, 3 Eigelb,
1 Prise Salz, 2 EL Öl,
1 Ei zum Bestreichen,
1 EL Öl zum Kochen
Für die Hirn-Gemüse-Füllung:
50 g Lauch, 50 g Karotten,
50 g Petersilienwurzeln,
50 g Selleriestangen,
20 g Schnittlauch,
80 g Kalbshirn, 20 g Butter,
Salz, Pfeffer, Muskat,
4 cl süße Sahne
Für Pfifferlinge und Sauce:
200 g kleine Pfifferlinge,
1 Bund (20 g) Kerbel,
Salz, 20 g Butter für die Pilze,
150 g eiskalte Butter
für die Sauce

VORBEREITEN

Das Mehl auf ein Nudelbrett sieben, in die Mitte ein Loch machen, Eier und Eigelbe hineinschlagen, Salz und Öl beigeben und alle Zutaten zu einem nicht zu festen Teig verkneten.
Hirn-Gemüse-Füllung: Sämtliche Gemüse putzen, waschen und in ganz feine Würfel schneiden. Schnittlauch waschen und fein schneiden. Das gewässerte Hirn enthäuten und roh in kleine Stücke schneiden. Pfifferlinge sauber putzen und rasch einmal durchwaschen (nur, wenn nötig). Im Sieb abtropfen lassen. Kerbel putzen, Blättchen abzupfen.

ZUBEREITEN

Füllung: Die Gemüse mit einem nußgroßen Stück Butter, ohne Farbe zu geben, anschwitzen. Mit Salz, Pfeffer und Muskat würzen, knapp mit Wasser bedeckt rasch knackig kochen. Dabei soll das Wasser zur Gänze verdampfen. Die Sahne einrühren und sämig einkochen lassen, dann das Hirn und den Schnittlauch beigeben und das Ganze beiseitestellen, damit die Füllung auskühlen kann.
Ravioli: Den Nudelteig ganz dünn ausrollen oder mit der Maschine austreiben, mit verquirltem Ei einpinseln. Die Füllung in einen Spritzsack mit Lochtülle einfüllen und in 4–5 cm Abstand kleine Tupfer auf den Teig spritzen oder mit Hilfe eines kleinen Löffels verteilen. Mit Teig abdecken, mit der Handkante andrücken und mit dem Zackenrand die Ravioli abradeln. Auf ein Tuch legen, trocknen.
Pfifferlinge: Etwas Butter hellbraun aufschäumen lassen, Pfifferlinge dazugeben, salzen und langsam kochen lassen, bis die austretende Flüssigkeit verdunstet ist und die Pfifferlinge etwas Farbe angenommen haben.
Salzwasser zum Kochen bringen, etwas Öl dazugeben, die Ravioli hineinwerfen und ca. 4 Minuten mit Biß kochen. Die Ravioli auf ein Sieb schütten. Etwas Wasser im Topf zurücklassen, die eiskalten Butterstücke einschwenken, ebenso den abgezupften Kerbel.

ANRICHTEN

Die Ravioli auf heiße Teller verteilen, die gerösteten Pfifferlinge darüberstreuen, mit Kerbelsauce übergießen und sofort servieren.

PRODUKTBESCHREIBUNG

Die besten Pfifferlinge sind ganz klein, haben ein rundes Hütchen mit eingebogener Krempe und sehen nicht trichterförmig aus mit langem Stiel. Je fester die Pilze, desto pfeffriger sind sie auch!

Ravioli mit Hirn-Gemüse-Füllung in Kerbelbutter mit Pfifferlingen

Champagner-Risotto mit Froschschenkeln und weißen Trüffeln

Rezeptur für 4 Personen:
400 g frische Froschschenkel,
1 weißer Trüffel, 20 g Butter,
1 EL Olivenöl, Salz, Pfeffer
Für die Froschschenkelbrühe:
50 g Zwiebeln, 50 g Lauch,
50 g Stangensellerie,
1 kleine Knoblauchzehe,
einige Petersilienstengel,
10 g Butter, 1 Lorbeerblatt,
1 kleiner Thymianzweig,
10 zerdrückte Pfefferkörner,
1 Prise Salz, 4 cl Weißwein,
Für den Risotto:
30 g Zwiebeln, 30 g Karotten,
30 g Stangensellerie,
30 g Butter,
100 g Risotto-Reis,
⅛ l trockener Champagner,
etwa ¼ l Geflügelbrühe,
Salz, 1 Prise Zucker
Für die Buttersauce:
4 cl Noilly Prat (Vermouth),
1 dl süße Sahne,
40 g eiskalte Butter,
Salz, Pfeffer aus der Mühle,
1 EL geschlagene Sahne,
1 Spritzer Champagner

VORBEREITEN

Das Fleisch der Froschschenkel sauber auslösen. Knochen samt sehnigen Partien hacken. Trüffel sauber bürsten.
Froschschenkelbrühe: Sämtliche Gemüse waschen, putzen und in kleine Würfel schneiden. In etwas Butter, ohne Farbe zu geben, anschwitzen. Aromaten und Froschschenkelknochen zugeben, mit Weißwein ablöschen und mit etwa ¼ l Wasser auffüllen. 20 Minuten unbedeckt köcheln lassen, durch ein Sieb abgießen.
Risotto: Zwiebel und Karotte schälen und in kleine Würfelchen schneiden, ebenso den Stangensellerie. Herz und Blättchen vom Sellerie fein hacken.

ZUBEREITEN

Risotto: 20 g Butter hell aufschäumen lassen, Zwiebel darin glasig anschwitzen. Reis zufügen und etwas mitrösten. Mit Champagner ablöschen, mit kochendheißer Brühe bedecken und 15 bis 20 Minuten unbedeckt leise vor sich hin köcheln lassen. Fast ständig umrühren, immer wieder etwas heiße Brühe zufügen, falls nötig. Während der letzten 5 Minuten in 10 g Butter die Karotten- und Selleriewürfel knackig dünsten, mit Salz und Zucker abschmecken.
Buttersauce: Froschschenkelbrühe mit Noilly Prat um die Hälfte einkochen. Sahne zugeben, erhitzen, mit der eiskalten Butter in Stückchen aufmixen (s. Seiten 77–79). Abschmecken.
Froschschenkel: Froschschenkel bei guter Hitze in Butter und Olivenöl rasch knusprig-braun braten, salzen und pfeffern und in einem Sieb abtropfen lassen.

ANRICHTEN

Während des Bratens die angedünsteten Gemüse, die Sellerieblätter und die Buttersauce an den Risotto geben. Zum Schluß die geschlagene Sahne und einen schönen Spritzer Champagner untermischen. Den Risotto auf tiefe, vorgewärmte Teller verteilen, die heißen Froschschenkel darauf placieren und den Trüffel darüberhobeln.

PRODUKTBESCHREIBUNG

Nur frische, erstklassige Froschschenkel nehmen (tiefgekühlte sind meist zu klein und schmecken oft tranig-fischig). Das Auslösen ist einfach – Muskeln nur herausdrücken. Es gibt ca. 150 g Knochen und 250 g Fleisch.
Unbedingt einen italienischen Avorio oder Vialone Risotto-Reis verwenden, der schön körnig, mit Biß, kocht.

Nudeln mit Muscheln

Rezeptur für 4 Personen:
Für den Nudelteig:
5 cl Wasser, 10 g Salz,
6 Eigelb, 1 Ei, 2 EL Olivenöl,
250 g Mehl,
Mehl zur Verarbeitung
Für die Muscheln:
60 kleine Bouchotmuscheln,
2 cl neutrales Pflanzenöl,
⅛ l trockener Weißwein,
¼ l Wasser, 1 cl Noilly Prat
(trockener Vermouth),
3,5 dl (gut ⅓ l) süße Sahne,
Salz, Pfeffer, Zitronensaft,
1 EL geschlagene Sahne
Für den Fond:
1 Schalotte,
15 g Petersilienstengel
mit -wurzeln,
1 Tomate, 1 Knoblauchzehe,
1 Zweig Thymian,
1 Lorbeerblatt

VORBEREITEN
<u>Nudelteig:</u> Wasser erwärmen, das Salz darin auflösen. Auskühlen lassen. Eigelb und Ei einrühren, das Öl zufügen und alles mit dem Mehl vermischen. Den Teig gut durchkneten und zugedeckt etwa 20 Minuten ruhen lassen. Nun auf bemehlter Unterlage dünn ausrollen, nicht zu schmale Nudeln schneiden und zum Trocknen auf einem mit Mehl bestäubten Tuch auslegen.
Die Muscheln gründlich waschen, die Fondgemüse putzen.

ZUBEREITEN
Die Fondzutaten in einem größeren Topf in dem Pflanzenöl leicht anschwitzen. Hitze auf höchste Stufe stellen. Muscheln in den Topf geben und mit Weißwein, Wasser und Noilly Prat aufgießen. Den Topf mit dem Deckel bedecken, damit der sich im Topf bildende Dampf das gleichmäßige Aufspringen der Muscheln garantiert. Nach 2 Minuten sollten sich alle Muscheln geöffnet haben. Herausnehmen und auf einem Durchschlag abtropfen lassen. Dann aus den Schalen lösen.
Den Fond ein wenig ruhen lassen, damit sich der aus den Muscheln gelöste Sand absetzen kann. Dann etwa ¾ des Fonds vorsichtig abgießen und durch ein feines Haarsieb passieren. Den Rest mit dem Gemüse wegwerfen. Aufgefangenen Fond auf 2 dl (⅕ l) einkochen.
<u>Nudeln:</u> Die Nudeln in Salzwasser einige Minuten kochen, damit sie noch Biß behalten. Abtropfen.
<u>Muscheln:</u> Den reduzierten Fond mit der Sahne rasch zu sämiger Konsistenz einkochen, mit dem Mixstab schnell durchmixen. Abschmecken. Die Muscheln einlegen und auf kleiner Flamme vorsichtig erwärmen. Zum Schluß den Eßlöffel geschlagene Sahne unterziehen.

ANRICHTEN
Nudeln auf vorgewärmtem Teller wie ein Nest anrichten, die Muscheln darauf verteilen und mit der Sauce überziehen. Nach Belieben noch ganz kurz unter den Salamander (heißen Grill) schieben.

Gefüllte Tomaten in Basilikumsauce

Rezeptur für 4 oder 8 Personen:
8 reife Tomaten,
Salz, Pfeffer aus der Mühle,
10 g Butter, 1 EL Olivenöl
Für die Füllung:
100 g frische Lachsabschnitte,
Salz, Pfeffer, Cayenne,
1 Prise Muskat,
⅛ l dickflüssige Sahne,
1 ganzes Ei,
30 g Lachs, in Würfel geschnitten
Für die Basilikumsauce:
10 g Schalotten,
1 cl Vermouth,
5 cl trockener Weißwein,
1 TL flüssige Sahne,
60 g Butter, Salz, Cayenne,
4 Blatt Basilikum,
1 EL geschlagene Sahne

VORBEREITEN
Füllung: Die Lachsabschnitte mit Salz, Pfeffer, Cayenne und einer Prise Muskat würzen und im Mixer fein pürieren. Danach die Sahne in kleinen Mengen nach und nach beigeben, das Ei schlagen und unterrühren. Das Mus durch ein Haarsieb streichen, die Lachsstücke untermengen und alles auf Eis kaltstellen.
Tomaten: Die Tomaten für 5 Sekunden in kochendes Wasser halten oder legen, herausheben und im bereitstehenden Eiswasser abschrecken. Anschließend die Haut abziehen, die Strünke ausschneiden und mit Hilfe eines kleinen Löffels oder Ausstechers vorsichtig aushöhlen. Innen mit Salz und Pfeffer bestreuen und das Mus mit Hilfe eines Spritzsackes einfüllen.

ZUBEREITEN
Butter und Öl hell aufschäumen lassen, Tomaten einlegen, mit Salz bestreuen und im vorgewärmten Ofen bei 220° ca. 15 Minuten lang garen. Nadelprobe machen (s. Seite 161).
Basilikum-Buttersauce: Die Schalotten fein würfelig schneiden und mit Vermouth und Weißwein bis auf ⅓ einkochen lassen, die flüssige Sahne beigeben, erhitzen und die eiskalten Butterstücke nach und nach einrühren und mixen (s. Seite 77). Mit Salz und Cayenne würzen. Basilikum in Streifen schneiden und der Buttersauce beigeben, die geschlagene Sahne untergeben.

ANRICHTEN
Die Sauce auf heiße Teller (nicht zu heiß, sonst trennt sich die Sauce!) verteilen und darauf die Tomaten placieren. Oder die Tomaten mit der Sauce nappieren.

TIP
Dieses Mus muß immer mit eiskalten Zutaten zubereitet werden und kann ebenso mit Steinbutt oder anderen Fischen hergestellt werden. Es können auch Spinatblätter oder Kopfsalatblätter gefüllt werden. Weiterhin eignet sich die Füllung als Fischterrine oder kann in Blätterteig gebacken werden.
Die Tomaten dürfen nicht zu weich sein.
Die Basilikum-Buttersauce kann ebensogut ohne Sahne zubereitet werden; dabei ist zu beachten, daß die Butter kalt ist und in kleinen Mengen in die Reduktion eingerührt wird. Die Sauce darf nicht kochen und kann auch nicht im voraus zubereitet werden.
Servieren Sie die gefüllten Tomaten als Vorspeise für 8 und als Zwischengericht für 4 Personen.

Suppen

Kaum ein Volk legt auf die Suppe einen solchen Wert wie die Deutschen. Kaum ein wohlerzogener Mensch, der, wie Heinrich Heine bemerkt, nicht „von Jugend auf alle Tage Suppe gegessen, der sich bis jetzt gar keine Welt denken konnte, wo nicht des Morgens die Sonne aufgeht und des Mittags die Suppe aufgetragen wird." Zur vollendeten Speisefolge gehört die Suppe – bloß: an welche Stelle? Früher aß man sie als ersten Gang, als Magenwärmer, als Eröffnung. Heute ist man jedoch eher geneigt, sie an die zweite Stelle zu setzen und das Mahl mit einer kalten Vorspeise zu beginnen, etwa einer Terrine, einem Salat. Deshalb die Suppen auch im Ablauf dieses Buches an diesem Platz. Bei einem kleinen, alltäglichen Menü bleibt die Suppe aber immer noch die beste „Vorspeise", weil sie dem Hauptgang nicht den Rang streitig macht.
Eine gute Suppe zu kochen, ist eigentlich nicht weiter schwierig. Zweierlei indes ist dazu nötig: Einmal braucht es viel Zeit – das ist der Grund, warum die Industrie gerade mit Fertigsuppen so enormen Erfolg haben konnte und hat; zum anderen genügt es nicht, einfach ein paar Reste in einen großen Topf zu werfen – Suppen kocht man eben mit der gleichen Sorgfalt wie die spektakulären Gänge einer Speisenfolge.
Die Suppen der großen klassischen Köche waren oft Ergebnis langwieriger, komplizierter Arbeitsgänge, bestanden aus kostspieligen, edlen Zutaten. Die modernen Suppen von Witzigmann dagegen kommen mit ganz bescheidenen Mitteln aus, aber eben perfekt und ganz bewußt eingesetzt.

Rahmsuppe von gelben Spalterbsen mit Karpfenklößchen

Rezeptur für ca. 6 Personen:
100 g gelbe Spalterbsen,
100 g Zwiebeln,
1 kleine Knoblauchzehe,
100 g Weißes vom Lauch,
1 mittelgroße Kartoffel
(mehlige Sorte), 130 g Butter,
1 l Wasser (wenn vorrätig:
Geflügelbrühe),
200 g mild geräuchertes
Wammerl oder
Kasseler Rippenspeer,
1 Sträußchen Petersilie,
Salz, Pfeffer aus der Mühle,
1 Prise Majoran,
½ l einfache Sahne
Für die Klößchen:
100 g Toastbrot ohne Rinde,
10 g Butter, 1 Eiweiß,
150 g geräucherter Karpfen,
1 EL Kerbel,
50 g gekochter Schinken,
50 g geräucherter Karpfen
(ohne Gräten) in Stückchen,
⅛ l geschlagene Sahne,
Salz, Pfeffer, Muskat

VORBEREITEN
Am Abend vorher die gelben Erbsen in kaltem Wasser einweichen. Zwiebeln schälen, in Scheiben oder Würfel schneiden. Die Knoblauchzehe schälen und sehr klein hacken.
Das Weiße vom Lauch putzen, waschen und in Scheiben schneiden. Kartoffel waschen, schälen und gleichfalls in Scheiben schneiden.

ZUBEREITEN
30 g Butter in einem Topf zerlassen. Zwiebeln, Lauch und Knoblauch beigeben und zusammen, ohne Farbe zu geben, anschwitzen. Danach mit Wasser auffüllen und zum Kochen bringen. Die eingeweichten Erbsen (ohne das Einweichwasser) sowie das geräucherte Wammerl beigeben, ebenso die Kartoffelscheiben, das Sträußchen Petersilie und eine Prise Salz. Deckel auflegen und ca. 1½ Stunden langsam im Rohr (170 Grad) auf dem Gitter dahinköcheln lassen.
Karpfenklößchen: In der Zwischenzeit das Toastbrot in ½ cm kleine Würfel schneiden und die Hälfte mit 10 g Butter knusprig braun rösten. Das restliche Weißbrot mit dem Eiweiß anfeuchten. Den geräucherten Karpfen pürieren und durch ein Haarsieb streichen. Kerbel fein schneiden und zusammen mit dem kleingeschnittenen Schinken, den Karpfenstückchen und dem eingeweichten Brot in das Karpfenpüree mischen. Auf Eis zu einer homogenen Masse abtreiben. Sahne schlagen und vorsichtig unterziehen, mit Salz, Pfeffer und Muskat abschmecken. Die Masse kaltstellen.
Sobald die Erbsen weich sind, den Topf aus der Röhre nehmen, das Wammerl sowie das Petersiliensträußchen herausschöpfen, die Erbsen mit dem Mixstab pürieren und durch ein Haarsieb streichen.
Aufs Feuer stellen, würzen, die Sahne sowie die restliche eiskalte Butter in Stückchen beigeben und die Suppe heißrühren, ohne sie jedoch kochen zu lassen. Mit Salz und Pfeffer aus der Mühle abschmecken. Die Karpfenmasse zu Knödeln formen, in heißes Salzwasser legen und gar ziehen lassen.

ANRICHTEN
Suppe in heiße Teller verteilen, mit Klößchen und Kerbel garnieren.

TIP
Anstatt geräucherten Karpfen geräucherte Renken, Aal, eventuell Lachs verwenden. Anstatt gelber Spalterbsen grüne Trockenerbsen verwenden. Mit einer Garnitur aus Kartoffeln, Karotten, Speckwürfeln, 1 Prise Majoran anreichern. Besonders vorteilhaft: Die Hälfte der Butter braun aufschäumen lassen und der Suppe beigeben.

Fischsuppe von Lachs und Zander

Rezeptur für 4 Personen:
20 g Schalotten,
40 g Karotten, 40 g Lauch,
20 g Staudensellerie,
1 Tomate, 120 g Zander,
100 g Lachs,
30 g Butter zum Braten,
2 cl Noilly Prat,
3 cl Weißwein,
¼ l Fischfumet oder Wasser,
1 Messerspitze Knoblauch,
30 g eiskalte Butter
zum Aufmontieren,
Salz, Cayenne,
Zitronensaft, etwas Kerbel

VORBEREITEN
Schalotten hacken. Karotten, Lauch und Sellerie in feine Streifen, die geschälte und entkernte Tomate in kleinere und den Fisch in größere Würfel schneiden.

ZUBEREITEN
Die gehackten Schalotten in etwas Butter anschwitzen. Karotten, Lauch, Sellerie zu den Schalotten geben, mit Noilly Prat und Weißwein ablöschen und mit Fumet oder Wasser auffüllen. Kurz kochen lassen. Den Knoblauch und die Tomate zugeben.
Inzwischen den Fisch in eine Kasserolle geben und mit wenig Schalotten und Butter kurz sautieren, mit etwas Weißwein ablöschen.

ANRICHTEN
Fisch auf heiße Teller legen. Die Suppe mit Butter aufmontieren, abschmecken mit Salz, Cayenne und etwas Zitronensaft und über den Fisch gießen. Mit frisch abgerupften Kerbelblättchen garnieren.

TIP
Fischfumet von den Gräten des Zanders herstellen, wie auf Seite 77 beschrieben. Die Suppe, die besonders gut aussieht, kann man auch mit anderen Fischen bereiten, wobei der Lachs durch seine Farbe wie auch wegen des Geschmacks stets dabei sein sollte.

Austernsuppe mit Curry

Rezeptur für 4 Personen:
12 Austern, 20 g Schalotten,
2 Blatt frisches Basilikum,
4 dl (0,4 l) Fischsud,
10 g Butter zum Anschwitzen,
½ TL Curry, 2 cl Noilly Prat (trockener Vermouth),
2 cl trockener Weißwein,
2 EL Crème double,
60 g Butter zum Aufmixen,
2 EL geschlagene Sahne,
Salz, weißer Pfeffer,
Cayennepfeffer, Zitronensaft

VORBEREITEN
Die Austern öffnen, den Saft auffangen und erst durch ein Sieb, dann durch einen normalen Papier-Kaffeefilter laufen lassen. Austern lassen, wie sie sind, nach Belieben aber auch den Bart abschneiden. Schalotten fein würfeln, das Basilikum in schmale Streifen schneiden. Den Fischsud vorbereiten, wie auf Seite 77 beschrieben.

ZUBEREITEN
Die Schalotten in Butter anschwitzen, ohne Farbe zu geben. Den Curry einrühren und auch ein wenig anziehen lassen. Noilly Prat und Weißwein zugießen und etwas einkochen lassen. Fischsud, Crème double und die Hälfte des Austernsaftes zugeben, ein wenig durchkochen lassen, dann mit der Butter aufmixen. Das Basilikum und die Austern darin neben dem Feuer nur erwärmen – das Basilikum soll sein Aroma mitteilen, die Austern sollen eben steif werden; das Ganze dauert nur 2 Minuten. Austern und Basilikum herausheben und in vorgewärmten Tellern anrichten. Die Suppe noch einmal kurz aufkochen lassen, die geschlagene Sahne einrühren und abschmecken. Über die Austern schöpfen und sofort servieren.

TIP
Statt Basilikum Kerbel und Estragon nehmen.

PRODUKTBESCHREIBUNG
Die Suppe sollte unbedingt mit flachen Austern (Belons, Impériales, Cancales, Colchesters, Whitstables, Limfjords) bereitet werden, die einen vollen Geschmack besitzen. Die leichteren tiefen Austern (Portugaises, Spéciales) bringen nicht genügend Kraft mit und schmecken dann fade. Es ist nicht unbedingt nötig, den Bart zu entfernen, denn er wird nur bitter und vor allem hart, wenn die Austern gekocht werden – läßt man sie nur eben steif werden, stört er nicht.
Verwenden Sie einen guten Curry, der ganz frisch ist und das volle Aroma der asiatischen Gewürze in sich birgt!

Austernsuppe mit Curry

Kartoffelrahmsuppe mit Froschschenkeln und Kresseblättern

Rezeptur für 4 Personen:
200 g frische Froschschenkel,
2 mehlige Kartoffeln (ca. 150 g),
100 g gesalzene Butter,
20 g Gartenkresse,
1 dl süße Sahne,
Salz, Cayennepfeffer,
10 g Butter zum Braten,
1 EL Öl, Pfeffer aus der Mühle,
1 EL geschlagene Sahne
Für die Froschschenkelbrühe:
15 g Butter, 50 g Schalotten,
50 g Staudensellerie,
30 g Petersilienstengel,
1 Knoblauchzehe,
2 cl trockener Weißwein,
3 dl (0,3 l) Wasser,
Salz, 3 Pfefferkörner

VORBEREITEN

Die Froschschenkel auslösen: Die schönen Nüßchen und reinen Fleischteile von Knochen und Sehnen befreien – einfach herausdrücken.

Froschschenkelbrühe: Die Butter zerlaufen lassen und die klein geschnittenen Schalotten, den Staudensellerie, die Petersilienstengel und die Knoblauchzehe (geschält, halbiert, Keime entfernt, zerschnitten) beigeben. Alles zusammen ca. 5 Minuten langsam, ohne Farbe zu geben, anschwitzen. Die Froschschenkelknochen und den Weißwein zufügen, mit einem Deckel abdecken und ca. 5 Minuten weiterdünsten. Deckel abnehmen und mit kaltem Wasser auffüllen, salzen, zerdrückte Pfefferkörner beigeben und 20 Minuten köcheln lassen. Anschließend durch ein Sieb passieren und zur Seite stellen.

In der Zwischenzeit die Kartoffeln waschen und in der Schale in Salzwasser weich kochen oder in Alufolie eingewickelt auf einem Salzbett im heißen Ofen garen. Anschließend sofort schälen und mit 100 g Butter durch das Haarsieb streichen. Dann die Masse mit Butterpapier abdecken, damit sich keine Kruste bildet. Die feine Gartenkresse zupfen und waschen, zum Abtropfen auf ein Tuch legen.

ZUBEREITEN

Die Froschschenkelbrühe aufkochen, zur Seite ziehen und die Kartoffelmasse nach und nach beigeben. Mit Hilfe eines Schneebesens glatt und sämig schlagen, die flüssige Sahne zugießen und nochmals erhitzen, ohne jedoch kochen zu lassen. Mit Salz und Cayenne würzen.

Die Froschschenkelnüßchen in heißer Butter und Öl anbraten, mit Salz und Pfeffer aus der Mühle würzen, der Suppe beigeben und 1 EL geschlagene Sahne unterheben. Zum Schluß die gezupfte Kresse zufügen, sofort in vorgewärmten heißen tiefen Tellern servieren.

TIP

Die Suppe kann nach Belieben mit knusprigen Brotwürfeln (Croûtons) bestreut werden.

Variationen: Anstelle der Froschschenkel Meeresschnecken (Bigorneaux) verwenden. Oder Austern – dann jedoch ohne Kresse, dafür mit roten Paprika (schälen und würfeln). Oder Jakobsmuscheln, auch Palourdes (einer Art Venusmuscheln). Oder, anstelle der Kresse, feine Streifen von Bärlauch beigeben.

Tomatisierte Rahmsuppe mit Seeteufel und Fadennudeln

Rezeptur für 4 Personen:
300 g Seeteufel am Stück
(= 150 g ausgelöste Filets),
4 würzige Tomaten, 1 Schalotte,
1 kleine Knoblauchzehe,
150 g Nudelteig (s. Seite 33),
1 EL Olivenöl, 10 g Butter,
1 Prise Zucker, Salz,
15 g eiskalte Butter,
0,2 l süße Sahne,
6 große Basilikumblätter,
Cayenne

VORBEREITEN

Seeteufel: Die schwarze Haut vom Seeteufel abziehen und wegwerfen. Danach die Lappen, Häute und alles Schwarze entfernen. Filets von den Gräten schneiden und in ca. 3 cm große Würfel oder Streifen zerteilen.
Von den Lappen, Knochen und Filet-Abschnitten einen kurz gehaltenen Fischsud bereiten (siehe Seite 77 – eventuell mit einigen gesäuberten Muscheln). Wenn Gräten von Steinbutt oder Seezunge zur Verfügung stehen, diesen den Vorzug geben.
Tomaten wie üblich überbrühen, enthäuten und entkernen und in 1 cm große Würfel schneiden. Am besten eignen sich Flaschentomaten. Schalotte und Knoblauch schälen und fein schneiden.
Nudeln: Einen Nudelteig bereiten und daraus feine Fadennudeln schneiden. Ein wenig antrocknen lassen.

ZUBEREITEN

Olivenöl und Butter in einem geeigneten Topf aufschäumen lassen, den feingehackten Knoblauch und die Schalotten beigeben und, ohne Farbe zu geben, anschwitzen; die Tomaten beigeben sowie 3 EL Fischsud und langsam dahinköcheln lassen, bis fast sämtliche Flüssigkeit verdunstet ist. Würzen mit einer Prise Zucker und etwas grobem Salz. Abkühlen lassen und danach mit der eiskalten Butter aufmixen.
In einem anderen Topf den Fischsud (2,5 dl) auf die Hälfte einkochen lassen, die Sahne beigeben und nochmals auf rund 2 dl einkochen. Nun die vorbereitete Tomatenbutter beigeben und mit Hilfe eines Mixstabes aufmixen. Die Seeteufelwürfel einlegen, zum Aufkochen bringen und in ca. 5 Minuten gar ziehen lassen.
Die Nudeln im Salzwasser mit Biß abkochen, auf ein Sieb schütten, abtropfen lassen und der Suppe beigeben.
Basilikumblätter mit Hilfe einer Schere hineinschnippeln und mit einer Prise Cayenne und Salz abschmecken.

ANRICHTEN

In heißen Suppentellern anrichten.

TIP

Diese Suppe läßt sich ebenfalls mit Steinbutt oder Seezunge herstellen, auch mit Jakobsmuscheln oder Bouchotmuscheln. Anstelle von Basilikum passen Estragon oder Thymian. Vor dem Einfüllen der Suppe die Teller mit Knoblauch ausreiben.

Klare Hühnersuppe mit Gemüsen und Butternockerln

Rezeptur für 12 Personen:
1 frisches Suppenhuhn, 1000 g,
3 l kaltes Wasser,
1 Bouquet garni
(1 kleine Karotte,
das Weiße von 1 Stange Lauch,
1 Stange vom Staudensellerie
und 10 Petersilienstengel),
1 kleines Lorbeerblatt,
1 kleiner Thymianzweig,
1 Nelke, 10 Pfefferkörner, weiß,
Salz
Für die Einlage:
100 g tournierte Karotten,
100 g tournierte Kohlrabi,
nach Belieben 40 g junge
Erbsenschoten in Streifen,
abgezupfte Kerbelblättchen
Für die Butternockerln:
90 g Butter (halb gesalzen),
3 Eigelb, 1 TL Mehl,
½ TL Grieß,
50 g Inneres vom Weißbrot,
Muskat

ZUBEREITEN

Das Suppenhuhn mit 3 l kaltem Wasser im passenden Topf aufstellen. Langsam zum Kochen bringen, dabei ständig abschäumen. Dann auf kleinem Feuer nur noch ziehen lassen. Nach 1½ Stunden das Bouquet garni und die Aromaten außer den Pfefferkörnern zugeben (Champignonschalen verfeinern die Brühe). Nochmals eine Stunde ziehen lassen. 10 Minuten vor dem Ende der Garzeit die Pfefferkörner und etwas Salz beigeben.

Karotten und Kohlrabi in etwas Hühnersuppe weichkochen. Die Erbsenschoten in Salzwasser kochen.

Das Huhn herausnehmen und ausbrechen. Die Haut entfernen. Das Brustfleisch in dünne Scheiben schneiden. Die Keulen ebenfalls in Scheiben schneiden.

Butternockerln: Butter schaumig rühren, Eigelb nach und nach einrühren. Mehl und Grieß mit dem geriebenen Brot vermischen und unter die Buttermasse heben. Mit etwas Muskat würzen. Mit 2 Kaffeelöffeln etwa 24 Klößchen daraus formen. In Salzwasser kochen.

ANRICHTEN

Je Suppe gibt man etwa 3 Scheiben Fleisch, je 3 Stück Gemüse und je 2 Butternockerl in tiefe Teller. Die Suppe abschmecken und darüber verteilen. Mit gezupftem Kerbel garnieren. Sofort servieren.

TIP

Nach Belieben – wie auf dem Bild zu sehen – in jeden Teller eine Morchel legen, die man mit der Butternockerl-Masse füllen kann.

PRODUKTBESCHREIBUNG

Nehmen Sie für die Suppe kein ausgewachsenes Legehuhn, sondern lieber ein Masthähnchen – das Fleisch bleibt zarter.

Achten Sie auf erstklassiges Gemüse, das dem Huhn eine gute und ausgeprägte Würze entgegensetzen kann!

Große Karotten und Kohlrabi am besten mit einem kleinen Löffel-Ausstecher formen – es sollten je etwa 36 Perlen entstehen.

Klare Hühnersuppe mit Gemüsen und Butternockerln

Borschtsch aus der Taube

Rezeptur für 8 Personen:
Für die Brühe:
2 kg Taubenkarkassen,
100 g Zwiebeln,
70 g Staudensellerie,
50 g Karotten, 1 Tomate,
1 kleiner Thymianzweig,
1 Lorbeerblatt,
2 Knoblauchzehen,
6 Wacholderbeeren, 3 l Wasser,
eventuell ein wenig
gehackter frischer Ingwer
und Gewürznelken,
Salz, Cayenne
Zum Klären:
200 g Rinderwade, Salz,
4 Eiweiß, 1 Tomate,
20 g Zwiebeln,
20 g Staudensellerie,
je 20 g Lauch und Karotten,
Für die Garnitur:
100 g Rote Bete, roh,
70 g Lauch, 30 g Karotten,
30 g Staudensellerie,
150 g Spitzkraut, 1 EL Olivenöl,
10 g Tomatenpüree feinster
Qualität, Salz, Pfeffer,
nach Wunsch etwas Fenchel,
saure Sahne

VORBEREITEN

Taubenbrühe: Die Taubenknochen ohne Fettzugabe im vorgeheizten Ofen bei 220° in einer Bratpfanne langsam braun braten. Dann das gewaschene, geputzte, in 1 cm große Stücke geschnittene Gemüse sowie die Aromaten beigeben und ebenfalls anrösten.
Von Zeit zu Zeit mit etwas Wasser ablöschen und diesen Vorgang einige Male wiederholen. Die Knochen in einen Topf schütten, mit dem kalten Wasser auffüllen und etwa 3 Stunden köcheln lassen. Leicht salzen, das Fett abschöpfen. Passieren und auskühlen lassen. Jetzt das restliche Fett von der Oberfläche abheben.
Klären: Rinderwade ohne Fett durch die grobe Scheibe des Fleischwolfs drehen, mit Salz bestreuen und mit dem Eiweiß kräftig durchschlagen. In einen Topf umfüllen. Das feingeschnittene Gemüse beigeben, dann die Taubenbrühe nach und nach angießen und einrühren. Unter ständigem Rühren zum Aufkochen bringen, vom Feuer nehmen und noch 30 Minuten ziehen lassen. Schließlich durch ein feines Tuch passieren.
Garnitur: Das gewaschene Gemüse in zündholzlange und -dicke Streifen schneiden und langsam mit dem Olivenöl und dem Tomatenpüree knackig rösten. Salzen und pfeffern.

ZUBEREITEN

Das Gemüse in die geklärte Brühe geben und langsam erhitzen, mit Salz und Cayenne würzen und mit saurer Sahne sowie Piroggen servieren.

PRODUKTBESCHREIBUNG

Was im Restaurant als Rest anfällt, muß sich die Hausfrau mühsam besorgen – es ist ja höchst unwahrscheinlich, daß sie gerade mal eben 2 kg Taubengerippe zur Hand hat. Sie macht aus der Not eine Tugend und serviert diese Suppe als Vorspeise zu dem Salat mit Taubenbrüstchen (Seite 26). Und sie bereitet die Taubenkeulen als Sauté (Rezept Seite 140) und bietet ein ganzes Tauben-Menü, ersetzt schließlich einen Teil der Taubenkarkassen durch ein Suppenhuhn.

Rahmsuppe von Anis-Champignons, mit Pernod parfümiert

Rezeptur für 4 Personen:
150 g kleine Anis-Champignons,
40 g gesalzene Butter (demi-sel),
Salz, Zitronensaft,
⅛ l süße Sahne,
50 g eiskalte Butter (demi-sel),
Salz, Cayenne,
1 großer EL geschlagene Sahne,
1 EL Pernod
Für die Einlage:
4 kleine Anis-Champignons,
etwas abgezupfter Kerbel

VORBEREITEN
Die Anis-Champignons sauber putzen und, wenn nötig, kurz durchwaschen. In Scheiben schneiden und langsam in hell aufschäumender Butter anschwitzen – bei mittlerer Hitze. Mit Salz bestreuen, mit Zitrone beträufeln und nach ca. 5 Minuten mit ⅓ l Wasser auffüllen. Nochmals 5 Minuten stark kochen lassen, dann mit dem Mixstab oder im Mixer fein pürieren.

ZUBEREITEN
Der gemixten Suppe Sahne beigeben, heiß rühren, ohne kochen zu lassen. Jetzt die eiskalte Butter einmixen. Abschmecken, die geschlagene Sahne zum Schluß unterheben und mit Pernod aromatisieren.

ANRICHTEN
Die Suppe in tiefe, heiße Teller füllen; mit Kerbel und den rohen Anis-Champignons, welche in feine Scheiben geschnitten werden, bestreuen. Eventuell mit einigen kleinen Brotwürfeln (ohne Rinde – ½ cm groß), in Butter knusprig goldgelb geröstet, bestreuen.

PRODUKTBESCHREIBUNG
Anis-Champignons sind recht selten, und man kann sie fast niemals auf dem Markt bekommen – die originale Suppe bleibt also Pilzsammlern vorbehalten, die den aromatischen und wohlschmeckenden Champignon von dem sehr ähnlichen, jedoch streng riechenden und giftigen Karbolegerling unterscheiden können. Ansonsten begnügt man sich mit dem aus dem Waldchampignon gezüchteten dunkelhäutigen Egerling, der immer öfter neben dem weißen und faderen Zuchtchampignon angeboten wird. In Norddeutschland wird er unsinnigerweise gerne Steinpilz-Champignon genannt. Noch besser ist der relativ selten zu findende dunkle „Champignon de Paris", der dem Anis-Champignon recht ähnlich kommt.
Anstelle von Pernod nach Belieben einen anderen Anisschnaps nehmen – aber vorsichtig dosieren!

Linsensuppe mit gebratener Wachtel

Rezeptur für 4 Personen:
4 Wachteln, 20 g Butter,
1 Schuß Balsamico-Essig,
1 EL gehackte Petersilie
Für die Suppe:
30 g Zwiebeln,
50 g Wammerl (geräucherter, durchwachsener Bauchspeck),
50 g Butter,
2–3 EL Balsamico-Essig,
100 g Linsen,
Salz, Pfeffer, Cayenne,
1 Kräutersträußchen (aus
1 Stengel Thymian und
4 Stengeln Petersilie),
1 Messerspitze Senf
Für die Wachtelsauce:
10 g Karotten, 30 g Zwiebeln,
20 g Stangensellerie,
2 EL Champignon-Abschnitte (Stiele und Schalen),
1 EL Öl, 1 Nelke,
4 Wacholderbeeren,
1 Zweiglein Thymian,
1 kleiner Zweig Rosmarin,
1 Lorbeerblatt,
4 cl Rotwein, 4 cl Madeira
Für die Garnitur:
30 g Möhren,
30 g Petersilienwurzeln,
10 g Butter,
1 Stückchen Orangenschale

VORBEREITEN
Die Wachteln halbieren und die Brüste ablösen, die Schenkel abschneiden. Die Knochen hacken. Zwiebeln und Wammerl für die Suppe in kleine Würfel schneiden, das Gemüse für die Wachtelsauce putzen und ebenfalls klein schneiden.

ZUBEREITEN
Suppe: Zwiebel und Wammerl in 20 g Butter zart anschwitzen, ohne Farbe zu geben. Mit einem Schuß Balsamico ablöschen, die Linsen hinzufügen, würzen und 1 l Wasser angießen. Das Kräutersträußchen einlegen und die Linsen weich kochen. Dann 2 EL davon für die Garnitur abnehmen. Die restlichen Linsen im Mixer pürieren und durch ein Haarsieb streichen. 30 g Butter in einem kleinen Töpfchen nußbraun werden lassen, zugeben. Ebenso Senf und einige Spritzer Balsamico-Essig.
Wachtelsauce: Die Wachtelknochen mit den kleingeschnittenen Gemüsen (außer den Champignon-Abschnitten) im Öl anrösten, bis sie schön braun geworden sind. Die Aromaten zugeben und ebenfalls ein wenig anrösten. Dann mit Rotwein und Madeira ablöschen und fast alle Flüssigkeit verdampfen lassen. Mit Wasser bedecken und Champignonabfälle zufügen. Ins Rohr schieben, bei 220 Grad zu einer kurzen Sauce einkochen. Durch ein feines Sieb abgießen.
Garnitur: Möhren und Petersilienwurzeln in winzige Würfelchen schneiden, in der Butter anschwitzen. Die Linsen zugeben und ein Stück in Miniwürfel geschnittene Orangenschale (Zeste).
Wachteln: Brüste und Schenkel in wenig Butter rosa braten und kurz warm stellen. Den Bratensatz mit etwas Balsamico-Essig ablöschen.

ANRICHTEN
Die Wachtelsauce, die Garnitur und den abgelöschten Bratensatz in die Suppe rühren und diese in vorgewärmte Suppenteller verteilen. Wachtelbrüste und -schenkel darauflegen, mit etwas gehackter Petersilie überstreuen und sofort servieren.

PRODUKTBESCHREIBUNG
Erstklassige Linsen haben eine glatte Haut. Als die besten gelten die relativ kleinen aus Zentralfrankreich. Sind die Linsen frisch, aus demselben Jahr, so dürften sie auch ohne Einweichen nach längstens 40 Minuten gar sein. – Balsamico-Essig stammt aus Modena und ist ein höchst würziger Essig, entstanden durch langes Lagern in Holzfässern. Er ist teuer, aber eine wundervolle Speisewürze.

Linsensuppe mit gebratener Wachtel

Rahmsuppe von Kopfsalat mit gebackenen Taubenleberknödeln

Rezeptur für 4–6 Personen:
500 g Zuckererbsen,
1 großer Kopfsalat,
70 g durchwachsener
Räucherspeck (Wammerl),
60 g gesalzene Butter,
1 Schalotte oder kleine Zwiebel,
2 dl Geflügelbrühe,
1½–2 dl Crème double, Salz,
1 Prise Zucker, Muskatnuß,
1 Petersiliensträußchen (glatt)
Für die Taubenleberknödel:
20 g Weißbrot in kleinen
Würfeln (Croûtons),
1 EL Öl oder 20 g Butter,
60 g Weißbrot ohne Rinde,
2–4 cl Milch,
200 g Taubenlebern
(ersatzweise Geflügellebern),
2 Eier,
Salz, Pfeffer, Majoran, Muskat,
2–3 EL frisch geriebene,
Weißbrotkrümel,
Öl zum Ausbacken

VORBEREITEN

Knödel: Die kleinen Weißbrotwürfel mit etwas Öl und Butter hellbraun rösten und auf ein Sieb zum Abtropfen schütten. Weißbrot in lauwarmer Milch einweichen. Taubenlebern fein mixen oder hacken. Eines der beiden Eier trennen.
Eingeweichtes Brot leicht ausdrücken, Taubenlebern sowie das ganze Ei und das Eigelb beigeben. Mit Salz, Pfeffer aus der Mühle, Majoran, 1 Prise Muskat würzen und die gerösteten Weißbrotwürfel einmengen, etwa eine Stunde ruhen lassen. Die Masse zu kleinen Kugeln formen, durch das übrige, etwas zerschlagene Eiweiß ziehen und in groben Weißbrotkrümeln wälzen. Kurz vor dem Servieren die Knödel in schwimmendem Fett ausbacken – 3 bis 5 Minuten. Auf ein Saugpapier legen, im letzten Moment der Suppe beigeben.

Suppe: Die Erbsen ausbrechen, in Salzwasser einmal aufkochen, abschütten und in Eiswasser oder unter fließendem kaltem Wasser abschrecken. Vom Kopfsalat die äußeren grünen Blätter entfernen, in viel Wasser durchwaschen, Blätter auf einem Tuch abtropfen. Strünke entfernen, und die grünen Blätter grob zusammenhacken. Das gelbe Salatherz in Streifen schneiden, den Speck ebenfalls.

ZUBEREITEN

Die Speckstreifen in eine Kasserolle mit dickem Boden geben und langsam ausbraten lassen. Ist er kroß, den Speck mit einer Schaumkelle auf einen Teller herausheben, das Fett wegschütten. In die Pfanne etwas Butter, ca. 10 g, geben und darin die klein geschnittene Zwiebel, ohne Farbe zu geben, anschwitzen. Die grünen gehackten Salatblätter beigeben und bei starkem Feuer 5 Minuten dünsten, mit der kochenden Geflügelbrühe aufgießen und stark 5–10 Minuten kochen lassen. Jetzt die gelben Herzblätterstreifen zufügen und nur eben zusammenfallen lassen. Dann alles fein mixen, Crème double beigeben und heiß, ohne zu kochen, gut abrühren. Die restliche Butter in kleinen Stückchen einschwenken. Mit Salz, 1 Prise Zucker, Muskat würzen und zum Schluß die grobgezupfte Petersilie beigeben sowie die Erbsen, die Speckstreifen und die Klößchen. Alles nur noch schön warm werden lassen, dann sogleich servieren.

PRODUKTBESCHREIBUNG

Versuchen Sie diese Suppe nur in den Monaten Mai bis Oktober, wenn es guten, das heißt: knackigen und doch zarten Freilandkopfsalat gibt. Treibhaussalat wird beim Kochen zäh und faserig.
Zuckererbsen – das sind ganz junge Markerbsen.

Fisch

Schon immer hat sich die große Küche den Fischen mit besonderer Vorliebe gewidmet. Und der arme Vatel, der Koch Ludwigs XIV, stürzte sich ins Messer, weil die Fische zu einem Festessen nicht rechtzeitig eintrafen. Dennoch stand im Mittelpunkt des kulinarischen Interesses stets das Fleisch, an dem der Feinschmecker sich satt aß, während er mit dem Fisch nur seinen Gaumen amüsierte. Im Zuge der Erneuerung unserer Küchenkunst hat sich das grundlegend geändert: In vielen Restaurants ist die Liste für Fischgerichte länger als die für Fleisch, bietet auch vielfältigere Zubereitungen. Fisch ist anpassungs- und wandlungsfähiger als Fleisch, er eignet sich für mehrerlei Zubereitungsmethoden und schmeckt bereits ganz anders, wenn nur Kleinigkeiten beim Würzen und Garen verändert werden.
Unerläßlich für eine gute Fischküche aber sind Produkte allererster Qualität! Und da tun wir uns in Deutschland besonders schwer, weil keine Tradition vorhanden ist: Das kleine Stück Küste konnte immer nur den Norden Deutschlands mit Meeresfisch beliefern. Wir wurden erst umfassend mit Fisch versorgt, als gute Kühlung längere Transportwege und moderne Schiffe die Hochseefischerei möglich machten. Doch kann Nordmeerfisch den Küstenfischen unserer Nachbarn nicht das Wasser reichen, und wir sind weiter auf Importe angewiesen, wenn wir uns nicht an Süßwasserfische halten, die es immer mehr in bester Qualität zu kaufen gibt, seit unsere Gewässer wieder sauberer werden und engagierte Züchter sich um gute Ware bemühen.

Zandersuprême auf Streifen von Roter Bete und Petersilienwurzel

Rezeptur für 4 Personen:
4 Zanderfilets à 140 g
(am Stück etwa 800 g –
mit Gräten kaufen),
60 g Rote Bete,
60 g Petersilienwurzel,
20 g Butter, Salz,
1 Prise Pfeffer,
1 Spritzer weißer Estragonessig,
5 cl Wasser, etwas
abgeriebene Zitronenschale,
1 EL Öl
Für die Sauce:
6 cl Fischsud
(aus den Gräten zubereitet),
40 g Butter,
(davon 20 g gesalzen),
Cayenne, etwas Zitronensaft,
1 EL geschlagene Sahne,
½ cl Wodka,
Schnittlauch oder Kerbel

VORBEREITEN
Fischfilets abheben und häuten. Gräten, Haut und Abschnitte aufbewahren und einen kurzen, kräftigen Fischsud daraus herstellen (s. Seite 77). Die junge Rote-Bete-Wurzel schälen und feine Streifen schneiden, ebenso die Petersilienwurzeln.

ZUBEREITEN
10 g Butter hell aufschäumen lassen, und die Streifen von Roter Bete und Petersilienwurzeln beigeben, mit Salz und Pfeffer bestreuen und anschwitzen. Mit Essig ablöschen und diesen verdunsten lassen. Wasser beigeben, und die Gemüse langsam weichkochen, aber so, daß sie noch Biß behalten. Zum Schluß etwas Zitronenschale untermischen.
Restliche Butter und Öl hellbraun aufschäumen lassen, den Zander einlegen, mit Salz bestreuen und auf beiden Seiten saftig braten.
Sauce: Den Fischsud fast zur Hälfte reduzieren und mit der eiskalten Butter aufmixen. Mit Cayenne und Zitronensaft würzen, nochmals aufkochen lassen und einen EL geschlagene Sahne sowie den Wodka unterheben.

ANRICHTEN
Die Rote Bete auf heißen Tellern kreisförmig verteilen, darauf den Zander placieren, mit der Sauce umgießen, und diese leicht mit Schnittlauch oder Kerbel bestreuen.

PRODUKTBESCHREIBUNG
Der bis vor wenigen Jahren seltene Zander wird heute immer öfter angeboten. Beste Ware kommt aus Ungarn (dort ist der Fogosch aus dem Plattensee berühmt) und aus Österreich, doch züchtet man ihn auch zunehmend bei uns.

Zandersuprême auf Streifen von Roter Bete und Petersilienwurzel

Saibling mit Kohlrabi und Kresse in Rieslingsauce

Rezeptur für 4 Personen:
2 Saiblinge à 350 g,
160 g Kohlrabiwürfel
(= 2 bis 3 junge Kohlrabi)
40 Brunnenkresseblätter
(1 Bund oder 100 g kaufen),
30 g Butter,
Pfeffer, Salz, Cayenne,
1 Spritzer Zitronensaft
Für die Rieslingsauce:
¼ l Fischfond
(aus den Saiblinggräten),
6 cl trockener Riesling,
2 cl Noilly Prat
(trockener Vermouth),
2 dl (⅕ l) süße Sahne

VORBEREITEN
Die Saiblinge säubern, ausnehmen, filetieren und die Haut abziehen. Die Gräten und Köpfe wässern. Die Kohlrabi schälen, harte Teile wegschneiden, die zarten Partien in kleine Würfel schneiden (½ auf ½ cm) und abwiegen. Die Kresseblättchen abzupfen und in kaltes Wasser legen, damit sie nicht welken.
Von den Gräten und Köpfen einen Fischfond (Sud) bereiten, wie auf Seite 77 beschrieben, jedoch nicht mit weißem Burgunder, sondern mit Riesling angießen.
Rieslingsauce: Fischfond mit Riesling und Vermouth auf ein Drittel einkochen. Die Sahne hinzugeben und wieder einkochen, bis die Sauce sämig wird.

ZUBEREITEN
Den Ofen auf 180 Grad vorheizen. Die Kohlrabiwürfel in einer flachen Form in der Butter andünsten. Wenn sie fast gar sind, die mit Salz und Pfeffer bestreuten und übereinandergeklappten Saiblingfilets einlegen. Ins Rohr schieben und in 4 bis 6 Minuten garen. Aus dem Ofen nehmen und die Filets vorsichtig auf vorgewärmten Tellern anrichten. Die fertige Rieslingsauce über die Kohlrabiwürfel gießen, die abgetropften Kresseblättchen zufügen, mit Salz, Cayenne und Zitronensaft abschmecken und durchschwenken. Über die Filets gießen und sofort servieren.

PRODUKTBESCHREIBUNG
Der Saibling (oder Schwarzritter) gilt als einer der besten Fische unserer Alpenseen. Sein rosa- bis orangefarbenes Fleisch vereint die Fülle vom Lachs mit der Eleganz der Forelle und besitzt ein leichtes Aroma von jungen Haselnüssen. Das Fleisch ist zart, schmeckt auch gebraten köstlich. Leider findet man diesen Leckerbissen nur in wenigen Restaurants, kann ihn fast niemals kaufen, obwohl er in den wieder sauberen Seen nicht mehr so rar ist wie vor einigen Jahren. Lebend werden aber die amerikanischen Flußsaiblinge angeboten, die bei uns gezüchtet werden. Ihr Fleisch ist weiß, ebenfalls zart, aber längst nicht so geschmackvoll.

Steinbutt mit Beluga-Malossol-Caviar im Blätterteig

Rezeptur für 4 Personen:
20 große Spinatblätter, Salz,
4 Scheiben Steinbuttfilet à 60 g,
40 g Beluga-Malossol-Caviar,
160 g Blätterteig, 1 Ei
Für die Sauce:
1 dl Steinbuttsud (s. Seite 77),
80 g gesalzene Butter (demi-sel),
1 cl Limettensaft, Cayennepfeffer

VORBEREITEN
Die Spinatblätter waschen, Stiele entfernen. Im sprudelnd kochenden Salzwasser einmal aufwallen lassen, mit einer Schaumkelle herausheben und in Eiswasser abkühlen, damit die schöne grüne Farbe erhalten bleibt. Abtropfen und zum Trocknen auf ein Tuch bzw. Küchenpapier legen.

ZUBEREITEN
Die Steinbuttscheiben leicht klopfen, damit sie sich beim Garen nicht verziehen. Mit jeweils ¼ der Caviarmenge bestreichen und zusammenrollen. Die vorbereiteten Spinatblätter in vier Bahnen so nebeneinanderlegen, daß sie sich leicht überschneiden. Die Steinbuttrollen darin einwickeln. Den Blätterteig dünn ausrollen, in vier Platten schneiden. Jeweils ein Steinbutt-Caviar-Spinat-Paket darin einschlagen, die Ränder leicht mit verquirltem Ei bestreichen. Überstehende Ränder abschneiden, Teigoberfläche bestreichen.
Im auf 200 Grad vorgeheizten Ofen auf mittlerer Schiene 15 bis 20 Minuten backen.
Sauce: Den kräftigen Steinbuttsud etwas einkochen und die eiskalte Butter in kleinen Stückchen mit Hilfe eines Mixstabes unterrühren. Mit Limettensaft und einer Prise Cayenne abschmecken.

ANRICHTEN
Die Pakete auf vorgewärmte Teller legen und mit der Sauce umgießen.

PRODUKTBESCHREIBUNG
Der Caviar muß absolut frisch und erstklassig sein – es ist immer problematisch, ihn zu erwärmen (weshalb er auch in die Mitte kommt!), aber wenn er bereits einen kleinen Alters- oder Oxidationston hat, wird dieser rasch verstärkt, und das Gericht taugt nichts mehr. Im übrigen genügt auch das Salz des mild gesalzenen Caviars für den Steinbutt.
Sie benötigen große, dunkelgrüne Blätter von Freilandspinat – lieber bucklige als glatte Blätter kaufen, denn sie sind zarter. Man kann das Gericht auch mit Mangoldblättern bereiten. Möglichst selbst mit Butter bereiteten Blätterteig verwenden. Ersatzweise tiefgekühlten so behandeln: Blätter mit Butter bestreichen, übereinanderlegen und dann erst ausrollen. So kommt wenigstens ein klein wenig Geschmack in das sonst eher langweilige Produkt.

Steinbutt mit Beluga-Malossol-Caviar im Blätterteig,
folgende Doppelseite, Teller links

Lachs mit Räucherlachs-Meerrettich-Kruste auf Riesling-Creme-Sauce

Rezeptur für 4 Personen:
4 Lachsscheiben aus dem Mittelstück eines größeren Filets à ca. 120 g,
Salz, 1–2 EL neutrales Öl
Für die Kruste:
20 g gesalzene Butter (demi-sel),
20 g Süßrahmbutter,
½ cl Zitronensaft,
Cayennepfeffer,
1 EL geriebener Meerrettich,
20 g Räucherlachsscheiben bester Qualität,
100 g frisch geriebenes Weißbrot ohne Rinde
Für die Riesling-Creme-Sauce:
12 cl Fischsud (s. Seite 77),
4 cl trockener Riesling,
2 cl Noilly Prat (trockener Vermouth),
15 cl dickflüssige Sahne,
5 g Butter,
1 EL geschlagene Sahne,
Salz, Zitronensaft, Cayenne

VORBEREITEN

<u>Kruste:</u> Die zimmerwarme Butter mischen und schön schaumig rühren. Zitronensaft, Cayenne, frisch geriebenen Meerrettich, den in Würfel geschnittenen Räucherlachs und zum Schluß die frischen Weißbrotbrösel zugeben. Mit dem Mixstab oder im Universalzerkleinerer vermischen.

<u>Lachs:</u> Einen Lachs filetieren. Von einem schönen Filet die Haut abziehen und die Gräten mit einer Pinzette entfernen. Aus dem Mittelteil des Filets vier gleichschwere und -dicke Scheiben schneiden, die dicke Stelle leicht anklopfen. Die gewölbten Hautseiten ein wenig salzen und die Krustenmasse etwa ½ cm dick auftragen.

ZUBEREITEN

In einem ovalen, gußeisernen Creuset-Geschirr etwas Öl erhitzen. Die vorbereiteten Lachsscheiben einlegen. Im vorgeheizten Ofen bei Oberhitze (oder unter dem Salamander bzw. Grill) braun überbacken. Anschließend noch einige Minuten im Rohr ziehen lassen bzw. ins Rohr stellen – dabei nicht mehr heizen und die Ofentüre ein wenig öffnen. Der Lachs muß innen noch rosa sein; am besten die Nadelprobe machen: Spicknadel einstechen, nach 20 Sekunden herausziehen und den Teil, der in der Mitte gesteckt hat, an die Oberlippe halten – er muß gerade warm sein, noch nicht heiß.

<u>Riesling-Creme-Sauce:</u> In der Zwischenzeit den Fischsud (der mit Riesling, nicht aber mit Lachsgräten, sondern mit solchen von weißen Fischen gekocht wurde!) mit Weißwein und Vermouth aufsetzen und einkochen. Mit Sahne auffüllen und erneut einkochen lassen. Anschließend mit Butter aufmixen, 1 EL geschlagene Sahne unterheben, mit Salz, Zitronensaft und Cayenne abschmecken.

ANRICHTEN

Die Sauce auf vorgewärmte Teller gießen, den Lachs in die Mitte setzen und sofort servieren.
Beilagen: Blattspinat und eine mehlige Dampfkartoffel.

PRODUKTBESCHREIBUNG

Für dieses von Karl Ederer kreierte Gericht erstklassigen Lachs kaufen! Das Fleisch soll sich fest anfühlen, nicht schwammig. Letzteres stammt, wenn auch oft anders angegeben, von Zuchtlachsen, die in relativer Freiheit in Flußmündungen gehalten werden, aber weder die <u>Lebenskraft</u> noch den Geschmack von echten Wildlachsen erreichen, <u>welche</u> immer vorzuziehen sind.

Lachs mit Räucherlachs-Meerrettich-Kruste auf Riesling-Creme-Sauce,
vorhergehende Doppelseite, Teller rechts

Steinbutt im Schweinenetz nach Karl Ederer

Rezeptur für 6 Personen:
1 Steinbutt von etwa 1,6 kg,
250 g Spinat, 4 Tomaten,
20 g geröstete Weißbrotwürfel,
4 cl Crème double,
Salz, Cayenne, Zitronensaft,
1 Schweinenetz,
1 Knoblauchzehe,
Pfeffer, 6 cl Öl, 25 g Butter

VORBEREITEN
Dem Steinbutt die Flossen und Kiemen abschneiden. Die Filets der weißen Seite auslösen und in 1 cm große Würfel schneiden.
Spinat putzen, waschen, blanchieren, in Eiswasser erkalten lassen, abtropfen, ausdrücken und kleinschneiden. Tomaten in kochendes Wasser halten, die Haut abziehen, entkernen und in kleine Würfel schneiden. Weißbrotwürfel, ca. 1 cm groß, in Butter rösten. Alle Zutaten mit der Crème double mischen und mit Salz, Cayenne und Zitrone würzen.
Ein frisches, gut gewässertes Schweinenetz auf dem Tisch auslegen (50 cm breit und 50 cm lang). Mit einem Tuch trocknen. Darauf den Steinbutt legen, mit der braunen Seite nach unten, die vorher mit einer Knoblauchzehe eingerieben wurde. Die Oberseite mit Salz und Pfeffer bestreuen, die Füllung gleichmäßig – der Form des Fisches entsprechend – verteilen. Das Netz nicht zu streng darüber legen und seitlich andrücken.

ZUBEREITEN
In einer entsprechenden Bratpfanne das Öl erhitzen, den Steinbutt einlegen, die Füllung nach oben. Im Rohr bei 200 Grad 15–20 Minuten braten, je nach Dicke des Steinbutts.
Nach der Hälfte der Bratzeit 25 g Butter zugeben und dann immer wieder mit dem Bratensaft übergießen. Zur genauen Kontrolle empfiehlt sich eine Nadelprobe.

TIP
Als Soße eignet sich Beurre blanc, gemixte Buttersauce (s. Seite 77) oder eine Sauce Hollandaise. Nach Belieben auch die dunkle Seite auslösen und nach oben legen.

PRODUKTBESCHREIBUNG
Hierzu brauchen Sie einen schönen Steinbutt erstklassiger Qualität, vorzugsweise aus dem Ärmelkanal oder aus der Nordsee. Am besten schmeckt dieser edle Fisch, wenn er über Sandboden gelebt hat, was man an einer makellos weißen Bauchseite erkennt.

Steinbutt im Schweinenetz nach Karl Ederer, roh und gegart, folgende Doppelseite

Rochenflügel in Senf-Butter-Sauce

Rezeptur für 4 Personen:
800 g reines Rochenfleisch
(ca. 1 kg brutto),
1 EL Pflanzenöl,
30 g Butter, Salz,
Pfeffer aus der Mühle
Für die Senfbutter:
20 kleine Kapern,
1 EL abgezupfte Kerbelblätter,
1 Schalotte, ½ Limette,
¼ l trockener Weißwein oder
Champagner,
80 g eiskalte Butter,
1 Mokkalöffel Senf,
1 EL geschlagene Sahne

VORBEREITEN
Falls noch an den Gräten, den Rochenflügel parieren: Das Fleisch mit einem Filetiermesser ablösen. Die Haut vorsichtig abziehen. Den Rochen in Stücke portionieren oder der Faserung nach in Scheiben schneiden.
Von den Gräten einen kurzen Fischsud bereiten (s. Seite 77). Die Kapern ins Wasser legen. Kerbel zupfen, Schalotte schälen und fein schneiden. Von der Limette die grüne Schale und die weiße Haut wegschneiden. Das reine Fruchtfleisch ohne Haut und Kerne herausfilieren. Ganz lassen oder in kleine Würfel schneiden.

ZUBEREITEN
Schalotte mit dem Wein langsam einkochen lassen. Gleichzeitig etwas von dem Fischsud einkochen lassen. Beide Reduktionen zusammengeben. Sie sollen ca. 12 cl Flüssigkeit ergeben.
In der Zwischenzeit Öl und 30 g Butter hellbraun aufschäumen lassen und den Rochen auf beiden Seiten braten. Salzen und pfeffern.
<u>Senfbutter:</u> Die Schalottenreduktion kurz aufkochen lassen und die kleinen kalten Butterstücke mit Hilfe eines Mixstabes zu einer Emulsion aufmixen. Senf beigeben. Die Kapern (ohne Wasser), Limettenstücke und den Kerbel beigeben und 1 großen EL geschlagene Sahne unterheben. Die Sauce darf nicht mehr kochen.

ANRICHTEN
Den Rochen auf heiße Teller verteilen und mit der Sauce nappieren.

TIP
Die Zubereitungsart ist anwendbar für Kabeljau, Schellfisch, Scholle, Glattbutt, Rotzunge.

PRODUKTBESCHREIBUNG
Während man früher der Meinung war, Rochen müsse unbedingt einige Tage alt sein und kräftig nach Ammoniak riechen (parallel zum Haut-goût beim Wild), zieht man ihn heute ganz frisch vor. Geliefert werden nur die Seitenflossen, die sogenannten Flügel, und manchmal (selten bei uns) deren Körpermuskulatur, die sogenannten Backen. Hauptsächlich aus dem Atlantik.
Rochenfleisch muß sehr sanft gegart werden, sonst werden die langen Fasern hart. Daher die Hitze in jedem Fall ganz gering halten.
Haut abziehen: Ganz vorsichtig mit dem Messer an der Haut entlangfahren und das Fleisch halb schabend, halb schneidend lösen.

Sankt-Petersfisch auf Fenchelgemüse

Rezeptur für 4 Personen:
2 Sankt-Petersfische
à 450 g brutto,
2 mittelgroße Fenchelknollen,
85 g gesalzene Butter
in dünnen Scheiben,
12 cl Wasser, weißer
Pfeffer und Cayennepfeffer

VORBEREITEN
Den Fisch filetieren und die Haut entfernen. Den Fenchel fein würfeln. Die Butter in Scheiben schneiden und kalt stellen. Fenchelkraut und Petersilie hacken.

ZUBEREITEN
Den geschnittenen Fenchel in 15 g gesalzener Butter kurz andünsten und mit dem Wasser aufgießen.
Ca. 1½ Minuten kochen, den Fisch einlegen. Kurz bevor der Fisch gar ist, die Flüssigkeit mit den Butterscheiben abbinden. Ist die Sauce zu dünn, den Fisch herausnehmen und warm halten, die Flüssigkeit langsam einkochen lassen, aber immer mit einem Löffel rühren. Fenchelkraut und Petersilie erst zum Schluß beigeben. Die Sauce abschmecken.

TIP
Das Gericht mit Meerbrasse, Seewolf, Seeteufel oder Rotbarbe zubereiten. Eventuell mit Safran oder Tomatenwürfeln verfeinern.

PRODUKTBESCHREIBUNG
Der Sankt-Petersfisch, im Restaurant St. Pierre und an der Küste Heringskönig genannt, kann in Deutschland keineswegs auf eine ruhmreiche Vergangenheit zurückblicken: Als Beifang zu Heringen kam er in die Fischmehlfabrik, denn sein Fleisch gilt als problematisch – wird es zu heiß gegart, so wird es zäh! Als aber aus Frankreich die Kunde kam, es handele sich um einen Leckerbissen für Feinschmecker, besann man sich eines Besseren. Heute wird der weißfleischige Fisch in allen Spitzenrestaurants angeboten.
Man findet die häßlichen Fische mit großem Kopf und dem charakteristischen schwarzen Fleck auf der Seite auch immer häufiger in den Läden. Aus 450 g Fisch gewinnen Sie etwa 150 g Filet.

Sankt-Petersfisch auf Fenchelgemüse, folgende Doppelseite, Teller links

Seeteufel auf Rotweinbutter mit Kartoffeln und Artischocken

Rezeptur für 4 Personen:
1 Seeteufel 700 g brutto = netto ca. 550 g,
2 Artischockenböden
(siehe Seite 26),
160 g Kartoffeln,
½ EL Petersilie,
2 cl Pflanzenöl, Salz, Pfeffer, Cayenne, 10 g Butter,
Für die Petersiliensauce:
4 cl Weißwein,
1 cl Vermouth, 20 g Butter,
1 EL geschlagene Sahne
Rotweinbutter:
1 kleine Schalotte,
0,2 l Rotwein (kräftiger Wein),
2 cl Portwein, 120 g Butter –
davon 60 g gesalzen,
Pfeffer, Cayenne

VORBEREITEN
Den Seeteufel enthäuten und in gleichmäßige Scheiben schneiden. Die rohen Artischockenböden ausschneiden. Die Kartoffeln in kleine Würfel schneiden (½ cm). Die Petersilie waschen und fein hacken.

ZUBEREITEN
Die Artischocken in 12 Teile schneiden und mit den Kartoffeln in 1 cl Pflanzenöl braten, mit Salz, Pfeffer und Cayenne würzen, kurz vor Ende der Garzeit die Butter (10 g) zugeben und gleichmäßig bräunen – auf ein Sieb schütten. Die Seeteufelscheiben in 1 cl Öl braten. Die Zutaten zur Petersiliensauce (= Weißwein und Vermouth) zur Hälfte einkochen, mit der Butter aufmixen, die Sahne unterheben und Petersilie als Einlage hinzugeben. Abschmecken.
Rotweinbutter: Schalotte fein geschnitten mit der Flüssigkeit reduzieren auf 8 cl und mit der kalten Butter aufmontieren – unterschwenken. Mit Pfeffer und Cayenne würzen. Darf nicht kochen und kann nicht lange aufbewahrt werden!

ANRICHTEN
Auf dem Teller einen Spiegel mit der fertig montierten Rotweinbutter machen, die gebratenen Seeteufelscheiben daraufsetzen. Die trockenen Kartoffeln und Artischocken darüber verteilen, die Petersilienbutter zum Schluß darübergeben.

PRODUKTBESCHREIBUNG
Seeteufel (Lotte, eigentlich Baudroie) eignet sich für die Zubereitung in Scheiben oder im ganzen so gut wie kaum ein anderer Fisch, weil er keine Gräten besitzt. Das Fleisch bleibt schön fest und hat einen würzigen, an Langusten erinnernden Geschmack, der auch kräftigen Saucen und Beilagen einen perfekten Widerpart bietet.

Seeteufel auf Rotweinbutter mit Kartoffeln und Artischocken,
vorhergehende Doppelseite, Teller rechts

Seeteufel am Stück, auf Lauch-Kartoffel-Bett gebraten

Rezeptur für 4 Personen:
1 Stück Seeteufel von
1 kg brutto = 800 g netto,
200 g mehlige Kartoffeln,
100 g junger Lauch,
50 g Frühlingszwiebeln,
10 g glatte Petersilie,
100 g Butter, Salz,
Pfeffer aus der Mühle,
1 TL Senf

VORBEREITEN

Dem Seeteufelschwanz die schwarze Haut abziehen und das dunkle Fischfleisch mit Hilfe eines dünnen Messers wegschneiden.
Die Kartoffeln schälen, waschen, in zündholzdicke und lange Streifen schneiden und in kaltes Wasser legen. Den Lauch putzen, waschen und ebenso wie die Kartoffeln in Streifen schneiden. Die Frühlingszwiebeln schälen und in feine Scheiben schneiden. Petersilie hacken.

ZUBEREITEN

40 g Butter in einem ovalen Fischbräter aus Kupfer hell zum Aufschäumen bringen und den Seeteufel einlegen, mit Salz und Pfeffer bestreuen und langsam Farbe nehmen lassen, ca. 5 Minuten lang unter ständigem Übergießen. Dann auf die andere Seite umdrehen und den oben aufgeführten Arbeitsvorgang wiederholen.
Den Seeteufel an die Seite schieben, die Frühlingszwiebeln sowie die Lauchstreifen beigeben und – ohne Farbe zu geben – kurz anschwitzen. Auch beiseite schieben.
Die Kartoffelstreifen, nachdem sie auf einem Sieb abgetropft sind, beigeben und auf dem Boden der Fischpfanne ausbreiten. Den Lauch und die Frühlingszwiebeln darauf verteilen, vorsichtig mit Salz und Pfeffer bestreuen und darauf den Seeteufel betten.
Die Pfanne in den auf 220 Grad vorgeheizten Ofen stellen und den Seeteufel unter mehrmaligem Übergießen ca. 20 Minuten lang garen (wenn technisch möglich, mit mehr Oberhitze). Eventuell mit etwas Wasser seitlich ablöschen.
Zum Schluß 40 g eiskalte Butter in kleinen Stückchen einschwenken, ebenso die Petersilie. Die restlichen 20 g Butter nußbraun aufschäumen, zur Seite ziehen, den Senf einrühren und im letzten Augenblick über den Seeteufel gießen. Sofort servieren.

Rotzunge in Sardellensud

Rezeptur für 1 Rotzunge:
1 Rotzunge (ca. 400 g),
5 g Sardellen,
½ Knoblauchzehe,
1 Schalotte, 8 cl Fischsud (aus den Abschnitten der Rotzunge zubereitet), 2 cl Olivenöl,
60 g Butter, davon ⅓ gesalzen,
Salz, Pfeffer, Zitronensaft,
1 EL gehackte Petersilie

VORBEREITEN
Die braune Haut der Rotzunge abziehen, den Kopf abschneiden und aus diesen Teilen einen Sud herstellen (s. Seite 77). Die weiße Haut gründlich schuppen und die Seitenflossen zuschneiden. Die restlichen Zutaten klein schneiden und bereitstellen.

ZUBEREITEN
In einer ovalen Pfanne, in der auch serviert wird, Knoblauch und Schalotte in 1½ cl Olivenöl und 10 g Butter anschwitzen. Abkühlen lassen, die Sardellen und den Fischsud zugeben.
Die Rotzunge mit der Haut nach oben einlegen, vorher mit Olivenöl bestreichen. Mit Salz und Pfeffer würzen und im Salamander bzw. unter dem Grill garen lassen, die Haut soll leicht braun werden. Die Garzeit beträgt 6–8 Minuten.
Die Rotzunge herausnehmen, mit Alufolie abdecken und kurz ruhen lassen, während die Sauce fertig gemacht wird.
Den Fond in der Pfanne zum Kochen bringen und nach und nach die Butter unterziehen. Zum Schluß mit Salz, Pfeffer und Zitronensaft würzen und mit Petersilie bestreuen.

ANRICHTEN
Die Rotzunge wieder auf die fertige Sauce legen und präsentieren. Am Tisch zerlegen.

ANMERKUNG
Eine Rotzunge reicht als Hauptgang für eine Person, kann als Zwischengericht aber auch für 2 Personen geteilt werden.
Das Rezept paßt glänzend für Seezunge.

PRODUKTBESCHREIBUNG
Die Rotzunge stand lange Zeit im Schatten der Seezunge – sie war häufiger und leichter zu fangen. Heute besinnt man sich wieder auf ihr saftiges Fleisch, das zarter als jenes der Seezunge ist, wenn auch weniger ausgeprägt im Geschmack.

Makrele oder Hering mit Tomaten und Estragon

Rezeptur für 4 Personen:
4 Heringe oder Makrelen à
180–200 g, Salz, Pfeffer,
1 TL Estragonsenf,
4 kleine Fleischtomaten,
4 kleine Kartoffeln à ca. 50 g,
1 große Schalotte, 3 EL Olivenöl
20 g Tafelbutter,
Thymiannadeln,
5 cl Fischsud,
40 g gesalzene Butter,
1 Zweig Estragon,

VORBEREITEN
Die Heringe ausnehmen, Flossen abschneiden und vom Kopf her der Gräte entlang die Filets vorsichtig abheben. Mit Hilfe einer Pinzette die verbliebenen Gräten herausziehen. Die Filets mit Salz und Pfeffer aus der Mühle bestreuen, mit Senf einstreichen und zusammenklappen. Für ca. 1 Stunde kalt stellen.
Die gewaschenen und vom Strunk befreiten Tomaten kurz, ca. 3 Sekunden, in kochendes Wasser tauchen, mit Eiswasser abkühlen und die Haut abziehen. Tomaten vierteln, entkernen und das Fruchtfleisch in 1 cm große Würfel schneiden.
Die Kartoffeln waschen, schälen und ebenfalls in 1 cm große Würfel schneiden oder vierteln und in messerrückendicke Scheiben schneiden. Die Schalotte hacken.

ZUBEREITEN
Die Kartoffeln roh in einer Teflonpfanne mit 1 EL Olivenöl und der Tafelbutter knusprig hellbraun braten, salzen und eventuell mit einigen Thymiannadeln bestreuen. Langsam Farbe geben.
Währenddessen in einer ovalen Fischpfanne aus Kupfer das restliche Olivenöl erhitzen. Die Heringe einlegen und auf beiden Seiten braten.
Kurz vor dem Herausnehmen der Heringe die gehackte Schalotte und die Tomaten beigeben; die Heringe auf ein Tuch legen und die Haut abziehen. Fische leicht mit Salz bestreuen.
Die Tomaten mit Fischsud ablöschen und rasch einkochen lassen, mit der gesalzenen Butter abbinden, den kleingeschnittenen Estragon hineingeben. Die Kartoffeln und die Heringe hinzufügen und nochmals kurz durchkochen lassen. Auf die heißen Teller verteilen und sofort servieren. Nach Belieben die Kartoffeln auch erst am Schluß darüberstreuen.

PRODUKTBESCHREIBUNG
Hering und Makrele sind sehr empfindlich – ihr Fett ist wenig stabil strukturiert und zersetzt sich schnell, so daß die Fische – sind sie nicht ganz frisch – beim Braten kräftig „riechen". Absolute Frische ist daher erstes Gebot – ideal wäre es, wenn die Fische noch steif sind.

Hering, mit geräucherter Schellfischmousse gefüllt

Rezeptur für 4 Personen:
4 mittelgroße, frische Heringe,
Zitronensaft,
80 g geräucherter Schellfisch,
80 g Seezunge, 1 Eigelb,
Salz, Pfeffer, Cayenne,
1/8 Sahne, etwas Mehl,
Butter, Olivenöl
Für die Garnitur:
40 g blanchierter Blattspinat,
30 g gehackter Schellfisch

VORBEREITEN
Die Heringe schuppen und waschen und die Filets abheben. Mit Hilfe einer Pinzette die Gräten entfernen. Die Filets mit Zitronensaft beträufeln und marinieren lassen.
Schellfisch, Seezunge und Eigelb im Mixer pürieren, salzen, pfeffern, schärfen, und die Sahne langsam unter die Masse geben, bis eine Bindung entsteht. Danach die Garnitur untermengen.

ZUBEREITEN
Je ein Heringsfilet ca. 1 cm dick mit der Schellfischmousse bestreichen und mit dem zweiten Filet abdecken, leicht mit Mehl bestreuen und in hellbrauner, aufschäumender Butter und einigen Tropfen Olivenöl knusprig braten. Dabei mit etwas Zitronensaft abspritzen.

ANRICHTEN
Das Filet wird im allgemeinen ohne Sauce serviert. Jedoch eventuell eine leichte Schnittlauchsauce (2 EL Crème fraîche mit 4 EL süßer Sahne verrühren; mit Zitronensaft, weißem Pfeffer und Cayenne abschmecken; mit reichlich Schnittlauchröllchen vermischen) darum herum gießen.

PRODUKTBESCHREIBUNG
Der Hering – absolute Frische vorausgesetzt – ist ein ausgezeichneter Fisch, der aller Aufmerksamkeit des Feinschmeckers wert ist (wie Bismarck bereits feststellte, als er dem Hering Spitzenqualität bescheinigte, welche allerdings nur dann allgemein anerkannt werden könnte, wenn er so selten – und teuer – wie Kaviar oder Hummer wäre).

Kabeljau im Spitzkohlblatt mit Egerlingen und Rotweinbutter

Rezeptur für 4 Personen:
8 große Kohlblätter,
12 gleichmäßige Egerlinge,
700 g Kabeljau brutto
= 460 g netto in Würfeln,
20 g Butter, 1 EL Öl,
Salz, Pfeffer und Cayenne,
etwas Kerbel oder Petersilie
Für die Rotweinbutter:
1 kleine Schalotte,
0,2 l Rotwein (kräftiger Wein),
2 cl Portwein, 120 g Butter –
davon 60 g gesalzen,
Pfeffer und Cayenne

VORBEREITEN
Kohlblätter kurz in Salzwasser kochen, eiskalt abschrecken und auf ein Tuch legen. 8 Egerlinge in Würfel schneiden (als Einlage) und 4 in Viertel (als Garnitur). Die Pilzwürfel kurz anbraten, mit dem Fisch vermengen. Mit Salz, Pfeffer und Cayenne würzen und in die inzwischen trockenen Blätter einwickeln.

ZUBEREITEN
Die Butter mit dem Öl aufschäumen lassen und den Fischkohl einsetzen. Im Rohr bei 180–200° etwa 7 Minuten braten, leicht Farbe nehmen lassen. Die Egerlinge für die Garnitur in einer Pfanne kurz anbraten, Kräuter dazugeben.
Schalotte fein geschnitten mit den angegebenen Weinen auf 8 cl reduzieren und mit der kalten Butter aufmontieren. Würzen. Die Sauce darf nicht kochen – kurze Aufbewahrungszeit.

ANRICHTEN
Den Fischkohl auf Teller legen, Garnitur – die auf dem Bild rechts fehlt – darauf verteilen, mit Rotweinbutter umgießen.

PRODUKTBESCHREIBUNG
Der Kabeljau ist bei uns ein sogenannter Gebrauchsfisch – gilt also als Massenware. Er wird von Hochseefischern gefangen, im Nordmeer und vor Grönland und Kanada, muß also eine ganz schön lange Reise auf Eis machen, ehe er bei uns landet. In solchen Ländern, wo er vor der Küste gefangen werden kann und also viel frischer auf den Markt kommt, schätzt man ihn bedeutend höher ein. Tatsächlich gehört der Kabeljau, zur Schellfisch-Familie zählend, zu den begehrtesten Fischen in England, Skandinavien und Nordfrankreich – ebenso wie Seehecht (Lieblingsfisch der Spanier), Seelachs und Wittling, auch Merlan genannt. Leng und Pollack sind, wegen des weicheren Fleisches, weniger gesucht und schmecken auch nicht so ausgeprägt. Bekommt man gute, frische Ware (z. B. auch Angelschellfisch), so sollte man unbedingt zugreifen, zumal diese Fische bei gleichem kulinarischen Wert billiger sind als der überbezahlte Wolfsbarsch (Loup de mer) und Sankt-Petersfisch.

Kabeljau im Spitzkohlblatt mit Egerlingen und Rotweinbutter

Seehecht, mit Champignons überbacken, Rotweinbutter

Rezeptur für 4 Personen:
4 Seehechtschnitten à ca. 100 g
Für die Champignonmasse:
40 g weiße Chamignons,
2 EL frische gehackte Kräuter (Petersilie, Estragon, Basilikum, Kerbel),
6 EL frisch geriebenes Weißbrot (Toastbrot) ohne Rinde,
80 g gesalzene Butter,
Saft von einer halben Zitrone,
Salz, Pfeffer aus der Mühle,
Cayenne, Butter für die Form
Für die Rotweinbutter:
1 Schalotte,
2 dl kräftiger Rotwein,
1 TL weißer Portwein,
120 g eiskalte, gesalzene Butter,
Salz, Pfeffer, Cayenne

VORBEREITEN
Die Champignons sauber abreiben und in ganz kleine Würfel schneiden oder hacken. Die Kräuter waschen, abtrocknen und grob schneiden. Das Toastbrot abrindeln und durch ein Drahtsieb passieren. 80 g Butter aus dem Kühlschrank nehmen.

ZUBEREITEN
Die weiche Butter schaumig rühren, Zitronensaft und die Champignonwürfel beigeben. Anschließend das geriebene Weißbrot und die Kräuter untermischen. Mit Salz, Pfeffer und Cayenne würzen. Die Masse soll geschmeidig weich und streichfähig sein.
Die Seehechtschnitten leicht mit Salz und Pfeffer bestreuen, mit der Masse bestreichen und in eine gut ausgebutterte Pfanne legen. Einige Löffel Wasser beigeben und im vorgewärmten Ofen bei starker Oberhitze überbacken und garen lassen.
In der Zwischenzeit die Rotweinbutter zubereiten. Die feingehackte oder geschnittene Schalotte in etwas Butter, ohne Farbe zu geben, anschwitzen, mit Rotwein und Portwein aufgießen und einkochen, bis ca. 1 dl Flüssigkeit übrigbleibt. Die eiskalten Butterstücke nach und nach einschwenken. Mit Salz, Pfeffer und Cayenne abschmecken.

ANRICHTEN
Sauce auf die nicht allzu heißen Teller verteilen und darauf den Seehecht placieren.
Als Beilage blanchierte und in Butter geschwenkte Gemüse – es paßt eigentlich alles.

TIP
Die Gratiniermasse eignet sich ebenfalls für Kabeljau, Schellfisch, Steinbutt, Karpfen – immer muß ganz frischer Fisch genommen werden!

ANMERKUNG
Im Haushalt am besten so verfahren: Wenn Ihr Herd allein einschaltbare Oberhitze besitzt, diese einschalten. Nach 10 Minuten – also während der Herd noch aufheizt – den Fisch einschieben, damit die besonders starke Strahlungshitze ausgenutzt wird. Es genügen dann knapp 10 Minuten. Bei Umluftherden auf höchste Stufe stellen und ebenso knapp 10 Minuten rechnen.
Im nicht einzeln schaltbaren Normalherd bei 150 Grad 12–15 Minuten garen, dann den Fisch unter dem Grill überbacken.

Seezunge mit Tomaten und Champignons

Rezeptur für 1 Seezunge:
1 Seezunge (ca. 400 g),
150 g Tomaten,
120 g Champignons,
1 Schalotte, 2 cl Olivenöl,
60 g Butter, davon die
Hälfte gesalzen, 6 cl Fischsud
(aus den Abschnitten
der Seezunge zubereitet),
2 cl Weißwein, Salz, Pfeffer,
gehackte Petersilie,
Cayenne, Zitronensaft

VORBEREITEN
Von der Seezunge die braune Haut abziehen, den Kopf abschneiden und aus diesen Teilen einen Sud herstellen. Die weiße Haut gründlich schuppen und die Seitenflossen zuschneiden. Die Tomaten schälen, entkernen und in kleine Würfel schneiden. 40 g Champignons in kleine Würfel schneiden. Schalotte kleinschneiden und die restlichen Zutaten bereitstellen.

ZUBEREITEN:
In einer ovalen Pfanne, welche auch zu Tisch gebracht werden kann, die Schalotten-, Champignon- und Tomatenwürfel in 1½ cl Olivenöl und 10 g Butter andünsten. Mit dem Fischsud und Weißwein aufgießen, die Seezunge mit der Haut nach oben einlegen. Mit ½ cl Olivenöl bestreichen. Mit Salz und Pfeffer würzen und im Salamander bzw. unter dem Grill garen lassen. Nach 6–8 Minuten Garzeit herausnehmen und mit Alufolie bedeckt ein paar Minuten ruhen lassen.
Den Fond in der Pfanne zum Kochen bringen und nach und nach die kalte Butter unterrühren. Mit gehackter Petersilie bestreuen und mit Salz, Cayenne und Zitronensaft nachwürzen.

ANRICHTEN:
Seezunge wieder auf die fertige Sauce legen. Am Tisch präsentieren und die Filets abheben, die mit der Sauce auf heißen Tellern serviert werden.
Als Hauptgericht für eine, als Zwischengericht für zwei Personen.

PRODUKTBESCHREIBUNG
Die Seezungen aus Dieppe oder vom Ärmelkanal (Dover!) gelten als die besten. Auch heute noch, trotz aller Umweltbelastungen. Allgemein gilt: Abgesehen von der Frische ist auf eine makellos weiße Unterseite zu achten – sie deutet darauf hin, daß der Fisch über Sandboden gelebt hat und nicht schlickig-schlammig schmeckt.

Seezunge mit Tomaten und Champignons, folgende Doppelseite

Fritierte Seezungenbällchen mit Hopfensprossen

Rezeptur für 4 Personen:
2 Seezungen à 300 g,
50 g Butter,
10 g fein gehackte Schalotten,
1 cl Weißwein,
1 cl Noilly Prat, Salz, Pfeffer,
1 Spritzer Zitronensaft,
3 Tomaten,
70 g Fischmus, 1 Eiweiß,
3 EL süße Sahne, 20 g Spinat,
3 Blatt Basilikum, Cayenne,
200 g Hopfensprossen,
1 EL Schnittlauch,
100 g Strudelteig (am Vortag bereitet – siehe Seite 166),
1 Prise Zucker,
4 cl Crème double,
1 EL geschlagene Sahne,
Öl zum Fritieren

VORBEREITEN
Den Seezungen die Haut abziehen, anschließend filetieren und die dünnen Enden der Filets für die Herstellung vom Fischmus abschneiden. Die Seezungenfilets in ca. 3 cm große Stücke schneiden, in wenig heißer Butter kurz steif braten, die Schalotten zufügen und mit Weißwein und Noilly Prat ablöschen. Mit Salz und Pfeffer würzen, mit etwas Zitronensaft beträufeln und auf Eis zum Auskühlen stellen. Dieser Arbeitsvorgang muß rasch vor sich gehen. Die Tomaten mit kochendheißem Wasser überbrühen, nach ca. 3 Sekunden herausnehmen, in Eiswasser abschrecken, die Haut abziehen, die Früchte vierteln, entkernen und in ½ cm große Würfel schneiden. Seezungenabschnitte mit Salz und Pfeffer im Mixer pürieren. Eiweiß einarbeiten, dann die Sahne zugeben und einmixen. Dabei müssen alle Zutaten eiskalt sein! Blattspinat waschen, in kochendes Salzwasser geben, einmal aufwallen lassen, anschließend auf ein Sieb schütten und mit kaltem Wasser abschrecken. Leicht ausdrücken und grob hacken. Basilikum in Streifen schneiden. Sämtliche Zutaten den Seezungenstücken beigeben, ebenso das Fischmus. Alles behutsam mit Hilfe eines Kochlöffels vermengen. Wenn nötig, mit Salz und Cayenne würzen. Hopfensprossen waschen und putzen und Schnittlauch fein schneiden.

ZUBEREITEN
Den Strudelteig wie üblich ausziehen und in den entsprechenden Abständen jeweils einen großen Eßlöffel der Masse daraufsetzen. Anschließend den Teig so ausschneiden, daß man die Masse damit einwickeln kann. Zu runden Bällchen formen.
Die Hopfensprossen mit etwas Wasser, restlicher Butter, Salz und einer Prise Zucker rasch knackig kochen, bis sämtliches Wasser verdunstet ist. Die Crème double zugeben, erhitzen und zum Schluß die geschlagene Sahne und den Schnittlauch darunterheben.
In der Zwischenzeit das Öl zum Fritieren erhitzen, aber nicht zu heiß werden lassen. Bällchen in 3–4 Minuten golden herausbacken.

ANRICHTEN
Seezungenbällchen auf heißem Teller mit Hopfensprossen umlegen.

PRODUKTBESCHREIBUNG
Hopfensprossen, einst ein häufiges Gemüse, bekommt man nur noch selten in den Hopfengegenden (für München ist das die Holledau). In Italien werden sie grün geerntet, bei uns weiß.

Buttersauce

Rezeptur für 4 Personen:
¼ l Fond (siehe unten),
⅛ l trockener Weißwein
(vorzugsweise Burgunder),
2 cl Noilly Prat
(trockener Vermouth),
80 g eiskalte, gesalzene Butter
(demi-sel),
2 EL geschlagene Sahne
Zum Abschmecken:
frische Kräuter (Schnittlauch,
Kerbel, Petersilie, Estragon,
Basilikum etc.),
frisch gemahlener Pfeffer,
Zitronensaft, Cayenne
Für den Fond (Fumet):
1 Frühlingszwiebel,
1 kleine Karotte, 1 Tomate,
das Weiße von 1 jungem Lauch,
einige Kerbel- und Petersilien-
stengel, 2 Champignons,
10 g Butter,
100 g (oder auch mehr)
Gräten und Köpfe von Fischen
bzw. Fleischreste und
Knochen (Kalb, Geflügel)
¼ l trockener Weißwein,
⅛ l Noilly Prat, 2 dl Wasser, Salz,
3 zerdrückte Pfefferkörner

Beachten Sie für die Zubereitung die Bilder auf der nächsten Doppelseite, die Ihnen genau zeigen, wie die Sauce in ihren Phasen der Entstehung aussehen muß!

VORBEREITEN

Zunächst muß der Fond bereitet werden. Dazu sämtliche Gemüse und Kräuter waschen, putzen und kleinschneiden. Die Butter in einem kleinen Topf zerlaufen lassen, Zwiebeln und Lauch langsam, ohne Farbe zu geben, anschwitzen. Das restliche Gemüse beifügen und ebenfalls bei milder Hitze etwa 5 Minuten dünsten. Nun die zerkleinerten Gräten oder Knochen darauflegen, mit Weißwein, Vermouth und Wasser ablöschen und würzen. Zum Aufkochen bringen und den dabei entstehenden Schaum abschöpfen. Bei schwacher Hitze 10 Minuten kochen, anschließend noch etwa 5 Minuten nachziehen lassen. Durch ein feines Sieb abgießen und die Rückstände leicht ausdrücken.

ZUBEREITEN

Fond mit Weißwein und Noilly Prat zusammen aufsetzen und auf ein Drittel einkochen. Die eiskalte Butter in kleinen Stückchen zugeben und einschwenken. Mit dem Mixstab aufmixen.
Ist die Sauce zu dünn, noch etwas Butter zufügen; ist sie zu dick, mit etwas Sud oder Wasser verdünnen.
Zum Schluß die geschlagene Sahne unterheben, mit kleingeschnittenen Kräutern nach Wahl würzen, mit Pfeffer, Zitronensaft und Cayenne abschmecken.

ANMERKUNG

Verwenden Sie für Fischfond nur die Gräten und Köpfe von weißfleischigen Fischen. Bestens geeignet sind von den Süßwasserfischen Bachforelle, Hecht und Zander, von den Meeresfischen Seezunge, Scholle, Rotzunge und vor allem Steinbutt, von dem ein besonders kräftiger Fond entsteht.
Die Butter muß unbedingt eiskalt sein, damit die Bindung von Sauce und Butter perfekt gelingt – nur dann spalten sich die Fetttröpfchen so fein auf und lagern von dem gelatinösen Sud genügend Flüssigkeit an, daß die Mischung nicht gleich wieder zerfällt. Und Achtung: Die Sauce nicht überhitzen und nicht zu lange stehen lassen!
Auf diese Weise bereitet man auch die Buttersaucen, die zu Geflügel und Fleisch passen. Im Fond sollte stets Gelatine (von Kalbfleisch, Kalbsfuß, Kaninchen, Geflügelfleisch, -häuten und -knochen) enthalten sein, damit die Bindung hält!
Verwendet man gesalzene Butter, wird ein Abschmecken mit Salz im allgemeinen nicht nötig sein. Vorsicht: Sud nicht übersalzen, denn er wird nachher stark eingekocht, das Salz also konzentriert!

Buttersauce, folgende Doppelseite

1. Fond mit Weißwein und Vermouth zusammen aufsetzen und auf etwa ein Drittel einkochen

2. Eiskalte Butter in kleinen Stücken zugeben und unter Schwenken schmelzen lassen

3. Die Butter mit dem Mixstab einmixen, bis sich eine innige Bindung ergeben hat

4. Zum Schluß etwas geschlagene Sahne unterheben, damit die Sauce luftiger wird. Würzen

Hecht-Mittelstück mit Kapern und Sardellen

Rezeptur für 4 Personen:
4 Scheiben vom Hecht zu je etwa 180 g,
2 kleine Schalotten oder Frühlingszwiebeln,
4 Sardellenfilets feinster Qualität, in Olivenöl eingelegt,
1 EL krause Petersilie,
Salz, Pfeffer aus der Mühle,
20 g Tafelbutter,
1 EL Olivenöl (man kann auch das Sardellenöl verwenden),
2 EL trockener Weißwein (Sancerre!), 2 EL Wasser,
1–2 EL einfache Sahne,
60 g eiskalte, gesalzene Butter,
3 EL kleine Kapern (Nonpareilles),
1 Spritzer Zitronensaft

VORBEREITEN
Hecht schuppen, waschen und in Scheiben schneiden. Schalotten schälen, sehr fein schneiden. Sardellen aus dem Öl ziehen und fein hacken. Petersilie waschen und grob hacken.

ZUBEREITEN
Die Hechtscheiben trocken reiben und mit Salz und Pfeffer bestreuen. In einer Teflonpfanne oder Kupferkasserolle etwas Butter und Olivenöl hellbraun aufschäumen lassen, die Hechtscheiben einlegen und bei nicht zu starker Hitze auf beiden Seiten braten, ohne jedoch dabei die Butter zu überhitzen. Pro Seite ca. 8 Minuten.
Die Hechtstücke mit Hilfe eines Spachtels auf eine Platte legen, die Haut entfernen und im Ofen warmstellen.
Das Bratenfett abschütten, die gehackten Schalotten in der Pfanne kurz, ohne Farbe zu geben, anschwitzen. Mit dem Wein und Wasser ablöschen, mit der Sahne erhitzen, die kalten Butterstücke einschwenken. Sardellen, Kapern und Petersilie beigeben und mit etwas Pfeffer aus der Mühle und einigen Spritzern Zitronensaft vollenden. Die fertigen Hechtstücke in die Sauce legen und noch etwa 5 Minuten darin ziehen lassen, aber nicht kochen. Mit Hilfe eines Löffels öfter begießen.

ANRICHTEN
Auf heiße Teller placieren, mit Sauce begießen und dazu eine große mehlige Kartoffel reichen, die im Dampf gegart wurde. Für die Gemüse-Liebhaber gibt's Blattspinat.

TIP
Die gehackte Sardelle bereits mit den Schalotten anschwitzen.

PRODUKTBESCHREIBUNG
Das Mittelstück vom Hecht schmeckt köstlich – hat aber seine Tükken, nämlich viele Gräten. Daher empfiehlt das Sprichwort auch den Schwanz (vom Karpfen den Kopf, vom Hecht den Schwanz, und die Forelle ganz). Wer empfindlich ist und auch nicht versuchen will, so viele Gräten wie möglich mit der Pinzette zu ziehen, der nehme also ein entsprechend großes Schwanzstück und zerlege dieses in 4 Filetscheiben.

Schalen- und Krustentiere

Hummer und Languste gehören von alters her zu den Paradestücken der feinen Tafel. Heute gelten sie eher noch mehr, denn bei weltweit gestiegener Nachfrage sind sie geradezu sündhaft teuer geworden. Die besten Hummer kommen von den Küsten des europäischen Nordatlantik, von der amerikanischen Seite schmecken sie weniger fein, und man muß daher nicht ganz so viel für sie bezahlen. Hervorragend allerdings eine Unterart, der Boston Hummer, der sich auch den hiesigen Markt zu erobern beginnt. Langusten mögen wärmeres Wasser – man fängt sie im Mittelmeer und an den Küsten Portugals und Westfrankreichs in bester Qualität. Immer häufiger jedoch finden wir in der Tiefkühltruhe abgepackte Langustenschwänze aus Südafrika, Florida, Kuba sowie aus schwarzafrikanischen Ländern. Stets müssen Sie darauf achten, daß die Körper voll sind, das heißt: das Fleisch nicht nach dem Panzerwechsel aufgezehrt ist. So schmecken die Tiere im Sommer am besten und nicht dann, wenn man sie am liebsten ißt:
zu Weihnachten.
Während man Hummer, Langusten und Krebse vorzugsweise lebend kauft, werden Langustinen (Scampi) roh in Eis verpackt angeboten. Die besten kommen aus Norwegen, Dänemark, Frankreich und Italien (Sizilien!), ausgezeichnete Tiefkühlware (mit Datum versehen) von der Elfenbeinküste. Diese in 12 Stunden im Kühlschrank auftauen lassen. Dann kalt waschen, und sie schmecken wie eben gefangen...
Muscheln gehören zu den köstlichsten aller Meeresfrüchte – nur ihre Häufigkeit und der entsprechend niedrige Preis haben verhindert, daß sie wie Jakobsmuscheln oder Austern als die Delikatesse eingestuft werden, die sie sind. Profitieren Sie davon!

Jakobsmuscheln auf Lauch mit Tomatenstreifen

Rezeptur für 4 Personen:
16 Jakobsmuscheln,
120 g Lauch, 2 Tomaten,
1 Sträußchen Kerbel,
2 EL Öl, 2 EL Butter,
Salz, Pfeffer
Für die Sauce:
¼ l Fischfond,
2 cl Noilly Prat (trockener Vermouth), 4 cl Weißwein,
40–60 g leicht gesalzene, eiskalte Butter, Salz, Zitrone, Cayenne, Pfeffer,
1–2 EL geschlagene Sahne

VORBEREITEN
Die Jakobsmuscheln öffnen und putzen. Rogen abschneiden, Nüßchen und Rogen gründlich waschen und zum Trocknen auf ein Tuch legen. Den Lauch in 3–4 cm lange Stücke schneiden, halbieren und in Julienne (Streifen) schneiden. Kurz in Salzwasser blanchieren und in Eiswasser abschrecken. Tomaten überbrühen, häuten, entkernen und das Fruchtfleisch in Streifen schneiden. Kerbelblättchen abzupfen.

ZUBEREITEN
Den Fumet (Fischfond) mit Noilly Prat und Weißwein auf zwei Drittel reduzieren, dann die kalte Butter einmixen. Abschmecken und zum Schluß 1–2 EL geschlagene Sahne darunterziehen.
Gleichzeitig die Jakobsmuschelnüßchen und Rogen in 1 EL Öl und 1 EL Butter ansautieren, mit Salz und etwas Pfeffer würzen. Den Lauch in der restlichen Butter und wenig Wasser dünsten. Die Tomatenstreifen im übrigen Öl kurz sautieren und würzen.

ANRICHTEN
Nüßchen und Rogen auf dem Lauch anrichten, die Tomaten anlegen, mit der Sauce nappieren und mit Kerbel garnieren.

PRODUKTBESCHREIBUNG
Frische Muscheln, in der Schale gekauft, aus Frankreich schmecken am besten, sind aber auch am teuersten. Tiefgekühlte Ware ist im allgemeinen wesentlich kleiner – rechnen Sie dann die doppelte Menge. Sie bietet allerdings den Vorteil, daß kein langwieriges Öffnen und Putzen mehr nötig ist – letzteres keine sehr angenehme Arbeit. Nach Belieben auch nur die Nüßchen mit 4 Rogen servieren und die restlichen Rogen für ein anderes Gericht reservieren.

Jakobsmuscheln auf Lauch mit Tomatenstreifen

Cassolettes mit Muscheln und Gemüse

Rezeptur für 4 Personen:
600 g Bouchot-Muscheln,
1 Schalotte, 1 Petersilienstengel,
etwas Knoblauch, 60 g Lauch,
40 g Champignons, 2 Tomaten,
3 Basilikumblätter,
1 EL Olivenöl, 6 cl Weißwein,
1,5 cl Wasser, 50–70 g Butter

VORBEREITEN
Die Muscheln sorgfältig waschen, bürsten und die Bärte entfernen. Schalotte und Petersilienstengel kleinschneiden, Knoblauch hakken. Lauch in feine Würfel schneiden und waschen. Champignons putzen und in Scheiben schneiden. Tomaten mit kochendem Wasser überbrühen, abschrecken, häuten, entkernen und das Fruchtfleisch in Würfel schneiden. Basilikum in Streifen schneiden.

ZUBEREITEN
Schalotte mit Petersilienstengel und Knoblauch in Olivenöl anschwitzen, die gewaschenen Muscheln, Weißwein und Wasser dazugeben. Die Muscheln aufspringen lassen und herausnehmen. Den Fond passieren und auf ein Drittel einkochen.
Lauch mit Wasser knapp bedecken und kochen, bis die Flüssigkeit verdampft ist. Die Champignons in wenig Butter kurz, aber scharf anbraten. Den eingekochten Fond mit 40–60 g Butter aufmixen, Basilikum zugeben.

ANRICHTEN
Lauch, Champignons und Tomatenwürfel in feuerfeste Förmchen mit ca. 12 cm Durchmesser geben. Darauf die ausgelösten Muscheln verteilen, zum Schluß mit der Sauce nappieren und das ganze im heißen Ofen nur mehr erwärmen.

PRODUKTBESCHREIBUNG
Die geschmacklich besten Muscheln kommen aus relativ kühlen Gewässern – Nordsee, Ärmelkanal, Atlantik. Man muß unterscheiden zwischen den wild vorkommenden Muscheln und jenen, die an verschiedenartigen Zäunen, Buhnen oder Flößen gezogen werden, den sogenannten Bouchots (frz. für jene Weidenbündel, an denen die ersten Zuchtversuche unternommen wurden). Bouchot-Muscheln enthalten, anders als die wilden, keinen Sand oder Schlick, denn sie kommen nicht mit dem Meeresboden in Berührung. Sie schmecken daher, was bei wilden vorkommen kann, niemals muffig. Beste Qualität aus Frankreich und Nordspanien (Galicien). Die wild gefischten Muscheln, die im übrigen langsamer wachsen, werden heute in speziellen Anlagen aufwendig entsandet.

Bigorneaux in Senfbutter auf Kartoffel-Zucchini-Gratin

Rezeptur für 4 Personen:
600 g Bigorneaux
(Kreiselschnecken),
20 Kartoffelscheiben,
1 dl (¹⁄₁₀ l) Milch zum
Blanchieren,
Butter für die Förmchen,
20 Zucchinischeiben,
Salz, Pfeffer, 12 cl süße Sahne,
6 cl Milch für die Formen,
Thymian, Lorbeerblatt, Zucker,
etwas Knoblauch
Für die Senfbutter:
1 Schalotte, 1 EL Petersilie,
1 EL Basilikum, 3 cl Vermouth
(Noilly Prat),
1 dl (¹⁄₁₀ l) trockener Weißwein,
120 g Butter, 1 TL guter Senf

VORBEREITEN

Die Bigorneaux einige Male gründlich kalt waschen. Die Kartoffelscheiben in Milch blanchieren. 4 flache, feuerfeste Förmchen ausbuttern und die Kartoffelscheiben und rohen Zucchinischeiben aneinander legen. Mit Salz und Pfeffer würzen und mit Sahne und Milch aufgießen.
Die Bigorneaux mit kaltem Wasser bedeckt aufsetzen und mit Pfeffer, Thymian, Lorbeer, Zucker und Knoblauch würzen. Kurz durchkochen lassen, abschütten und die Schnecken mit einer Nadel aus den Häuschen holen.

ZUBEREITEN

Die Gratinförmchen in den auf 180 Grad vorgeheizten Ofen schieben und Kartoffeln mit Zucchini goldbraun überbacken – dabei soll praktisch alle Flüssigkeit verdampfen, das Gemüse nur von einer saftigen Schicht umhüllt bleiben. Für die Sauce Schalotte, Petersilie und Basilikum fein hacken.
Schalotte, Vermouth und Weißwein einkochen lassen, mit kalter Butter aufmontieren (s. Seiten 77–79) und Senf unterrühren. Die Schnecken und die Kräuter einlegen und durchziehen lassen. Auf dem heißen Gratin anrichten.

TIP

Das Ragout kann mit einem Eßlöffel geschlagener Sahne verfeinert werden. Die Senfsauce soll nicht mehr kochen und kann mit brauner Butter verbessert werden.
Das Gericht kann auch mit den größeren, mit Stacheln versehenen Bulots-Schnecken zubereitet werden.

PRODUKTBESCHREIBUNG

Die kleinen, grauschwarzen Bigorneaux werden in Frankreich vor allem an der Küste sehr viel gegessen – man kann sie an den Felsen leicht selber sammeln. Bei uns findet man sie dagegen nur selten in guten Fischgeschäften. Werden sie angeboten, sollten Sie zugreifen, denn sie schmecken würzig-pfeffrig und sind nicht teuer. Allerdings macht es einige Arbeit, sie aus den Häuschen zu holen, denn man muß gleichzeitig die Verschluß-Blättchen entfernen, die überall anhaften.

Seeigel, mit Jakobsmuscheln gefüllt

Rezeptur für 4 Personen:
120 g Jakobsmuschelnüßchen
(= 700 g frische, ganze Muscheln,
1 EL abgezupfter Kerbel,
4 große Seeigel, 2 cl Noilly Prat
(trockener Vermouth),
1 Spritzer Cognac, 1 EL weißer
Portwein, 2 EL Crème double,
1 EL Olivenöl, Salz,
Cayennepfeffer,
1 EL geschlagene Sahne,
Meeresalgen zur Dekoration

VORBEREITEN
Die frischen Jakobsmuscheln wie üblich öffnen, reinigen, wässern. Von den Filtern einen kurzen Sud bereiten. Die Nüßchen der Jakobsmuscheln in etwa 1 cm große Würfel schneiden. Den Corail (Rogen) in feine Streifen schneiden. Kerbel waschen und zupfen. Die Seeigel von oben her mit Hilfe einer scharfen, spitzen Schere rundherum aufschneiden. Die Flüssigkeit in ein Sieb abschütten, auffangen und am Herdrand warmstellen. Darauf achten, daß der Corail der Seeigel an seinem Platz sitzen bleibt.
Den Sud der Jakobsmuscheln, Noilly Prat, Cognac und Portwein einkochen, Crème double beigeben und alles sämig zusammenkochen lassen. Beiseite stellen.

ZUBEREITEN
In einer Teflonpfanne etwas Olivenöl erhitzen und zuerst die Jakobsmuschelwürfel halbroh anschwenken. Sodann den geschnittenen Corail beigeben. Alles zusammen einige Sekunden gut durchschwenken und mit Salz, Cayenne und Kerbel würzen. Die Jakobsmuscheln in die Seeigelschalen verteilen. Die Sauce heiß schlagen, die Flüssigkeit der Seeigel zufügen, mit dem Mixstab aufmixen. Die geschlagene Sahne beigeben und damit die Jakobsmuscheln begießen, dann ganz leicht unter dem Salamander (Grill) glacieren.

ANRICHTEN
In der Zwischenzeit die gewaschenen Algen mit Wasser überbrühen, abschütten und auf tiefen Suppenteller verteilen. Darauf die fertigen Seeigel setzen und sofort servieren.

PRODUKTBESCHREIBUNG
Leider werden Seeigel bei uns nur sehr selten angeboten – und dann obendrein sündhaft teuer. Am Mittelmeer kosten sie fast gar nichts, und viele Urlauber tauchen sie sich an den Felsküsten selbst heraus. Nicht jeder Seeigel allerdings ist gut – das Corail, die orangegelben, köstlich schmeckenden Eier, sind unterschiedlich ausgeprägt, je nachdem, in welchem Entwicklungsstadium sich das Tier befindet. Man sollte daher vorsichtshalber immer mehr Seeigel kaufen, als man benötigt.

Seeigel, mit Jakobsmuscheln gefüllt

Langustenscheiben mit Spargelspitzen, in Blätterteig gebacken

Rezeptur für 4 Personen:
1 Languste ca. 600 g,
Salz, 30 g Butter,
1 EL Karotten, gewürfelt,
1 EL Staudensellerie, gewürfelt,
1 EL Lauch, gewürfelt,
1 EL Zwiebeln, gewürfelt,
¼ Knoblauchzehe,
1 kleiner Thymianzweig,
1 kleines Lorbeerblatt,
1 große Fleischtomate,
4 dl Sahne, 1 EL Tomatenpüree,
Salz, Cayenne,
20 grüne Spargelspitzen,
1 EL Estragon, vier 8 × 8 cm
große Blätterteigflecke, 1 Ei
Für das Hechtmus:
200 g schieres Hechtfleisch,
Salz, Pfeffer, Cayenne,
Muskat, 2 ganze Eier,
0,2 l Sahne

VORBEREITEN

<u>Hechtmus:</u> Den Fisch entgräten und enthäuten, fein schneiden oder durch den Wolf drehen. Eis in eine Schüssel geben und eine kleinere daraufstellen. In diese nun die Fischfarce füllen und mit Salz, Pfeffer, Cayenne und Muskat würzen. Das erste Ei zugeben und verrühren, bis die Masse kompakt wird, dann das nächste Ei einarbeiten (gleicher Arbeitsgang). Langsam die Sahne zugießen, so daß die Masse immer noch kompakt bleibt.
Das Mus durch ein Haarsieb streichen. Sollte es zu fest sein, so kann es mit geschlagener Sahne aufgelockert werden.
<u>Languste:</u> Die Languste in kochendes Salzwasser werfen, ca. 8 Minuten kochen und in dem Wasser abkühlen lassen. Anschließend den Körper zerschneiden. Rückenmark und Innereien (ohne Magen) entnehmen, durch ein Haarsieb streichen und beiseite stellen.
Das Fleisch aus den Beinen herausholen und in Würfel schneiden. Den Langustenschwanz ausbrechen, die Karkassen zerkleinern. In 30 g Butter anrösten, die kleingeschnittenen Gemüse, die zerdrückte Knoblauchzehe, den Thymianzweig und das Lorbeerblatt zugeben, ebenso die überbrühte, abgeschreckte, gehäutete, entkernte und gewürfelte Tomate. Die Sahne unterheben, das Tomatenpüree hineinrühren und mit Salz und Cayenne würzen.
<u>Spargel:</u> Die Spargel schälen, ca. 6 cm lang abschneiden und im Dämpfer knackig kochen.

ZUBEREITEN

Ein Viertel der Sauce sehr dick einkochen und kaltstellen. Nach und nach in das Hechtmus rühren und den gehackten Estragon sowie die Langustenstücke beigeben. Den Langustenschwanz in Scheiben schneiden (Darm entfernen).
Auf den Blätterteig einen halben Zentimeter dick das Mus streichen, rundherum einen Rand von 1 cm freilassen. Auf das Mus die Langustenscheiben legen und nochmals mit einer feinen Schicht Hechtmus bedecken. Darauf die trockenen Spargelspitzen legen und in die Zwischenräume das Mus eindrücken.
Den Rand mit dem zerschlagenen Ei einstreichen, Blätterteig darüber legen und am Rand festdrücken. Am Deckel ein kleines Loch herausstechen, die Oberfläche mit Ei bestreichen. Im vorgeheizten Ofen bei 220° ca. 25 Minuten lang knusprig braun braten.

ANRICHTEN

Auf vorgewärmten Tellern servieren und dazu die restliche heiße und flüssige Sauce geben.

Geröstete Krebse mit Tomaten und Frühlingszwiebeln

Rezeptur für 2 Personen:
2 Frühlingszwiebeln,
2 ovale Tomaten,
4 Stengel glatte Petersilie,
16 Krebse, Salz, 4 cl Olivenöl,
1 EL Krebsbutter, 40 g Butter,
4 cl trockener Weißwein,
2 cl Noilly Prat
(trockener Vermouth),
6 cl Fischsud, Geflügelbrühe
oder Wasser,
Pfeffer aus der Mühle,
Cayenne, 2 Spritzer Cognac,
Öl zum Fritieren

VORBEREITEN

Frühlingszwiebeln schälen, halbieren und fein schneiden. Tomaten überbrühen, häuten, entkernen und das Fruchtfleisch in ½ cm große Würfel schneiden. Petersilie oder Estragon abzupfen und trocknen. Die Krebse 30 Sekunden in sprudelnd kochendes Salzwasser eintauchen, herausnehmen, Scheren abtrennen. Die Krebse der Länge nach halbieren, Darm sowie Magen und Weichteile entfernen. Die Krebsscheren 1 Minute lang kochen, dann ausbrechen und bereitstellen.

ZUBEREITEN

In der Pfanne das Olivenöl bis zum Rauchen erhitzen und die Krebse mit der Fleischseite einlegen. Rasch 30 Sekunden stark anrösten, auf die Schalenseite drehen und nochmals 30 Sekunden rösten. Krebse aus der Pfanne nehmen, das Öl weggießen. Neben dem Feuer die Krebsbutter sowie 10 g frische Butter zugeben. Die Frühlingszwiebeln beigeben und, ohne Farbe zu nehmen, bei milder Hitze anschwitzen. Mit dem Weißwein ablöschen, fast zur Gänze reduzieren, den Noilly Prat und den Fischsud beigeben, einkochen lassen.
Die Tomatenwürfel sowie die Krebse mit den Scheren beigeben, alles rasch heiß schwenken und die Sauce mit der restlichen eiskalten Butter abbinden. Mit Salz und Pfeffer, Cayenne und einigen Spritzern Cognac abschmecken.

ANRICHTEN

Die Krebse in tiefe, vorgewärmte Teller verteilen.
Öl heiß werden lassen, Petersilie einige Sekunden hineinwerfen und sofort auf ein Saugpapier herausschöpfen. Leicht salzen und die Krebse mit der gebackenen Petersilie bestreuen.

Geröstete Krebse mit Tomaten und Frühlingszwiebeln,
folgende Doppelseite

Hummer auf Artischockenbett in Rotwein-Buttersauce

Rezeptur für 4 Personen:
2 europäische Hummer,
je etwa 400 g, Salz,
30 g Karotten,
40 g Schalotten,
20 g Petersilienstengel,
1 Knoblauchzehe,
3 EL Olivenöl, 40 g Butter,
⅓ l kräftiger roter Bordeaux
(z. B. Château Balardine),
2 cl Noilly Prat (trockener
Vermouth), 1 cl Cognac,
2 große Artischocken
(oder 4 kleine), Zitronensaft,
Salz, Pfeffer,
Petersilie oder Estragon,
60 g gesalzene Butter
(demi-sel) zum Aufmixen

VORBEREITEN

Die Hummer unter fließendem Wasser sauber bürsten und in kochendes Salzwasser werfen. 3–5 Minuten kochen lassen, herausnehmen und abkühlen. Scheren ausbrechen, Schwanz vorsichtig aus dem Panzer ziehen und beiseite stellen. Die Hummerkörper mit einem schweren Messer der Länge nach halbieren und den Magensack entfernen. Die Hummerkörper und -panzer zerkleinern.
Karotten schälen und in Stücke schneiden, ebenso die Schalotten und die Petersilienstengel. Knoblauchzehe halbieren und Keim entfernen.

ZUBEREITEN

Hummersud: Die zerkleinerten Hummerkörper in 2 EL sehr heißem Olivenöl anbraten, Butter und sämtliche Gemüse beigeben und langsam weiterrösten, ca. 15 Minuten. Rotwein, Noilly Prat und Cognac beigeben und noch 15 Minuten köcheln lassen, vom Ofen nehmen und 15 Minuten nachziehen lassen.
Danach durch ein Spitzsieb pressen, eventuell mit etwas Wasser oder Fischsud nachspülen.
Artischocken: Die Artischocken wie üblich zu Böden abdrehen. Aus den rohen Artischockenböden mit Hilfe eines kleinen Löffels das Heu herauskratzen, mit Zitrone fest einreiben und danach in 3 mm dicke Scheiben schneiden.
Im restlichen heißen Olivenöl anrösten, mit Salz und Pfeffer bestreuen und zum Schluß etwas feingehackte Petersilie oder Estragon darübergeben. Die Artischockenscheiben sollten noch etwas Biß haben. Hummerschwänze und -scheren direkt vor der Fertigstellung des Gerichts in Salzwasser in 5 Minuten gar ziehen lassen. Schwanz in Medaillons schneiden.
Den gewonnenen Hummersud auf ca. 8 cl reduzieren und mit der eiskalten Butter aufmixen, die Hummerstücke einlegen und warm schwenken.

ANRICHTEN

Die Artischockenscheiben auf heiße Teller betten, darauf die Hummermedaillons anordnen, die Sauce eventuell nochmals aufmixen und den Hummer damit nappieren. Sofort servieren!
Dieses von Karl Ederer entwickelte Gericht kann man auch noch mit etwas Petersilie oder Estragon bestreuen.

Hummer auf Lauch in Buttersauce

Rezeptur für 4 Personen:
2 Hummer zu je etwa 400 g
(wenn möglich weiblich), Salz,
2 Stangen junger Lauch,
10 g Butter, 1 Prise Zucker
Für die Sauce:
1 Tomate, 1 Möhre,
20 g Grünes vom Lauch,
30 g Frühlingszwiebel,
4 cl geschmacksneutrales Öl,
100 g Butter, 6 Pfefferkörner,
1 cl Cognac, 3 cl Noilly Prat
(trockener Vermouth),
15 cl Wasser, Cayenne,
abgezupfte Kerbelblättchen

VORBEREITEN
Die Hummer kopfüber in sprudelnd kochendes Salzwasser werfen. Nach dreiminütigem Kochen herausheben und abkühlen lassen. Halbieren und wie im vorstehenden Rezept beschrieben ausbrechen. Die Körper und Panzer hacken oder mörsern. Lauch und Gemüse für die Sauce putzen, waschen und kleinschneiden.

ZUBEREITEN
Sauce: Das Öl erhitzen und die gemörserten Hummerkörper darin bei größter Hitze rasch anbraten. Auf kleine Flamme stellen. Die Hälfte der Butter zugeben, ebenso die kleingeschnittenen Saucengemüse und die Pfefferkörner. Bei milder Hitze weiterrösten. Dann mit Cognac und Vermouth ablöschen, mit Wasser aufgießen und alles auf etwa 8 cl einkochen. Durch ein Spitzsieb drücken, eventuell mit etwas Fischsud nachgießen, alles fest ausdrücken. Mit Salz und Cayenne abschmecken.
Lauch: Die Lauchwürfel in der Butter ohne Farbe anschwitzen, mit etwa 9 cl Wasser aufgießen und würzen. Bei guter Hitze unbedeckt das Wasser rasch verkochen lassen.
Hummer: Die Hummerschwänze in Medaillons schneiden und mit den Scheren in den Sud für die Sauce legen. Ohne zu kochen in etwa 10 Minuten gar ziehen lassen.

ANRICHTEN
Den Lauch auf tiefe, gut vorgewärmte Teller verteilen. Die Hummerstücke dekorativ daraufbetten. Den Saucenfond mit den restlichen 50 g Butter rasch aufmixen (s. Seiten 77–79). Über die Hummerstücke gießen. Die Anrichtung mit Kerbelblättchen garnieren.

ANMERKUNG
Es ist wichtig, daß die Hummerstücke bei milder Hitze ziehen und nie ins Kochen geraten – überhitzt man sie, so werden sie unweigerlich zäh! Anstelle von Lauch können Sie auch eine gemischte Gemüse-Julienne als Grundlage nehmen.

PRODUKTBESCHREIBUNG
Kaufen Sie vorzugsweise europäische Hummer, die im Rohzustand tiefblau aussehen und beim Garen dunkelrot werden. Der weniger wertvolle kanadische Hummer ist dagegen bräunlich gefärbt und wird beim Kochen fahlrot. Die besten Hummer kommen aus der Bretagne und aus Irland.

Langustinenschwänze mit Paprika und Ingwer

Rezeptur für 4 Personen:
16 Langustinenschwänze,
120 g Zucchini,
1 Bund junge Zwiebeln,
40 g Paprikaschote, 60 g Butter,
1 Mokkalöffel feingehackte
Ingwerwurzel,
1 TL gehackte Petersilie,
Salz, Cayenne,
Butter oder Langustinenfond
Für den Langustinenfond:
1 Schalotte, ½ Knoblauchzehe,
einige Petersilienstengel,
4 cl Olivenöl, ¼ l Wasser,

VORBEREITEN
Die Schwänze ausbrechen und den Darm herausnehmen, die Zangen vom Körper trennen und in kleine Stücke zerschlagen. Aus den Schalen einen Fond zubereiten.
<u>Langustinenfond:</u> Schalotte, Knoblauchzehe und Petersilienstengel hacken. Die Schalen und Scheren im heißen Öl anrösten. Gemüse und eventuell noch Paprika-Abschnitte zugeben, kurz anschwitzen. Wasser zugießen, aufkochen, würzen und 20 Minuten ziehen lassen. Dann passieren, die Rückstände kräftig auspressen.
Die Zucchini in Streifen, die Zwiebeln in Ringe schneiden. Die Paprikaschote kurz auf der Hautseite braten, dann die Haut abziehen und die Schote ebenfalls in Streifen schneiden.

ZUBEREITEN
Zwiebelringe mit Ingwer in 20 g Butter leicht bräunen, Zucchini zugeben und nach 2 Minuten mit 8 cl Langustinenfond aufgießen. Dann die Paprikastreifen einlegen, kurz einkochen und mit der restlichen kalten Butter abbinden. Petersilie zugeben und mit Salz und Cayenne würzen. Die Langustinenschwänze in Butter kurz braten oder in Langustinenfond pochieren.

ANRICHTEN
Die Langustinenschwänze würzen und auf das Gemüse placieren.

PRODUKTBESCHREIBUNG
Achten Sie darauf, daß die Langustinen ganz frisch sind. Sie haben von allen Krustentieren das empfindlichste Fleisch, das selbst bei noch schön aussehenden Tieren im gegarten Zustand leicht den typischen Fehler aufweisen kann: Es wird etwas flockig und weich! Nur absolute Frische garantiert knackige Langustinen-(Scampi)-schwänze.
Der Ingwer sollte frisch und fleischig sein – dünne Teile sind oft holzig, verschrumpelte ebenso. Sie besitzen kein volles Aroma mehr.

Langustinenschwänze mit Paprika und Ingwer

Langustinen-Gratin auf Spinatbett

Rezeptur für 2 Personen:
8–12 Langustinen (Scampi),
1 EL Olivenöl
Für den Spinat:
150 g junger Blattspinat,
20 g Butter,
Salz, Pfeffer, Muskat,
1 Knoblauchzehe
Für die Sauce:
2 cl Champagner,
2 cl Langusten- oder
Hummerfond,
4 cl Crème fraîche,
1 EL Portwein,
1 Spritzer Cognac,
Salz, Pfeffer, Cayenne,
1 EL geschlagene Sahne

VORBEREITEN
Langustinenschwänze roh ausbrechen (eventuell aus den Körpern und Panzern einen Fond kochen – s. Seite 93, Sauce für den Hummer; weniger Butter nehmen). Spinat waschen, Stiele und faule Blätter entfernen.

ZUBEREITEN
<u>Spinat:</u> Den gut abgetropften Spinat in der Butter bei milder Hitze zusammenfallen lassen. Würzen und während des Erwärmens mit einer Gabel umrühren, auf die eine Knoblauchzehe gespießt wurde, bis der Spinat fertig ist.
<u>Sauce:</u> Gleichzeitig den Champagner mit dem Langusten- oder Hummerfond um die Hälfte einkochen. Crème fraîche, Portwein und Cognac zufügen und weiter einkochen, bis die Sauce sämig ist.
<u>Langustinen:</u> Das Olivenöl stark erhitzen, bis es fast zu rauchen beginnt. Die ausgelösten Langustinenschwänze hineinlegen und unter ständigem Wenden nur eben steif werden lassen – das dauert etwa 30 Sekunden. Herausheben und auf Küchenpapier entfetten.
<u>Gratin:</u> Spinat auf zwei tiefe Teller verteilen. Die Langustinenschwänze hübsch darauf anordnen. In die Sauce die geschlagene Sahne ziehen – falls nötig, auch nachwürzen. Die Sauce über die Langustinenschwänze verteilen. Die Teller für 3 bis 4 Minuten unter den Salamander (bzw. Grill) stellen oder im auf 250 Grad vorgeheizten Ofen überbacken.

ANMERKUNG
Diesen Gratin kann man auch mit Langusten, Hummer, Hummerkrabbenschwänzen oder Krebsen zubereiten. Nach Belieben statt des intensiven Langusten- oder Hummerfonds einen leichteren Langustinenfond kochen oder Steinbutt bzw. Muschelsud verwenden.

PRODUKTBESCHREIBUNG
Es kommt wesentlich auf den Geschmack des Spinats an! Leider wird oft Zartheit mit geschmackloser Treibhausqualität gleichgesetzt – den besten Spinat gibt es nicht dann, wenn die zerbrechlichen, faden Blättchen im Frühjahr die Märkte überschwemmen, sondern wenn im Mai/Juni der junge Freilandsalat bei feuchtwarmem Wetter große, dunkelgrüne, möglichst bucklige Blätter treibt!

Krebsschwänze mit Gartengurken und Dillspitzen

Rezeptur für 4 Personen:
32 Krebse à 60 g,
1 Gartengurke ca. 250–300 g,
1 kleines Bund Dill,
Salz, Pfeffer, Cayenne,
60–80 g gesalzene Butter zum Aufmixen des Suds
Für den Krebssud:
1 Frühlingskarotte,
2 Frühlingszwiebeln
oder Schalotten,
einige Dillstengel,
1 kleine Knoblauchzehe,
2 EL Öl, 80 g Butter,
einige Kümmel- oder Dillsamen,
¼ l Wasser, ¼ l Fischsud oder Geflügelbrühe

VORBEREITEN

Die Krebse unter fließendem Wasser sauber bürsten. In kochendes, leicht gesalzenes Wasser werfen – nach 1 Minute die abgetöteten Krebse mit einem Drahtsieb herausnehmen und auskühlen lassen. Krebsscheren und -schwänze abtrennen und beiseite stellen. Die Krebskörper längs halbieren (mit einem schweren Messer), sämtliche Weichteile mit einem kleinen Löffel herauskratzen.
Die Gurke waschen und in 3 cm breite Scheiben schneiden; danach jede Scheibe so in Achtel schneiden, daß sie nach Entfernen der Kerne mit dem weichen, wäßrigen Inneren olivenförmig bzw. oval zugeschnitten werden können.
Karotte für den Sud waschen, schälen und in Scheiben schneiden, ebenfalls die Schalotten. Knoblauchzehe schälen.
Die Dillspitzen abzupfen, befeuchten und kalt stellen.

ZUBEREITEN

Krebssud: Die Krebskörper in heißem Öl anbraten, unter Beigabe von 80 g Butter weiter leicht rösten. Danach im Geschirr stampfen.
Die Dillstengel, Karotten und Schalottenscheiben beigeben sowie einige Gurkenabfälle, Knoblauch, etwas Kümmel oder Dillsamen und alles zusammen leicht glasig werden lassen, mit Wasser und Fischsud auffüllen und 10–15 Minuten ziehen lassen. Durch ein feines Spitzsieb pressen und nochmals zur Hälfte reduzieren.
Die Krebsschwänze und -scheren ausbrechen, den Darm entfernen.
Die oval geformten Gurkenstücke in Salzwasser mit Biß kochen, abschütten und in Butter mit den Dillspitzen schwenken, mit Salz und Pfeffer aus der Mühle bestreuen.
Den Krebssud mit den eiskalten Butterstücken aufmixen, die ausgebrochenen Krebse einlegen, mit einer Prise Cayenne würzen und die Krebse heiß schwenken, ohne sie jedoch kochen zu lassen.

ANRICHTEN

Das Krebsragout in heißen, tiefen Tellern verteilen, die Dillgurken darübergeben und sofort servieren.

PRODUKTBESCHREIBUNG

Hierzu müssen Sie unbedingt feste, fast ausgereifte Garten- (oder Gärtner-)Gurken, also Schmorgurken nehmen – wie für gefüllte oder Senfgurken. Salatgurken wären viel zu wäßrig und fade. Schmeckt am besten mit einer frischen Dilldolde, deren Samen noch nicht ganz reif sind!

Krebse mit Blumenkohl

Rezeptur für 4 Personen:
32 Krebse à 60 g, Krebssud
(Zutaten siehe Seite 97),
200 g Blumenkohl,
30 g Butter, Salz, Pfeffer,
1 EL gehackte Petersilie,
Cayenne

VORBEREITEN
Die Krebse unter fließendem Wasser sauber bürsten. In kochendes, leicht gesalzenes Wasser werfen. Nach ca. 1 Minute die abgetöteten Krebse mit einem Drahtsieb herausnehmen und auskühlen lassen. Krebsscheren und -schwänze abtrennen und beiseitestellen. Aus den Krebskörpern den Sud bereiten (s. Seite 97), Krebsschwänze ausbrechen, Darm entfernen. Scheren knacken und auslösen. Blumenkohl in Röschen schneiden.

ZUBEREITEN
Die Blumenkohlröschen in 30 g Butter langsam knackig-gar dünsten, nur etwa 8 Minuten. Salzen, pfeffern und mit etwas Petersilie bestreuen. Die ausgebrochenen Krebsschwänze und -scheren in den Sud geben, erwärmen, mit Cayenne würzen und mit dem nötigen Salz abschmecken. Herausheben, abtropfen und auf dem Blumenkohl anrichten.

PRODUKTBESCHREIBUNG
Unsere einheimischen Krebse waren mit die ersten Opfer der Umweltverschmutzung: Bereits im vergangenen Jahrhundert begannen sie in den industrialisierten Gegenden auszusterben. Nur in wenigen abgelegenen Seen und Flüssen konnten sie sich bis heute halten und den Grundstock für neue Zuchten bilden, die – vor allem im Voralpenland – von Jahr zu Jahr wieder zunehmen.
Der einheimische Krebs ist dunkel und wird beim Garen so tief leuchtendrot, wie es die Scheren bereits im Rohzustand sind. Sein Fleisch ist fest, der Geschmack ausgeprägt.
Was man bei uns in den Läden aber häufiger findet, sind die hellen türkischen Krebse, die nach dem Kochen ihre bläßliche Farbe behalten – sie kehrt sich nur ins Rosa. Der Geschmack ist weniger ausgeprägt, und man muß ihn auf jeden Fall durch einen Fond verstärken.

Krebse mit Blumenkohl

Krebsschwänze im Dillsud

Rezeptur für 4 Personen:
20 Krebse à 60 g, Salz,
1 Schmorgurke von etwa 350 g,
1 EL Dillspitzen,
60 g eiskalte Butter für die
Sauce, 1 Prise Cayenne
Für den Krebssud:
6 cl Olivenöl, 25 g Butter,
30 g Zwiebeln, 25 g Lauch,
25 g Karotten,
30 g frische vollreife Tomaten
(oder aus der Büchse),
10 g Dillstengel,
1 kleine Knoblauchzehe,
1 cl Cognac, 5 cl Noilly Prat,
½ l Wasser

VORBEREITEN
Die Krebse waschen und in kochendem Salzwasser einmal aufkochen lassen.
Mit einem Drahtsieb herausnehmen, etwas auskühlen lassen, Schwanz und Scheren abbrechen. Die Körper mit Hilfe eines spitzen Messers auslösen, Weichteile herauskratzen.
<u>Krebssud:</u> Öl erhitzen, nicht rauchen lassen, Krebskörper einlegen, langsam anrösten – ca. 5 Minuten; Butter zufügen. Zwiebel, Lauch und Karotten in ½ cm große Würfel schneiden und ebenfalls beigeben. Tomaten, Dillstengel und Knoblauch (in der Schale nur anklopfen) dazugeben und nochmals 5 Minuten anschwitzen, mit Cognac und Noilly Prat ablöschen und langsam einköcheln lassen. Mit Wasser auffüllen und ca. 20 Minuten ziehen lassen.
In der Zwischenzeit die frische Gurke schälen, entkernen und in winzige Würfel schneiden. Dillspitzen abzupfen.

ZUBEREITEN
Den Sud fest durch ein Spitzsieb drücken, aufkochen lassen. Mit der eiskalten Butter aufmontieren und nicht mehr kochen lassen. Krebse, Gurken, Dill und eine Prise Cayenne beigeben.
Schwenken, bis alles heiß ist, und in vorgewärmten Tassen anrichten. Salzen nach Bedarf.

Krevetten im Gemüsefenchelsud

Rezeptur für 4 Personen:
10 g Lauch, 10 g Sellerie,
20 g Fenchel,
¼ l Fumet (Fischfond),
40 g gesalzene Butter,
etwas Dill,
200 g Krevetten
(frische Nordseekrabben;
geschält gewogen)

ZUBEREITEN
Die Gemüse in feine Brunoise (Würfelchen) schneiden; inzwischen den Fumet auf die Hälfte reduzieren.
Die Krevetten mit wenig Butter kurz ansautieren und in den Fumet geben. Mit gesalzener Butter aufmontieren, den Dill zufügen und sofort servieren.

PRODUKTBESCHREIBUNG
Die grauen Nordseekrabben sind die würzigsten – aber selten ohne Konservierungsmittel zu bekommen. Tiefseekrabben sehen hübsch rosa aus, schmecken aber fade.

Fleisch

Das Fleisch ist und bleibt der Hauptgang in der bürgerlich geprägten Küche – kann höchstens durch Geflügel oder Wild abgelöst werden. Aber seit der „Erfindung" und dem weltweiten Siegeslauf des angelsächsischen Steaks ist die Fleischküche ein wenig ins Hintertreffen geraten, und die Köche haben sich nur noch selten Gedanken über seine Zubereitung gemacht. Das Interesse wandte sich mehr den Kleinigkeiten, den Gemüsen und vor allem den Saucen zu – Fleisch wurde getrennt gebraten und dann mit einer beliebigen Sauce und einer austauschbaren Garnitur versehen. Die köstlichen Gerichte aus jenen Teilen, die sich nicht zum Kurzbraten eigneten, überließ man den Hausfrauen. Heute wenden wir uns wieder mit größtem Interesse und einer neuen Sorgfalt diesen vernachlässigten Teilen zu, schmoren oder braten sie bei gemäßigter Temperatur langsam zu ungeahnter – besser: vergessener – Zartheit und gewinnen gleichzeitig herrlich aromatische Saucen, wie sie die klassische Küche auszeichneten. Natürlich: Im Restaurant sind solche großen Gerichte wie Lammschulter oder Kalbsbrust schwierig zu verkaufen, denn man braucht ja immer vier oder sechs Gleichgesinnte an einem Tisch. Zu Hause aber haben Sie keine Probleme, wenn Sie diese von uns wiederentdeckten Köstlichkeiten auf die Tafel setzen.

Gefüllte Kalbskoteletts mit Chicorée

Rezeptur für 4 Personen:
4 Kalbskoteletts, jeweils
mindestens 2 cm dick,
80 g Kalbfleisch, Salz, Pfeffer,
½ Eiweiß, 3 cl Crème double,
8 Pistazien, 20 Estragonblätter,
2 Chicoréestangen,
½ cl Öl, 25 g Butter, Zucker,
1 dl einfache süße Sahne

VORBEREITEN
Koteletts: Unmittelbar neben dem Knochen eine Tasche einschneiden. Die oberen 2 cm des Knochens von Fett und Fleisch freimachen.

Fülle: Das Kalbfleisch mit dem Mixer zerkleinern, in eine kalte Schüssel geben, mit Salz und Pfeffer würzen, gut verrühren und das Eiweiß zugeben. Wieder gut verrühren, bis die Masse kompakt wird, dann nach und nach die Crème double unterarbeiten.
Die Masse durch ein Haarsieb passieren, die fein geschnittenen Pistazien und 6 Estragonblätter unterrühren. Die Koteletts damit füllen und den Einschnitt wieder zunähen.

Chicorée: Den Chicorée in Blätter zerlegen, die braunen Stellen abschneiden. In Salzwasser blanchieren, abgießen, in Eiswasser erkalten lassen, abschütten und auf einem Tuch trocknen lassen.

ZUBEREITEN
Koteletts: In einer Kupferkasserolle ½ cl Öl und 10 g Butter erhitzen, das Fleisch einlegen und im Rohr bei 200° ca. 8 Minuten braten.

Chicorée: In der Pfanne 15 g Butter erhitzen, den Chicorée einlegen und leicht bräunen. Mit Salz, Pfeffer und Zucker würzen.
Wenn er nach ca. 5 Minuten fertig ist, den Chicorée zu den Koteletts geben. Diese herausnehmen, die Schnur herausziehen und das Fleisch zugedeckt warmstellen.
Zu dem Bratensaft und Chicorée die einfache Sahne geben und kurz durchkochen. Die restlichen Estragonblätter hacken, zugeben und, wenn nötig, nachwürzen.

ANRICHTEN
Chicorée mit Sauce auf den Tellern anrichten, die leicht gebräunten Koteletts daraufsetzen.

PRODUKTBESCHREIBUNG
Schönen hellen Chicorée verwenden – haben die Blätter grüne Spitzen oder Ränder, können sie bitter sein. Den Strunkansatz kegelförmig herausschneiden, weil auch er bitter ist. Die Blätter aber nicht wässern, sondern nur kurz blanchieren.

Gefüllte Kalbskoteletts mit Chicorée

Kalbsfiletscheiben, mit Schalotten gefüllt, auf Lauch

Rezeptur für 4 Personen:
8 schmale Scheiben vom Kalbs-
filet oder -rücken (je ca. 60 g),
4 kleine Schalotten oder etwa
100 g Frühlingszwiebeln,
40 g Butter, Salz,
Pfeffer aus der Mühle,
ein Hauch Mehl
Für das Lauchgemüse:
150 g Lauch (geputzt gewogen),
20 g Butter, Salz, 1 Prise Zucker,
Pfeffer aus der Mühle,
2 EL Wasser,
30 g eiskalte Butter, abgezupfter
Kerbel oder Petersilie,
1–2 EL geschlagene Sahne
Für die Sauce:
5 EL Wasser oder Kalbs-Fond
(von den Knochen gemacht),
2 cl Madeira,
10 g eiskalte Butter

VORBEREITEN
Lauch putzen, Enden abschneiden, vordere Stücke halbieren und unter fließendem Wasser sauber waschen. In ½ cm große Würfel schneiden. In ein Sieb geben, in einen Topf stellen und ca. 20 Minuten lang kaltes Wasser darüber laufen lassen, damit sicher kein Sand mehr vorhanden ist. Das Sieb darf dabei nicht am Boden anstoßen!
Die Kalbsfilets sehr dünn ausklopfen, am besten zwischen Klarsichtfolie, weil dann die Fasern weniger reißen.
Die Schalotten schälen und in Würfel oder Scheiben schneiden.

ZUBEREITEN
Ca. 10 g Butter hell aufschäumen lassen und darin die Schalotten leicht braun anschwitzen. Auf 4 Kalbsfiletscheiben verteilen, aber nicht ganz bis zum Rand. Salzen, pfeffern, die anderen 4 Scheiben darüberlegen und den Rand mit dem Messerrücken anklopfen.
Lauchgemüse: 20 g Butter in einem Edelstahltopf von 22 cm Durchmesser hell aufschäumen lassen, die Lauchwürfel beigeben, ohne Farbe zu geben anschwitzen, mit Salz, 1 Prise Zucker, Pfeffer würzen, mit etwas Wasser auffüllen und stark kochen lassen, bis die Flüssigkeit fast gänzlich verdunstet ist.
Kalbsfiletscheiben: In der Zwischenzeit in einer Kupferpfanne von 22 cm Durchmesser ca. 30 g Butter hellbraun aufschäumen lassen. Die Kalbsfiletscheiben mit einer Spur Mehl bestäuben, in die Pfanne einlegen und pro Seite ca. 5 Minuten braten.
Öfters übergießen und darauf achten, daß die Butter nicht verbrennt. Aus der Pfanne nehmen und im Ofen warmstellen.
Sauce: Sie muß sehr rasch bereitet werden. Bratensatz mit 5 EL Wasser oder Kalbssauce ablöschen, das Braune von der Pfanne loskratzen. Rasch zu einer kurzen, sämigen Konsistenz einkochen. Madeira zugeben. Nochmals reduzieren, das Stück kalte Butter einschwenken.
In das Lauchgemüse 30 g eiskalte Butter schwenken, salzen, etwas Pfeffer aus der Mühle, eine Prise Zucker und etwas gezupften Kerbel oder Petersilie dazugeben, schließlich die geschlagene Sahne unterheben. Nicht mehr kochen lassen.

ANRICHTEN
Das Lauchgemüse kreisförmig auf heiße Teller verteilen, in die Mitte das Kalbsfilet placieren. Den beim Ruhen im Ofen ausgetretenen Fleischsaft in die Sauce rühren, das Fleisch mit der Sauce begießen. Sofort servieren. Als Beilage eignen sich Rösti.

Kalbsstelze mit Sardellen-Limetten-Rahmsauce

Rezeptur für 4 Personen:
1 Kalbsstelze oder -haxe,
Paprika, Salz, 1 EL Olivenöl,
20 g Butter,
1 kleiner Rosmarinzweig,
einige Limettenschalen-
Streifchen, Pfeffer
Für die Sauce:
2 Schalotten,
2 Sardellenfilets, 1 Limette,
1 EL gehackte Petersilie,
1½–2 dl (knapp ⅕ l) Sahne

VORBEREITEN
Die Kalbsstelze auf beiden Seiten mit Paprika und Salz bestreuen, mit etwas Olivenöl beträufeln und fest damit einreiben.
In einem Jenaer Glastopf die Butter und etwas Olivenöl aufschäumen lassen, die Stelze und den Rosmarinzweig einlegen, Deckel darauflegen und die Stelze bei 180° langsam 1½–2 Stunden weich garen lassen. Sollte es notwendig sein, von Zeit zu Zeit etwas Wasser nachgießen bzw. damit ablöschen, 20 Minuten vor Schluß einige Limettenstreifen beigeben.
Sauce: In der Zwischenzeit Schalotten schälen und in ganz feine Würfel schneiden. Die Sardellenfilets fein zerreiben – wenn sie zu salzig sind, vorher etwas wässern. Etwa ⅛ bis ¼ von der Limettenschale (ohne das Weiße) in feine Streifen schneiden und in lauwarmes Wasser legen. Die Limette auspressen; Petersilie waschen, zupfen und fein hacken.

ZUBEREITEN
Stelze aus dem Topf heben, auf einem Teller im Rohr warm stellen. Den Bratensaft etwas entfetten, den Rosmarinzweig entfernen. Die feingehackten Schalotten beigeben und leicht glasig werden lassen. Mit der Sahne auffüllen und das Ganze zu einer sämigen Sauce einkochen. Zum Schluß die Sardellenfilets, die Limettenschale, den Limettensaft sowie die gehackte Petersilie beigeben.

ANRICHTEN
Von der Stelze dem Knochen entlang schöne Scheiben schneiden, auf heiße Teller placieren, mit etwas Pfeffer aus der Mühle bestreuen und mit der Sauce umgießen.

TIP
Der Sauce kann noch 1 EL Kapern beigegeben werden. Als Gemüse empfehle ich Blattspinat mit frischem Tomatenfondue oder einige Scheiben weißer Trüffel – einfach darüber gehobelt.

PRODUKTBESCHREIBUNG
Die Haxe gehört zum edelsten, was das Kalb bieten kann – es wäre schade, sie nicht auch in der feinen Küche zur Geltung zu bringen! Das Fleisch gewinnt durch vorsichtiges Garen, denn es ist reich an gallertigen Partien, die köstlich schmecken.
Limetten (auch Limonen genannt) sind die grünen, exotisch-karibischen Cousinen unserer Zitrone, die man ersatzweise nehmen kann.

Crépinetten vom Lammsattel

Rezeptur für 4 Personen:
1 Lammsattel (-rücken)
von ca. 900 g brutto – das ergibt
zwei Stränge von schierem
Rückenfilet von ungefähr 300 g,
50 g Schweinsnetz,
Salz, Pfeffer aus der Mühle,
1 EL Olivenöl,
20 g Butter
Für die Garnitur:
15 g kleine Brotwürfel
ohne Rinde, 30 g Butter,
25 g gekochter Schinken,
20 g Spinat (bereits überbrüht
und ausgedrückt),
1 Messerspitze Knoblauch,
Salz, Pfeffer,
1 Prise Muskat,
1 Prise Thymian, 5 g Kerbel

VORBEREITEN

Mit einem Ausbeinmesser den Rückgratknochen entlangfahren und so die Rückenfiletstränge abheben.
Sämtliches Fett und alle Sehnen vom Fleisch entfernen und 4 Medaillons à knapp 80 g daraus schneiden. Leicht anklopfen.
Knochen hacken und mit den Fleischabschnitten und den nötigen Gewürzen und Gemüsen einen Jus daraus kochen.
<u>Garnitur:</u> Die Brotwürfel in aufschäumender Butter (10 g) knusprig braun rösten und danach auf ein Sieb schütten. Butter auffangen. Schinken in kleine Würfel schneiden. Spinat grob, Knoblauch fein hacken, in der Butter von den Brotcroûtons anschwitzen. Mit Salz, Pfeffer, Muskat, Thymian würzen. Kerbel fein schneiden. Mischen.

ZUBEREITEN

Das gut gewässerte Schweinsnetz auf eine mit Wasser befeuchtete Tischplatte ausbreiten, hierauf einen Eßlöffel voll von der oben angeführten Masse verteilen, darauf ein Lammedaillon setzen, das vorher mit Salz und Pfeffer aus der Mühle gewürzt wurde.
Die obere Seite mit derselben Menge von der Masse bedecken, und das Netz mit Hilfe eines spitzen Messers grob so zurechtschneiden, daß das Medaillon schön eingewickelt werden kann. Mit den anderen Medaillons ebenso verfahren.
In einem Kupfergeschirr oder einer Pfanne mit dickem Boden (jeweils 22 cm Durchmesser) einen Eßlöffel Olivenöl und ein nußgroßes (ca. 20 g) Stück Butter zum hellbraunen Aufschäumen bringen, die Crépinetten einlegen und knusprig ausbraten, auf beiden Seiten je ca. 5 Minuten. Danach 5 Minuten warmstellen, bei offenem Rohr. Beim Braten eventuell einen Thymian- oder Rosmarinzweig sowie eine Knoblauchzehe (nur etwas angeklopft) beigeben.
<u>Sauce:</u> Das Bratenfett abschütten und den Bratensatz, welcher auf keinen Fall verbrannt sein darf, mit dem Lammjus ablöschen und zu einer kurzen, kräftigen Sauce reduzieren.

ANRICHTEN

Crépinetten auf heißen Tellern anrichten, mit Sauce übergießen.
Beilage: Wirsing, Bohnen, Artischocken, Karotten, Pastinaken.

PRODUKTBESCHREIBUNG

Das Schweinsnetz, die mit Fettadern durchzogene, dünne Haut der Magenaufhängung – frz. Crépine – dient zum Einwickeln loser Bestandteile und muß beim Metzger meist vorbestellt werden.

Crépinetten vom Lammsattel

Lammsauté mit kleinen Gemüsen, parfümiert mit Basilikum

Rezeptur für 4 Personen:
1 Lammrücken von 500–600 g,
Salz, Pfeffer,
1 EL Olivenöl,
einige Basilikumblättchen
Für die Sauce:
1 EL Olivenöl, 50 g Zwiebeln,
50 g Schalotten, 10 g Karotten,
10 g Stangensellerie,
1 Lorbeerblatt,
1 Thymianzweig,
1 Rosmarinzweig,
2 Knoblauchzehen, 2 Tomaten
oder 20 g Tomatenmark, Salz,
Pfeffer, 20–30 g Butter
Für das Gemüse:
75 g junge Karotten,
2 kleine Weiße Rübchen
(Navets),
8 junge Zwiebeln
(Frühlingszwiebeln),
50 g Erbsen oder grüne Bohnen,
40 g Butter,
Salz, Pfeffer, 1 Prise Zucker

VORBEREITEN
Aus dem Lammrücken 4 Filets von 60–80 g auslösen und parieren. Die Lammknochen und -abschnitte fein hacken. Karotten und Rübchen in gleichmäßige Form schnitzen. Übriges Gemüse putzen.

ZUBEREITEN
Sauce: Im erhitzten Öl Knochen und Parüren goldbraun anrösten. Saucengemüse und Aromaten zugeben, mit Wasser ablöschen und reduzieren. Diesen Vorgang drei- bis fünfmal wiederholen. Wasser bis in die Höhe der Knochen aufgießen, leicht salzen und pfeffern, ca. 30 Minuten langsam kochen lassen. Danach die Sauce passieren und reduzieren, dabei öfters abschäumen und entfetten. Abschmecken und warmstellen.
Gemüse: Erbsen oder Bohnen in Salzwasser rasch mit Biß abkochen, die übrigen Gemüse – jedes für sich – in Butter schwenken, mit etwas Wasser angießen, leicht salzen, pfeffern und eine winzige Prise Zucker beigeben. Sobald das Wasser verdampft ist, sind die Gemüse fertig (knackig) gekocht.
Fleisch: Die Lammnüßchen salzen und pfeffern. In einer Sauteuse etwas Olivenöl erhitzen und die Nüßchen auf beiden Seiten braun und saftig – innen rosa – braten. Am Herdrand warmstellen.

ANRICHTEN
Die Gemüse auf heiße Teller verteilen, darauf die Nüßchen anrichten. Die Sauce leicht mit Butter binden und einige in Streifen geschnittene Basilikumblättchen beigeben. Das Fleisch mit der Sauce nappieren (überziehen) und mit Basilikumblättchen bestreuen.

PRODUKTBESCHREIBUNG
Es wird sehr verschiedenartiges Lammfleisch bei uns angeboten – vom würzigen Provence-Lamm bis zum sehr zart schmeckenden, tiefgekühlten Neuseeland-Lamm. Letzteres ist von guter Qualität und wird auch von jenen geschätzt, die sonst nicht gerade begeistert von Lamm sind. Wer den charakteristischen Geschmack jedoch liebt, ist mit deutschem, englischem oder frischem Lamm besser bedient. Südfranzösische Lämmer schmecken noch intensiver, „lammiger", und die „pré-salés" von den Salzwiesen der Normandie und der Bretagne haben einen besonders ausgeprägten Fleischgeschmack – doch kann man sie nur sehr selten kaufen.

Gefüllte Milchlammbrust

Rezeptur für 4 Personen:
350 g Lammbrust mit Rippen,
3 cl Pflanzenöl,
1 TL Balsamico-Essig,
½ EL gehackte Petersilie
Für die Füllung:
25 g Schalotten, 150 g Zucchini,
170 g Lammbries,
50 g Lammhirn, 2 cl Olivenöl,
Salz, Pfeffer, Thymian,
2 EL frisch geriebenes Weißbrot
Für die Garnitur:
1 Knoblauchzehe,
30 g Staudensellerie, 1 Tomate,
1 Thymianzweig, 1 Schalotte

VORBEREITEN
<u>Brust:</u> Die Rippen auslösen, ohne die Haut zu verletzen; wenn nötig, den Brustknochen etwas zuschneiden. Vorsichtig mit der Hand untergreifen und eine Tasche bilden. Die ausgelösten Knochen zusammenhacken.
<u>Füllung:</u> 25 g Schalotten in feine Würfel, Zucchini in ½ cm große Würfel, Bries und Hirn in 1 cm große Würfel schneiden.
<u>Gemüsegarnitur:</u> Knoblauchzehe in der Schale lassen, Staudensellerie und Tomate würfeln, Thymianzweig waschen und Schalotte ganz fein schneiden.

ZUBEREITEN
<u>Füllung:</u> In 2 cl Olivenöl Schalotten und Zucchini in einer Pfanne schwach anbraten. Bries und Hirn zugeben und etwa eine Minute mitbraten; mit Salz, Pfeffer und Thymian würzen. Das Weißbrot zugeben und gut vermischen. Erkalten lassen. Die Brust damit füllen, gleichmäßig verteilen und mit Wurstgarn die Öffnung zunähen.
<u>Brust:</u> In 3 cl Pflanzenöl in einer rechteckigen Bratenpfanne mit der äußeren Seite nach unten einlegen. Bei 180–200° braten, nach 10 Minuten die gehackten Lammrippen und Brustknochen beigeben. Nach weiteren 10 Minuten Gemüsegarnitur beifügen. Alles leicht rösten – die Brust immer wieder mit dem Bratenfett übergießen.
Nach insgesamt 30 Minuten nach und nach 12 cl Wasser zugießen, um eine leichte Sauce zu ziehen.
Vor dem Anrichten die Brust etwa 5 Minuten ruhen lassen. Die entstandene Sauce passieren, etwas Balsamico-Essig und Petersilie zugeben und, wenn nötig, die Sauce leicht einkochen.

Gefüllte Milchlammbrust, folgende Doppelseite

Keule vom Kitz mit Bärlauch

Rezeptur für 4 Personen:
1 Keule vom Kitz oder auch vom Milchlamm,
2 EL Olivenöl,
Salz, Pfeffer aus der Mühle,
20 g Butter, ½ Knoblauchzehe,
1 Stengel glatte Petersilie,
1 Prise Majoran,
Schale von ¼ Orange,
Schale von ¼ Zitrone,
3 Rosmarinnadeln,
1 Prise Thymian,
6 kleine Bärlauchblätter,
in Streifen geschnitten

ZUBEREITEN
Ofen auf 220° vorwärmen. In einer ovalen, feuerfesten Pfanne das Olivenöl erhitzen. Die zum Braten vorbereitete Keule einlegen und im Rohr ca. 15 Minuten auf jeder Seite braten lassen – sie sollte am Knochen leicht rosa bleiben.
Die Keule aus der Pfanne nehmen, mit Salz und Pfeffer bestreuen und noch wenigstens 10 Minuten warmstellen (am besten bei geöffneter Ofentüre oder vor dem Bratrohr) und des öfteren umdrehen.
Aus der Bratpfanne das Fett entfernen. Die Butter in der Pfanne aufschäumen lassen. Die gehackten Aromaten beigeben, ganz kurz anschwitzen lassen, mit etwas Wasser ablöschen. Den Vorgang ein- bis zweimal wiederholen, den geschnittenen Bärlauch auch zufügen, ebenso den ausgetretenen Fleischsaft von der ruhenden Keule. Der Saft soll klar sein und kurz gehalten werden.

ANRICHTEN
Das Fleisch parallel zum Knochen in feine, nur etwa ½ cm dicke Scheiben schneiden und auf heißen Tellern anordnen. Leicht mit Salz und Pfeffer aus der Mühle bestreuen, mit dem Saft umgießen.
Dazu Fenchel oder Spinat oder sonstiges Gemüse reichen und, wenn gewünscht, einige neue Kartoffeln.

PRODUKTBESCHREIBUNG
Es ist paradox – aber gute Kitze gibt es bei uns nur selten, denn wir sind zu reich geworden. Deshalb werden die kargen Wiesen nicht mehr bewirtschaftet, Ziegen sind nicht mehr gefragt. So muß man sich als Glückspilz bezeichnen, wenn man jemanden kennt, der Ziegen hält und ein Kitz liefern kann. Das Fleisch ist überaus zart, schmeckt leicht nussig und besitzt eine entfernt an junges Wild erinnernde Note. Die Zubereitung lohnt immer, wenn man das Kitz günstig erstehen kann – 80 Mark, wie auf dem Münchner Viktualienmarkt für's Kilo verlangt, sind natürlich viel zu viel – reiner Snobismus!
Dagegen ist der Bärlauch billig – Münchner holen die ähnlich wie Maiglöckchen aussehenden, aber unverkennbar nach Knoblauch duftenden Blätter aus dem Englischen Garten. Woanders gibt es sie auch – um Ostern und Pfingsten herum am besten!

Milchlammschulter, mit Gartengurken in Dill geschmort

Rezeptur für vier Personen:
1 Milchlammschulter
von etwa 600 g,
1,5 dl Weißwein-
oder Estragonessig,
2 Bund Dill, 10 g Senfkörner,
5 g Pfefferkörner,
20 kleine Zwiebelchen
(Frühlingszwiebeln),
1 Gartengurke von etwa 500 g
(250 g geschält und entkernt),
Salz, Pfeffer, 40 g Butter,
Dillspitzen zum Bestreuen

VORBEREITEN
Die Lammschulter parieren – von allen groben Sehnen und Häuten befreien. Ein Küchentuch mit dem Essig tränken, ausbreiten, die Lammschulter drauflegen. Dill geschnitten, Senf- und Pfefferkörner zerdrückt darüber verteilen und streng in das Tuch einwickeln. Das Fleisch soll 24 Stunden im Kühlschrank marinieren.
Die Zwiebeln schälen. Auch die Gurke schälen, der Länge nach halbieren, entkernen und in ½ cm dicke Stücke schneiden.

ZUBEREITEN
Die Lammschulter leicht trocknen, mit Salz und Pfeffer einreiben und in 20 g Butter im Rohr anbraten. Die Zwiebeln zugeben. Immer wieder mit Wasser übergießen, insgesamt ½ l Wasser. 1 Stunde bei 220 Grad braten. Nach 50 Minuten die Gurken in 20 g Butter extra dünsten, maximal 10 Minuten; anschließend zur Lammschulter geben.
Zum Schluß die feingeschnittenen Dillspitzen darüberstreuen und den Bratensaft über die Schulter gießen.

PRODUKTBESCHREIBUNG
Eine zarte, ganz frische Milchlammschulter ist heute bei uns schwerer zu bekommen als Schlangen- oder Löwenfleisch – werden doch die Lämmer nicht mehr mit der Milch der Mutterschafe, sondern mit Magermilchpulverbrei auf Pflanzenfett-Basis großgezogen. Man sollte also einen alternativen Bauern oder Schäfer kennen, der einem das Tier so zieht und schlachtet, wie es die Erfordernisse einer wirklich feinen Küche verlangen. Dies ist wieder ein Beispiel dafür, daß ein Rezept ganz einfach sein kann, wenn die Qualität der Zutaten stimmt!
Besorgen Sie sich, wenn Sie keine besonderen Verbindungen haben, Lammschulter von englischem oder Neuseeland-Lamm – letzteres kommt zwar tiefgekühlt, doch ist die Qualität für dieses Gericht sehr gut geeignet, zumal der Geschmack zart bleibt.
Unbedingt eine Gärtner- oder Schmorgurke nehmen, Salatgurken sind zu wäßrig!

Milchlammschulter, mit Gartengurken in Dill geschmort,
folgende Doppelseite

Kaninchen mit Backpflaumen und Pumpernickel

Rezeptur für 8–10 Personen:
1 Kaninchen von 1–1,2 kg
Für die Füllung:
80 g Rückenspeck,
150 g Schweinefleisch,
200 g Kaninchenfleisch (Keule oder Schulter),
50 g Backpflaumen,
50 g Pumpernickel,
Salz, Pfeffer, Muskat,
4 EL Crème fraîche,
1 EL Olivenöl,
16 Frühlingszwiebeln,
12 kleine, junge Möhren,
80 g Staudensellerie,
20 g Butter, etwas Zitronensaft

VORBEREITEN

<u>Kaninchen:</u> Das Tier von der Bauchseite her total entbeinen. Die Schultern und Keulen auslösen. Es dürfen keine Schnitte in der Haut entstehen, und das Kaninchen muß am Stück bleiben. Die unteren und inneren Stücke von Keule und Schulter abschneiden, da 200 g Fleisch für die Füllung nötig sind. Die Knochen fein hacken.

<u>Füllung:</u> Speck, Fleisch, entkernte Backpflaumen und Pumpernickel zweimal durch den Fleischwolf drehen (Scheibe 3 mm). Mit Salz, Pfeffer und Muskat würzen und die Crème fraîche unterrühren.

Das Kaninchen auslegen, leicht würzen, die Füllung der Länge nach etwa 6 cm breit aufstreichen. Das Überstehende einschlagen, so daß die Enden zusammenliegen. Eventuell offene Stellen mit dünn geschnittenem Rückenspeck bedecken. Mit Wurstgarn in 2-cm-Abständen zubinden, damit eine gleichmäßige runde Form entsteht, die während des Bratens nicht auseinanderfällt.

ZUBEREITEN

In eine dem Kaninchen entsprechende Bratform 1 EL Öl geben, erhitzen, das Kaninchen mit den feingehackten Knochen einlegen und bei 200° ca. 45 Minuten braten lassen. Nach der Hälfte der Bratzeit die Frühlingszwiebeln zugeben. Sobald es fertig ist, das Kaninchen und die Zwiebeln herausnehmen und warm halten. Die Knochen mit 1,5 dl Wasser übergießen, einkochen lassen und passieren. Die Karotten und ½ cm dicke Selleriestreifen in 20 g Butter anschwitzen, mit Wasser knapp bedecken und kochen, bis das Wasser verdampft ist. Die gelben Blätter im Inneren des Staudenselleries feinschneiden, dazugeben und etwas Zitronensaft untermischen. Mit Salz und Pfeffer würzen.

ANRICHTEN

Das Kaninchen ganz lassen oder in Scheiben schneiden. Mit dem Gemüse umlegen.

PRODUKTBESCHREIBUNG

Bestellen Sie bei Ihrem Geflügelhändler, der ja auch meist Kaninchen bekommt, rechtzeitig ein ganz junges Tier – Kaninchen von 1 bis 1,2 kg werden bei uns nur selten angeboten, meist sind sie größer (2 bis 2,5 kg), und das Fleisch ist dann weniger zart und gelatinös, wird also leichter trocken. In jedem Fall ist ein vorsichtiger Umgang mit der Hitze bei Kaninchen immer wichtig – daher niemals über 200 Grad heiß garen!

Gefülltes Kaninchen in Aspik

Rezeptur für 10 Personen:
1 Kaninchen von ca. 1,5 kg
Für die Füllung:
1 Schalotte,
1 EL gehackte Petersilie,
½ Knoblauchzehe,
10 g Butter, 150 g Wammerl,
200 g Kaninchenfleisch
von den Keulen,
150 g Schweinefleisch,
Leber vom Kaninchen,
80 g Rückenspeck,
Salz, Pfeffer, 2 EL Öl,
100 g beliebiges Aspik
Für die Marinade:
1 kleine Karotte,
20 g Staudensellerie,
5 g Petersilie, 1 Knoblauchzehe,
4 cl Weißwein, 4 cl Olivenöl,
1 Thymianzweig, Salz, Pfeffer

VORBEREITEN
Das Kaninchen von der Bauchseite her entbeinen, es dürfen keine Löcher entstehen. Knochen hacken.
Das Gemüse für die Marinade klein schneiden. Das Kaninchen mit Weißwein, Olivenöl, Gewürzen und dem Gemüse 24 Stunden lang marinieren.
Füllung: Schalotte, Petersilie sowie Knoblauch feinschneiden und kurz in 10 g Butter anbraten. Das Fleisch für die Füllung zweimal durch den Fleischwolf drehen, feinste Scheibe (2 mm). Mit Salz und Pfeffer kräftig würzen, die Schalotte einarbeiten.

ZUBEREITEN
Das Kaninchen aus der Marinade nehmen, abtrocknen, gleichmäßig füllen, straff zusammenschlagen und mit dünnem Wurstgarn zusammenbinden.
Die Kaninchenknochen kleinhacken, in Öl anbraten und das Kaninchen daraufsetzen. Im Rohr bei 200 Grad 30–40 Minuten braten. Im Kühlschrank wenigstens 12 Stunden erkalten lassen.

ANRICHTEN
Das Kaninchen in 1 cm dicke Scheiben schneiden. Aspik zerlaufen lassen und in einer Schüssel auf Eis so lange rühren, bis es anfängt, dick zu werden. Dann die Scheiben damit überglänzen.
Dazu serviert man einen Salat von jungem Gemüse.

ANMERKUNG
Aspik entweder aus Kaninchenknochen, Geflügelkarkassen oder Kalbsfuß mit Gemüse, Weißwein, Weißweinessig oder Aceto Balsamico bereiten, oder Sauternes bzw. Champagner mit Gelatine zu Aspik verarbeiten.

Kaninchenmedaillons auf Auberginen, Zucchini und Tomaten

Rezeptur für 4 Personen:
2 Kaninchenrücken zu
je etwa 400 g, 400 g Tomaten,
12 Basilikumblätter,
220 g Zucchini,
200 g Auberginen, 3 cl Olivenöl,
80 g Butter
Für den Tomatenfond:
Haut und Kerngehäuse von
den oben aufgeführten
400 g Tomaten,
1 kleine Zwiebel,
½ Knoblauchzehe,
1 cl Olivenöl, etwas Thymian,
Kräuterstengel von Petersilie
und Basilikum, Salz,
Pfeffer, 2 cl Sahne, 30 g Butter

VORBEREITEN
Die Rückenfilets ablösen, enthäuten, entsehnen und in kleine Medaillons schneiden. Von den Knochen einen Fond zubereiten (s. Seite 77).
Die Tomaten schälen, vierteln und entkernen. Basilikumblätter in Streifen schneiden. Zucchini und Auberginen in 2 mm dünne Streifen schneiden und in einer Pfanne in einem Gemisch aus dem Öl und 20 g Butter auf beiden Seiten anbraten, zum Abtrocknen auf ein Tuch oder auf Küchenpapier legen.
Aus den angegebenen Zutaten einen Tomatenfond zubereiten.

ZUBEREITEN
Die Teller leicht mit Butter bestreichen und mit Gemüse belegen (Auberginen – Zucchini – Auberginen – Zucchini – Tomatenviertel – Auberginen). Mit dem Tomatenfond, der mit 2 cl Sahne und 30 g Butter aufgemixt wurde, überziehen. In den Ofen mit starker Oberhitze geben, bis sich eine leichte Kruste bildet.
Die Medaillons etwa 3 Minuten in schäumender Butter braten. Mit den Basilikumstreifen bestreuen, aus der Pfanne nehmen und auf dem Gemüse anrichten. Den Bratensaft mit dem Kaninchenfond aufgießen und kurz einkochen. Die Medaillons mit jeweils einem halben Eßlöffel der Sauce beträufeln. Den Rest der Sauce getrennt servieren.

PRODUKTBESCHREIBUNG
Es kommt hier ganz wesentlich auf die Qualität der Gemüse an: Die Auberginen müssen fest und trocken sein, die Zucchini jung und zart, die Tomaten vollreif und aromatisch – das Ganze ist also ein Gericht für den Sommer und Herbst.

Kaninchenmedaillons auf Auberginen, Zucchini und Tomaten

Gepökelte Spanferkelkeule oder Schinken mit Linsen

Rezeptur für 4 Personen:
1 Spanferkelkeule, 3–5 Nelken,
30 g Karotten, 20 g Sellerie,
20 g Petersilienwurzel,
50 g Zwiebeln, 5 g Ingwer
Für die Lake:
100 g Pökelsalz
für 1 Liter Wasser,
10 g Kümmel, 10 g Wacholder,
1 Nelke, 1 Lorbeerblatt,
1 Sträußchen Thymian,
¼ l Weißwein
Für das Linsengemüse:
70 g geräucherter Speck,
100 g Zwiebeln, 50 g Karotten,
20 g Lauch, 100 g Kartoffeln,
15 g Tomatenpüree,
¾ l Geflügelbrühe,
200 g Linsen, Salz, Pfeffer,
7 Kapern, 1 Sardellenfilet,
1½ kleine Gewürzgurken,
1 kleine Knoblauchzehe,
1½ EL Essig, feingehackte
Orangenschale, etwas Senf

VORBEREITEN
Die Spanferkelkeule muß von der Lake ganz gedeckt sein, ein Pfund Fleisch mit Knochen braucht 5 Tage Pökelzeit, eine Keule hat durchschnittlich 1000–1500 g. Die Lake aus den angegebenen Zutaten bereiten.

ZUBEREITEN
Nach der Marinierzeit die Keule aus der Lake nehmen und unter fließend kaltem Wasser gut waschen. Danach Haut in Karos einschneiden und die Achillessehne durchtrennen (so wird vermieden, daß das Fleisch an der Haxe reißt, außerdem erleichtert es das Tranchieren). Die Keule in eine Pfanne setzen, Schwarte nach oben, mit einigen Nelken spicken und im Ofen bei 220° mit den Gemüsen, die alle würfelig geschnitten sind, garen. Den Bratensatz nach und nach mit Wasser lösen, so entsteht ein hellbrauner Jus; Garzeit je nach Gewicht 2–2½ Stunden.

Linsengemüse: Die Speckwürfel anrösten, kleingeschnittenes Gemüse und Tomatenpüree beigeben und mit Geflügelbrühe auffüllen. Die eingeweichten Linsen hinzufügen, das Ganze aufkochen und immer wieder den Schaum abschöpfen. Mit Salz und Pfeffer würzen. Wenn die Linsen gar sind, ein Viertel davon im Mixer pürieren und das Linsengemüse damit binden. Kapern, Sardellenfilet, Gewürzgurken und Knoblauchzehe hacken und beigeben. Mit Essig, feingehackter Orangenschale und etwas Senf abschmecken.

PRODUKTBESCHREIBUNG
Die besten Linsen kommen aus Frankreich (Le Puy). Sie sollen gleichgroß sein, eine glatte Oberfläche haben und frei von Verunreinigungen sein.

Innereien

Noch immer sind die Innereien das problematischste Kapitel in der deutschen Gastronomie – noch immer wagen sich viele Feinschmecker nicht so recht daran. Schade allemal, denn gerade Innereien bieten dem Koch viele Möglichkeiten!
Gelten im allgemeinen die Männer als die weniger neugierigen und weniger beweglichen Esser, so ist es auf diesem Gebiet anders: Das schöne Geschlecht scheint dem Bries oder den Kutteln gegenüber tiefere Vorbehalte zu besitzen. Dabei braucht man sich kaum zu fürchten! Vorausgesetzt, es kommen nur die Teile junger Tiere in den Topf, bleibt der Geschmack immer delikat und wird niemals aufdringlich. Außerdem braucht man in diesem Falle auch keine Angst vor möglichen Schadstoffen zu haben: Die so oft beschworenen Gifte sammeln sich in den Organen der Tiere zwar an, doch erst bei alten Tieren können bedenkliche Werte erreicht werden. Die Gerichte dieses Kapitels sind alle so angelegt, daß Sie nicht zu viel unangenehme Arbeit verrichten müssen; allerdings – Bries und Hirn wollen geputzt sein. Und hier muß man den deutschen Metzgern auch einen Vorwurf machen: Sie bieten die Innereien nur sehr selten gepflegt an. Meist ist das Hirn blutig und zermatscht, die Leber voll Sehnen und Adern, das Bries ungehäutet, verdeckt von Fett und Adern. Würden sie appetitlich präsentiert, könnten die Innereien auch in der Haushaltsküche viel eher den hohen Rang einnehmen, der ihnen gebührt.

Kalbsbries-Röschen mit Spargelspitzen und Zuckererbsen

Rezeptur für 4 Personen:
400 g Kalbsbries, 10 g Butter,
2 cl Olivenöl, etwas Mehl, Salz,
Pfeffer aus der Mühle
Für das Gemüse:
100 g feine Zuckererbsen,
brutto ca. 300 g,
16 junge Frühlingskarotten,
200 g feine Spargelspitzen bzw.
dünner oder Bruchspargel,
2 junge, kleine Kohlrabi,
1 EL gezupfter Kerbel,
20 g gesalzene Butter,
einige EL Wasser, Salz, Pfeffer,
1 Prise Zucker, 40 g Butter,
¹/₁₀ l klare Geflügelbrühe
oder hellbrauner Geflügeljus

VORBEREITEN
Das gut gewässerte Kalbsbries zum Abtropfen auf ein Tuch legen, roh von allen Häuten, Äderchen, Blutgerinnseln und fetten Teilen befreien und in ca. 2 cm große Stücke zupfen.
Die Erbsen aus den Schoten brechen, die Karotten und die Spargelspitzen, wenn notwendig, schälen. Die Kohlrabi schälen, mit dem Buntmesser in ca. 1 cm dicke Stifte schneiden. Die jungen Blätter in Streifen schneiden und den Kerbel zupfen.

ZUBEREITEN
Für das Kalbsbries: In einer Kupferkasserolle Butter und Olivenöl, ohne Farbe zu geben, aufschäumen lassen, die Briesröschen mit einem Hauch Mehl bestäuben und einlegen. Langsam auf beiden Seiten hellbraune Farbe nehmen lassen. Salzen und pfeffern.
Für das Gemüse: Zur gleichen Zeit in einer feuerfesten Glasform von 22 cm Durchmesser die gesalzene Butter zerlaufen lassen, Karotten und Kohlrabi beigeben und, ohne Farbe nehmen zu lassen, anschwitzen. Mit einigen Löffeln Wasser untergießen, salzen, pfeffern und eine Prise Zucker zufügen. Deckel auflegen und das Gemüse knackig kochen.
Nebenbei die Spargelspitzen wie üblich in Salzwasser kochen, auf einem Sieb abschütten und den Karotten beigeben. Ebenso die Erbsen blanchieren, abgießen und untermischen. Kerbel darunterschwenken.

ANRICHTEN
Gemüse auf heiße Teller verteilen, darauf die Briesröschen legen. Den Bratensatz mit der kochendheißen Brühe ablöschen und rasch sirupähnlich einkochen lassen, eventuell mit kalter Butter aufmontieren und das Bries damit nappieren. Sofort servieren!

TIP
Oder auf Blattspinat mit Frühlingszwiebeln servieren.

PRODUKTBESCHREIBUNG
Ein Bries (Milcher, Schweser) sieht, holt man es vom Metzger, meist nicht appetitlich aus – es muß sorgfältig von allen Adern, Häuten, Blutgerinnseln, fetten und unschönen Teilen befreit werden. Kommt es auf die weiße Farbe an, wässert man es einige Stunden in kaltem, immer wieder erneuertem Wasser. Will man einen kräftigen Geschmack, verzichtet man darauf.

Kalbsbries-Röschen auf Spinat mit Zwiebeln und Zuckererbsen

Herz, Zunge und Kutteln vom Kalb in Champagnersud

Rezeptur für 4 Personen:
250 g gesäubertes Herz,
250 g Zunge, Salz,
1 Bund Suppengemüse,
150 g Kutteln, Essig,
4 Weißkrautblätter, 1 Karotte,
Pflanzenöl,
60 g gesalzene Butter,
4 cl Champagner,
4 cl Rinderkraftbrühe,
4 cl Zungenbrühe,
1 kleine Schalotte,
Pfeffer, Schnittlauch

VORBEREITEN
Das Herz von Blutgerinnseln, Adern und weniger schönen Teilen befreien. In gleichmäßige Stücke schneiden. Zunge in Salzwasser mit Suppengemüse kochen, bis sie an der Spitze weich ist.
Die Kutteln in Salz-Essig-Wasser etwa 20 Minuten kochen. Das Kraut und die Karotte in feine Streifen schneiden.

ZUBEREITEN
Die Herzstücke in wenig Pflanzenöl bei mittlerer Temperatur pro Seite 2 Minuten braten, dann mindestens 5 Minuten lang ruhen lassen.
Das Kraut und die Karottenstreifen in 10 g Butter anschwitzen, mit 8 cl Wasser aufgießen und kochen, bis das Wasser verdunstet ist. Champagner, Kraftbrühe, Zungenbrühe und Schalotte (feingeschnitten) auf ⅓ einkochen, mit der restlichen Butter (50 g) aufmontieren. Das Herz sowie die warme Zunge in ½ cm dicke Scheiben schneiden, die Kutteln in 1 cm dicke Streifen. Alles in eine Sauteuse (22 cm ⌀) legen. Die montierte Butter mit dem inzwischen gekochten Gemüse vermischen, dann zu den Innereien geben und erwärmen, aber nicht mehr kochen.
Wenn nötig, salzen und pfeffern und frisch geschnittenen Schnittlauch darüberstreuen.

PRODUKTBESCHREIBUNG
Selbst die zarten und so unendlich wohlschmeckenden Innereien des Kalbs sind heute umstritten – Hormonbehandlungen haben sie in Verruf gebracht! Bei gut gehaltenen und richtig ernährten Kühen ist jedoch nichts zu befürchten – ist ihr Fleisch nicht zu hell, liefern sie auch einwandfreie Innereien, die vom Metzger nur noch mit großer Sorgfalt vorbereitet werden müssen.

Kutteln auf Weißkraut in Essigsauce

Rezeptur für 4 Personen:
450 g Kutteln, 1 EL Weinessig,
Salz, Pfeffer, 1 EL gehackte
Petersilie, 150 g Weißkraut,
25 g Butter
Für die Sauce:
1 kleine Zwiebel (15 g),
½ Knoblauchzehe,
25 g Butter, 2 cl Weißwein,
8 cl Kalbsfond,
1 EL Rotweinessig

VORBEREITEN
Kutteln: Die Kutteln am Stück mit 1 l Wasser, einem Schuß Weinessig und 1 TL Salz ca. 20 Minuten kochen. Im Sud abkühlen lassen, dann herausnehmen und in 1 cm breite und 4 cm lange Streifen schneiden.
Weißkraut: Den Strunk ausschneiden und das Kraut in feine, nicht zu lange Streifen schneiden.
Sauce: Die Zwiebel und die Knoblauchzehe feingeschnitten in 5 g Butter dünsten, mit 5 EL Kuttelfond und Weißwein auffüllen und auf ¼ einkochen. Den Kalbsfond dazugeben und warmstellen.

ZUBEREITEN
In einer breiten Schwenkpfanne 15 g Butter zerlaufen lassen, das Weißkraut zugeben, kurz aufdünsten und mit ¼ l Wasser aufgießen. Mit Salz und Pfeffer würzen und langsam kochen.
Die Kutteln in einer beschichteten, nicht klebenden Pfanne mit 10 g Butter leicht braten.
Der Sauce den Essig zugeben und kurz kochen, 20 g kalte Butter unterschwenken oder mit einem Schneebesen unterrühren.

ANRICHTEN
Sobald das Weißkraut fertig gegart und das Wasser verkocht ist, die Petersilie untermischen, auf dem Teller in Form eines runden Beetes anrichten, Kutteln daraufgeben und mit der Sauce überziehen.
Kann auch mit Zunge und Schnittlauch serviert werden.

PRODUKTBESCHREIBUNG
Kutteln vorbestellen und vom Metzger vorbereiten lassen – in Süddeutschland ist das selbstverständlich, in Norddeutschland muß man vielleicht einen Fleischer suchen, der das gut macht. Unbedingt Kalbskutteln nehmen – Rindskutteln muß man Stunden kochen, ehe sie genießbar werden.

Kutteln auf Weißkraut in Essigsauce, folgende Doppelseite, Teller links

Beuschel vom Rehkitz mit Pfifferlingsknödeln

Rezeptur für 6 Personen:
250 g Herz und 250 g Lunge (vom Rehkitz), ¼ l Rotwein, ½ l Wasser, ¹⁄₁₆ l Essig, Bouquet garni aus 1 kleinen Stangensellerie (ca. 10 cm lang), kleiner Petersilienwurzel, kleiner Karotte, Lauchstange, kleinem Thymianzweig, alles mit Bindfaden zusammengebunden, 1 kleine Zwiebel mit 2 Nelken und 1 Lorbeerblatt gespickt, 3 Wacholderbeeren, 3 Knoblauchzehen, Salz
Für die Sauce:
1 kleine Zwiebel, 30 g Butter, 1 EL Mehl, 50 g Essiggurken,
Beuschel-Gewürz:
1 EL Sardellen (gewässert), 1 EL Kapern, 1 Msp. Knoblauch, 1 Prise Majoran, 1 Msp. Senf, 1 Msp. Paprikapulver, 1 dl Sahne, 1 EL saure Sahne, 1 Spritzer weißer Essig, Pfeffer aus der Mühle
Für die Knödel:
150 g Mark, 250 g Weißbrot, etwas Milch, 100 g Pfifferlinge, 30 g gekochter Schinken, 1 kleine Schalotte, 2 EL gehackte Petersilie, 20 g Butter, 2 ganze Eier, 3 Dotter, Salz, Muskat

VORBEREITEN

Herz und Lunge vom Reh gut putzen, die Lunge ausgiebig wässern. Rotwein, Wasser, Essig mit dem Herz und der Lunge langsam zum Aufkochen bringen, den Schaum abschöpfen, Bouquet garni mit gespickter Zwiebel sowie Wacholderbeeren und Knoblauchzehen beigeben, 1 Prise Salz beifügen und weich kochen.
Lunge und Herz herausnehmen, zwischen 2 Teller legen, mit einem Gewicht beschweren und pressen. Danach in feine Julienne schneiden. Mittlerweile den Sud zur Hälfte einkochen lassen, passieren und für die Herstellung der Sauce reservieren.

ZUBEREITEN

<u>Sauce:</u> Die fein gehackte Zwiebel in Butter goldgelb anschwitzen, das Mehl zugeben und hellbraun rösten, nach und nach den Sud einrühren sowie ca. ¼ l Flüssigkeit von den Gewürz-Essig-Gurken und alles ca. 20 Minuten köcheln lassen. In den letzten 5 Minuten das gehackte Beuschel-Gewürz beigeben. Anschließend die Sauce kräftig durch ein Spitzsieb passieren.
<u>Knödel:</u> Das gut gewässerte Mark in kleine Stücke schneiden, ebenso das abgerindete Weißbrot. 150 g davon in etwas Milch einweichen. Die restlichen 100 g für die Croûtons reservieren.
Pfifferlinge, Schinken, Schalotte sowie Petersilie klein schneiden. Croûtons in aufschäumender Butter goldgelb und knusprig rösten. Das eingeweichte Brot ausdrücken und mit sämtlichen Zutaten zu einer homogenen Masse verarbeiten, ½ Stunde ruhen lassen und danach einen kleinen Knödel zur Probe in das kochende Salzwasser einlegen. Falls zu locker, 1 EL Mehl beigeben. Aus der Masse 6 Knödel formen und dabei in die Mitte die Croûtons einschließen. Langsam 10 Minuten kochen lassen. Auf die Streifen aus Herz und Lunge die Sauce gießen, abschmecken und, falls vorhanden, einen EL einer Wildsauce zufügen.

ANRICHTEN

In einen tiefen, heißen Teller gibt man das Beuschel und placiert in die Mitte einen der Knödel.

ANMERKUNG

Auf diese Weise bereitet man auch das Kaninchen-Beuschel zu, das Sie auf der vorstehenden Seite sehen. Man legt dann die kurz gebratenen Innereien (Herz, Leber, Niere, Zunge) daneben.

Beuschel vom Kaninchen – wird zubereitet wie Beuschel vom Rehkitz, vorhergehende Doppelseite, Teller rechts

Kalbskopf nach Bogenberger

Rezeptur für 2 Personen:
½ Kopf vom Milchkalb,
½ Kalbszunge, ½ Kalbshirn,
Salz, Pfeffer,
50 g gesalzene Butter (demi-sel),
50 g Süßrahmbutter,
100 g Frühlingszwiebeln mit Grün (50 g Weißes),
¼ Zitrone,
1 EL gehackte glatte Petersilie

VORBEREITEN
Den Kalbskopf häuten, die Zunge und das Hirn herausnehmen. Den Kopf auf beiden Seiten mit Salz und Pfeffer bestreuen. Das Hirn unter fließendem Wasser wässern.

ZUBEREITEN
Die Butter hellbraun aufschäumen lassen und den Kalbskopf mit der oberen Seite nach unten einlegen. Die Zunge dazugeben. Die Pfanne in den auf 180–200 Grad vorgewärmten Ofen stellen. Den Kalbskopf ständig mit Butter übergießen, er darf nicht zu dunkel werden. Außerdem öfters mit einigen Löffeln Wasser seitlich ablöschen. Nach ungefähr einer Stunde den Kalbskopf und die Zunge auf die andere Seite legen und Farbe nehmen lassen. Immer wieder mit dem eigenen Saft übergießen und, wenn nötig, mit wenig Wasser ablöschen. In den letzten 20 Minuten das Weiße von den Frühlingszwiebeln beigeben und in der Butter mitschmoren lassen. Aber aufpassen, die Zwiebeln sollen hell bleiben! Mittlerweile die Haut vom Hirn abziehen und das Hirn in den letzten 10 Minuten zum Kalbskopf geben. Leicht mit Salz und Pfeffer bestreuen und ebenfalls fleißig übergießen.
Den Bratensatz mit etwas Wasser nochmals ablöschen, sämtliche Bräune von der Pfanne lösen. Das Hirn mit etwas Zitrone beträufeln und mit Petersilie bestreuen, die Zwiebeln auf dem Kalbskopf verteilen, nochmals mit dem naturbelassenen Saft übergießen, etwas Pfeffer aus der Mühle darüber geben und am besten in der Bratform servieren.

TIP
Eventuell die Zunge nach dem Wenden mit etwas Senf bestreichen.

PRODUKTBESCHREIBUNG
Dieses Gericht kann nur mit bester Qualität und Geduld gelingen. Bestellen Sie den Kalbskopf rechtzeitig vor und betonen Sie, daß Sie alle Zutaten mit dabei haben wollen. Der Kopf muß gebrüht und geschabt sein! Es ist empfehlenswert, diese Delikatesse in aller Ruhe ohne Zuschauer mit Händen und „Nagezähnen" zu genießen.

Kalbskopf nach Bogenberger, folgende Doppelseite

Geschmorter Ochsenschwanz nach Otto Koch

Rezeptur für 6 Personen:
1 Ochsenschwanz im ganzen,
Salz, Pfeffer, Madeira, etwa
1½ l helle oder dunkle Fleischbrühe (ersatzweise Wasser)
Für die Füllung:
150 g Schinkenspeck,
150 g Schweinerücken,
Abschnitte vom Ochsenschwanz
(bleibt übrig vom ausgelösten
Ochsenschwanz),
Salz, Pfeffer, Muskat,
etwas Madeira
Für die Sauce:
Knochen vom Ochsenschwanz,
fein gehackt, Knorpel,
Schinkenschwarte und Fett
(übrig vom Ochsenschwanz
und der Füllung),
30 g Karotten,
60 g Frühlingszwiebeln,
50 g Staudensellerie,
1 TL bestes Tomatenmark,
2 Gewürznelken,
1 Knoblauchzehe,
1 Thymianzweig,
1 Rosmarinzweig,
1 Lorbeerblatt,
1 Prise Majoran,
10 zerdrückte Pfefferkörner,
10 Korianderkörner,
½ Flasche Madeira,
¾ l brauner Kalbsjus,
Cayenne, 50 g Butter

VORBEREITEN

Den Ochsenschwanz längs aufschneiden und von der Innenseite aus mit Hilfe eines kurzen, spitzen Messers, stets den Knochen entlangfahrend, vorsichtig auslösen. Das überflüssige Fett sowie die Knorpel entfernen und beides für die Saucenzubereitung reservieren. Anfallende Fleischabschnitte für die Füllung mitverwenden.

Füllung: Vom Schinkenspeck die Schwarte entfernen, in 1 cm große Stücke schneiden und für den Saucenansatz mitverwenden. Schweinerücken, Schinkenspeck und die Abschnitte vom Ochsenschwanz zweimal durch die feine Scheibe des Fleischwolfs drehen und energisch zu einer homogenen Masse verarbeiten. Kräftig würzen und einen guten Spritzer Madeira hinzufügen.

ZUBEREITEN

Auf ein großes Stück Alufolie kräftig Salz und Pfeffer aus der Mühle streuen sowie etwas Madeira träufeln. Darauf den Ochsenschwanz (mit der Außenseite nach unten) legen, und nun auch die Innenseite mit Salz und Pfeffer bestreuen und mit etwas Madeira beträufeln. Darauf die Füllung verteilen, glatt verstreichen und dem Ganzen die ursprüngliche Form zurückgeben.

Nun den Ochsenschwanz fest in die Folie einwickeln, an beiden Enden wie eine Wurst zusammendrehen und zur Sicherheit nochmals eine Folie darumlegen. Alles mit einem Bindfaden umwickeln. Das Paket in ein passendes Geschirr legen und mit heller oder brauner Brühe oder, wenn beides nicht vorhanden, mit Wasser komplett bedecken. Deckel darauflegen, aufkochen lassen und im Rohr in etwa 2½–3 Stunden weich schmoren. Auskühlen lassen. Danach aus der Flüssigkeit nehmen, leicht beschweren und bis zum nächsten Tag kalt stellen.

Saucen-Ansatz: Ofen auf 220° vorwärmen. Das Fett vom Ochsenschwanz und die Schinkenschwarte in einem Topf langsam ausbraten lassen, die Ochsenschwanzknochen und -knorpel dazugeben und im Ofen schöne Farbe annehmen lassen. Nun die geputzten Gemüse beigeben und ebenfalls Farbe nehmen lassen. Das Tomatenmark sowie die Aromaten zufügen und alles zusammen gute 20 Minuten rösten (Vorsicht, daß das Tomatenmark nicht anbrennt!). Mit Madeira ablöschen, bis auf ¼ einkochen lassen. Mit einem kräftigen braunen Kalbsjus auffüllen, die Sauce abdecken und noch 2 Stunden köcheln lassen.

Danach durch ein feines Spitzsieb oder Passiertuch gießen. Stehen lassen, das aufsteigende Fett abschöpfen.

ANRICHTEN

Den Ochsenschwanz auswickeln und in saubere, gleichmäßige Scheiben schneiden. In dieselbe Folie mit dem ausgetretenen Fleischsaft wickeln, etwas Wasser untergießen und ca. 20 Minuten lang aufwärmen. Oder den Ochsenschwanz im ganzen erwärmen: Auswickeln, Saft zur Sauce geben und die Sauce über den Schwanz gießen. Im Rohr ca. 15 Minuten erhitzen, immer wieder mit der Sauce übergießen. In diesem Fall erst am Tisch aufschneiden.

Abschmecken der Sauce: Cayenne, einen ordentlichen Schuß Madeira und einige kalte Butterstücke einschwenken. Butter braun aufschäumen lassen, der Sauce im letzten Augenblick beigeben.

Garnitur: Knollensellerie, glacierte Zwiebeln, Kastanien, Pilze, Krautwickel, Kartoffelknödel, Nudeln, gratinierte Makkaroni usw.

TIP

Die Sauce kann anstatt mit Madeira auch mit Rotwein gemacht werden. Und sie kann ohne weiteres am Vortag angesetzt und am nächsten Tag vollendet werden. Sie soll nur kurz und kräftig sein! Eventuell Wasser mit Kartoffelmehl verrühren und die Sauce abbinden. Aber Vorsicht! Nicht zu dick binden! Sollten Sie keinen Schinkenspeck zur Verfügung haben, so nehmen Sie ½ Teil fetten Speck und ½ Teil Zwiebelwurst. Oder Sie kaufen fertiges Brät beim Metzger. Sie können in die Füllung als Garnitur Champignons (kurz anbraten) oder getrocknete Morcheln, Steinpilze, Briesstücke (roh angebraten), Gemüsewürfel, Rosinen oder Pflaumen geben.

PRODUKTBESCHREIBUNG

Bestellen Sie den Ochsenschwanz vor – meist wird er ja in Stücke gehauen, und Sie bekommen keinen ganzen mehr. Das Fleisch sollte abgehangen sein, darf aber keine eingetrockneten Stellen zeigen.
Sehr wichtig für den vollen Geschmack dieses Gerichtes ist die Qualität des Madeira: Es darf nicht so ein süßes Allerwelts-Produkt sein, wie bei uns leider fast immer, sondern er muß unbedingt ein ausgeprägtes Aroma haben, soll recht trocken sein und sollte möglichst lange im Faß gelagert haben. Beim Madeira ist es im übrigen wie beim Sherry – es gibt verschiedene Typen. Eine gewisse Garantie kann es für Sie daher sein, wenn der Madeira die Kennzeichnung „Boal" (auch bual) bekommen hat: Dies ist genau der richtige unter den verschiedenen Madeira-Typen. Und wer sich die Mühe macht, einen originalen Wein sorgfältig zu kennzeichnen, führt im allgemeinen auch gute Produkte.

Blutwürste

Rezeptur für etwa 8 Personen:
125 g Lauch,
50 g Schweineschmalz,
3,5 dl Milch, 10 g Gewürzsalz,
je 2,5 g Cayennepfeffer,
frisch geriebene Muskatnuß,
gemahlener Koriander
und zerriebener Majoran,
1,5 dl Crème double,
½ l Schweineblut,
vorbereitete Schweinsdärme,
Salz, Butter
Garnitur:
½ pochiertes Kalbshirn,
100 g gekochte Graupen,
50 g Pökelzunge,
100 g gekochter Schweinefuß,
100 g gekochter Schweinekopf,
50 g gekochte Schweinehaxe,
50 g gekochtes
Schweinehaxenfett

VORBEREITEN
Alle Zutaten für die Garnitur vorbereiten, putzen und in kleine Würfel schneiden – nun muß die angegebene Menge vorhanden sein. Den Lauch putzen und fein hacken.

ZUBEREITEN
Schweineschmalz zerlassen und den Lauch darin bei milder Hitze anschwitzen. Mit der Milch ablöschen und die Gewürze zufügen. Einmal aufkochen lassen. Jetzt unter ständigem Schlagen Sahne und Blut eingießen, nicht mehr kochen lassen.
Die Garnitur zufügen, alles in vorbereitete Därme füllen und abbinden. Salzwasser auf 80 Grad erhitzen und die Würste darin bei gleichbleibender Temperatur 30 Minuten pochieren. In diesem Wasser abkühlen lassen.
In einem passenden Geschirr reichlich Butter erhitzen. Die Würste mehrmals anstechen. In die Butter legen und in den 180° heißen Ofen schieben. Je nach Dicke 5 bis 10 Minuten braten, dann herausholen und – ohne sie zu berühren – 5 Minuten ruhen lassen. Danach umwenden und noch einmal für die gleiche Zeit in den Ofen schieben – diese Behandlung vermeidet das Aufplatzen.

ANRICHTEN
Nach Belieben, wie auf dem Bild zu sehen, Apfelschnitze mitbraten, ganz nach persönlichem Geschmack auch Zwiebeln.
Mit Kartoffelpüree und Sauerkraut (s. Seite 188) als Hauptgericht servieren.

PRODUKTBESCHREIBUNG
Da zu Hause bei Ihnen wohl kaum geschlachtet wird, müssen Sie das Blut bei Ihrem Metzger vorbestellen. Er rührt es meist gleich mit einem Schuß Essig ab, damit es nicht gerinnt. Das Blut unbedingt ganz frisch verwenden! Auch die Därme vorbestellen.

Kalbsleberscheiben, mit Steinpilzen und Tomaten geschwenkt

Rezeptur für 2 Personen:
250 g kleine, dünne
Kalbsleberscheiben,
2–3 kleine Frühlingszwiebeln,
2 Flaschentomaten (ovale),
80 g frische, kleine,
feste Steinpilze,
1 EL gehackte, glatte Petersilie,
50 g Butter, 4 EL Weißwein,
Salz, 1 Prise Zucker,
3 EL Olivenöl,
1 Spritzer Zitronensaft,
4 EL Kalbsjus,
Pfeffer aus der Mühle

VORBEREITEN
Die Kalbsleber enthäuten und in dünne Scheibchen schneiden. Die Frühlingszwiebeln schälen, halbieren und in feine Scheiben schneiden. Die Tomaten wie üblich überbrühen, abschrecken, Haut abziehen, vierteln, entkernen und in 1 cm große Würfel schneiden. Die Steinpilze sauber putzen, mit dem Tuch abwischen, nur wenn unbedingt notwendig waschen. In etwa 3 mm dicke Scheiben schneiden. Petersilie zupfen, waschen, trockentupfen und feinschneiden.

ZUBEREITEN
Gemüse: 20 g Butter hell aufschäumen lassen, die Frühlingszwiebelscheiben einstreuen und langsam, ohne Farbe zu geben, anschwitzen. Mit Weißwein ablöschen, rasch einkochen lassen. Zum Schluß die Tomaten beigeben, mit Salz sowie einer Prise Zucker würzen und, ohne kochen zu lassen, beiseite stellen.
Steinpilze: 2 Eßlöffel Öl in der Pfanne erhitzen und die Steinpilze einlegen. Auf beiden Seiten kurz anbraten und Farbe geben. Mit Salz und Zitronensaft würzen, zum Abtropfen auf ein Sieb schütten.
Leber: 30 g Butter und 1 Eßlöffel Öl hellbraun aufschäumen lassen. Die Leberscheiben einlegen, rasch und bei starker Hitze rosa anbraten. Mit Salz und etwas Pfeffer bestreuen.

ANRICHTEN
Frühlingszwiebeln, Tomaten und Steinpilze beigeben, kurz durchschwenken. Petersilie unterrühren. Vom Feuer nehmen, mit einem Spritzer Weißwein sowie etwas Kalbsjus abrunden und servieren.

TIP
Statt Petersilie kann auch Estragon, Basilikum oder Oregano verwendet werden.

Geflügel

Das Image des Geflügels ist bei uns denkbar schlecht! Zu lange haben die deutschen Züchter nur ein Ziel im Auge gehabt: Möglichst schnell mit möglichst wenig Geld möglichst viel „Huhn" zu erzeugen. Wie das Ergebnis schmeckte, war ihnen egal. Und als dann noch vielerlei „Affären" um Rückstände, Medikamente, Hormone, Salmonellen und eine widernatürliche Haltung der Tiere die Wellen der Entrüstung hochschlagen ließen, war es mit dem Absatz vorbei. Nicht nur der aber war gesunken, sondern auch das Vertrauen in „Geflügel" ganz allgemein. Der Ruf des Bresse-Huhns hielt zwar einigermaßen stand, aber dennoch will heute nur eine verschwindend geringe Zahl von Gästen Geflügel essen. Und da hilft es gar nichts, wenn man auf der Karte dazuschreibt: von freilaufenden, nur mit Körnern gemästeten Poularden aus Bayern usw.

Anders ist es bei Gänsen und Enten. Hier konnten sich die deutschen Erzeugnisse ihre Reputation erhalten, wenn auch die tiefgekühlte Ware oft zu wünschen übrig läßt. Doch Bauernenten vom Markt werden immer begehrter und beginnen sogar, den französischen Enten den Rang abzulaufen.

Es ist zu hoffen, daß die Züchter bald wieder mehr gutes Geflügel anbieten, damit sein einstiges, mit Recht hohes Renommée wiederhergestellt wird. Denn gutes Geflügel gehört zum Köstlichsten, was es gibt: Es ist leicht, kann schnell und problemlos, aber auch in aufwendigen Kreationen zubereitet werden und läßt sich vielfältig variieren. Und es ist ja auch nicht einzusehen, warum Geflügel, dessen gewissenhafte Aufzucht viel Arbeit macht, so unbegreiflich billig sein soll! Ein angemessener Preis wird für erstklassige Qualität auch akzeptiert.

Gefüllte Tauben nach Bogenberger

Rezeptur für 4–5 Personen:
5 Tauben (noch nicht
ausgenommen),
5 Brötchen, ¼ l Milch,
1 TL gekörnte Brühe,
5 Eier, 50 g Butter,
50 g Schalotten,
2 halbe Eierschalen voll Milch,
40–50 g Zwiebeln (weiß),
2 EL gehackte Petersilie,
1 EL gehackter Liebstöckel,
Salz, Pfeffer

VORBEREITEN
Die Tauben ausnehmen, den Hals nicht zu kurz abschneiden. Die Innereien putzen und beiseite stellen. Die Brötchen in ½ cm dicke Scheiben schneiden und mit warmer Milch, in der 1 TL gekörnte Brühe aufgelöst wurde, übergießen. 3 Eier untermengen. Die Schalotten kleinhacken und in Butter goldgelb dünsten. Die 2 restlichen Eier mit der Milch verquirlen und über die Schalotten schlagen.
Die Herzen und Mägen (ohne Haut) fein wiegen, die Lebern etwas größer lassen, Zwiebeln, Petersilie und Liebstöckel klein schneiden. Alles miteinander vermischen. Mit Salz und Pfeffer würzen.

ZUBEREITEN
Die Tauben mit der vorbereiteten Masse füllen und zunähen, den Kropf zubinden. Salzen und pfeffern. Etwa 1 Stunde zugedeckt im Rohr bei rund 170° braten. Ab und zu mit Wasser aufgießen.

PRODUKTBESCHREIBUNG
Tauben gibt es in der letzten Zeit wieder fast so häufig wie früher – vielleicht in Ermanglung des Wildgeflügels. Im allgemeinen werden sie in kleinen Betrieben – sozusagen aus Liebhaberei – gezogen, und die Qualität ist entsprechend gut.
Tauben stets vorsichtig garen, nicht zu heiß werden lassen und häufig begießen.

Sauté von Taubenkeulen auf Mangold und Trüffeln

Rezeptur für 4 Personen
4 Stangen Mangold (ca. 250 g),
einige Tropfen Zitronensaft,
je 30 g Butter und Gänsefett,
1 Schalotte, 2 dl Geflügelbrühe,
1 EL Crème double,
Salz, Pfeffer, 1 Prise Muskat,
30 g rohe, nur marinierte
Gänseleber, 6 ausgelöste
Taubenkeulen pro Person
Für die Trüffelsauce:
12 Trüffelscheiben
(1 frische Trüffel),
10 g Butter, 2 cl Champagner,
4 cl Madeira, 2 dl Kalbsfond,
10 g Butter, Salz,
Pfeffer aus der Mühle

VORBEREITEN
Trüffel sauber bürsten und in nicht zu dünne Scheiben schneiden. Die Mangoldblätter sauber waschen, das Grüne entfernen und in 3 cm große Stücke schneiden. Die Stiele ebenfalls in 3 cm lange Stücke schneiden, schälen und danach in 1 cm breite Streifen schneiden, leicht mit Zitronensaft beträufeln.

ZUBEREITEN
<u>Trüffelsauce:</u> Die Butter hellbraun aufschäumen lassen, Trüffelscheiben kurz darin schwenken, mit Champagner und Madeira ablöschen, fast zur Gänze einkochen, mit dem Kalbsfond auffüllen und zu einer dickflüssigen Konsistenz reduzieren. Mit Butter verfeinern, mit Salz und Pfeffer würzen. Zur Seite stellen.
<u>Mangold-Gemüse:</u> Die Hälfte der Butter und des Gänsefetts zerlaufen lassen, die gehackte Schalotte darin anschwitzen, ohne Farbe zu geben. Die Stiele beigeben und mit der Geflügelbrühe auffüllen (gerade bedecken), mit Butterpapier abdecken und weich dünsten, ohne daß noch Flüssigkeit verbleibt. In der Zwischenzeit die Mangoldblätter in Salzwasser abbrühen, abschütten und in restlicher Butter und Gänsefett anschwitzen. Die Mangoldstiele beigeben und die Crème double einmischen. Sämig einkochen, mit Salz, wenig Pfeffer sowie einer Prise Muskat würzen und zum Schluß die passierte Gänseleber einschwenken.
<u>Taubenkeulen:</u> Die Taubenkeulen auslösen und knusprig braten.

ANRICHTEN
Das Mangold-Gemüse auf vorgewärmte Teller betten, darauf die Taubenkeulen legen, die Trüffelscheiben darüber arrangieren, mit der Sauce begießen und sofort servieren.

PRODUKTBESCHREIBUNG
Mangold, einst bei uns ein häufiges Gemüse, ist aus der Mode geraten – in und nach dem Kriege war der Ersatz Rübenblätter doch zu häufig eine Notlösung geworden. Nur im Rheinland hat sich Rübstiel gut behaupten können. Heute kommt der Mangold mit den breiten Rippen hauptsächlich aus Italien und Frankreich. Achten Sie auf dunkle, möglichst stark „bucklige" Blätter – sie sind zarter als die glatten. Und auf fleischige Blattrippen!
Eventuell auch die Brüste mitbraten – oder auf Salat (Seite 26) bzw. Borschtschgelee (Seite 24) servieren.

Junge Tauben, mit Tannenwipfelhonig gebraten

Rezeptur für 4 Tauben:
4 junge, vollfleischige Tauben,
grobes Salz,
Pfeffer aus der Mühle,
1 Messerspitze frischer Ingwer,
2 EL Tannenwipfelhonig,
1–2 EL süßer Wein, Cayenne,
einige Tannenwipfeltriebe

VORBEREITEN
Die Tauben sauber rupfen und die Flaumhaare über offenem Feuer abflämmen. Die Spitzen und das Überbein von den Flügeln abschneiden, ebenso die Füße. Den Kopf so abtrennen, daß der Hals lang bleibt. Der sauber geputzte Kopf kann auch dranbleiben. Unter dem Flügel eine Öffnung machen und von dort die Taube ausnehmen. Sauber auswaschen. Jede Taube einzeln 1 Minute in kochendes Salzwasser tauchen, herausnehmen und innen und außen abtrocknen. Das grobe Salz mit Pfeffer aus der Mühle und dem feingehackten Ingwer vermischen und dies in die Öffnung der Taube streuen.
Honig, Wein, eine Prise Cayenne und eine Prise Salz glatt verrühren und damit die Tauben rundherum einpinseln. Tauben an einem Bindfaden aufhängen und 3 Stunden hängen lassen.

ZUBEREITEN
Ofen auf 220° vorheizen. Die Tauben wie üblich in ca. 25 Minuten rasch und knusprig braten. In den letzten 5 Minuten einige Tannenwipfeltriebe dazulegen.
Sauce: Die Tauben auf warme Teller placieren, das meiste Fett abschöpfen. Bratenform mit etwas Wasser aufgießen, den Bratensaft lösen. Die Sauce klar lassen, rasch einkochen.

ANRICHTEN
Die Tauben mit der Sauce umgossen im ganzen servieren. Dazu geschmorten Chicorée reichen.

TIP
Wildtaube wäre überhaupt die ideale Verbindung zum Tannenwipfelhonig. Genauso kann auch Ente zubereitet werden.

PRODUKTBESCHREIBUNG
Tannenwipfelhonig kann man kaum kaufen, sondern man muß ihn selbst bereiten: Zucker mit wenig Wasser und frischen, ganz jungen und hellgrünen Tannentrieben zu einer honigartigen Konsistenz einkochen. Nach Belieben abseihen.
Das Gericht läßt sich – der frischen Tannenspitzen wegen – nur im Frühsommer zubereiten.

Geschwungenes aus Hühnerkämmen und -mägen

Rezeptur für 2 Personen:
8 Hühnerkämme, Salz,
4 Hühnermägen,
½ l kräftige Hühnerbrühe,
20 g Hühnerfett,
etwas Mehl, Pfeffer
Für die Sauce:
50 g rote Frühlingszwiebeln,
20 g Butter, 1 EL Sherry-Essig,
2 EL Rotwein, 1 Prise Zucker,
3 EL brauner Geflügelfond,
Salz, Pfeffer aus der Mühle
Für die Strohkartoffeln:
1 mittelgroße Kartoffel,
Öl, Salz

VORBEREITEN

Die Hühnerkämme über Nacht in kaltes Wasser legen. Dann neues Wasser zum Kochen bringen, salzen und die Hühnerkämme darin ganz kurz – nur etwa 30 Sekunden! – abbrühen. Danach sofort in Eiswasser legen und die dünne Haut abziehen beziehungsweise abrubbeln oder abschaben. Die Spitzen der Kämme mit einer Schere abschneiden. Die Kämme nun noch einmal über Nacht in kaltes Wasser legen. Mägen aufschneiden, ausnehmen, waschen und die sehnigen Partien abschneiden. Kämme und Mägen mit einer Nadel aufspießen und auf einen Faden reihen. In eine kräftige Hühnerbrühe hängen und ganz langsam weich köcheln lassen – das dauert 30 bis 50 Minuten. Herausnehmen und abtrocknen.

Sauce: Die Zwiebeln schälen und in feine Scheiben schneiden. In 10 g Butter hell anschwitzen und mit Essig ablöschen. Diesen vollkommen einkochen, mit Rotwein angießen und zur Hälfte verkochen lassen. Mit einer Prise Zucker abrunden. Den Geflügelfond zugeben, erneut einkochen, bis die Sauce dicklich wird.

Strohkartoffeln: Kartoffel schälen und in streichholzfeine Stifte schneiden. In kaltes Wasser legen, durchwaschen, auf einem Sieb abtropfen, schließlich auf einem Tuch ausbreiten, trocken reiben.

ZUBEREITEN

Die Hühnerkämme mit ganz wenig Mehl bestäuben und in Hühnerfett (oder halb Butter, halb Olivenöl) bei mäßiger Hitze auf beiden Seiten hellbraun rösten. Salzen und pfeffern. Gleichzeitig in die Sauce die restlichen 10 g Butter einarbeiten, die in Scheiben geschnittenen Hühnermägen einschwingen und die Sauce mit etwas Salz, reichlich frisch gemahlenem Pfeffer und einem Spritzer Sherry-Essig abschmecken. Parallel dazu die Kartoffelstifte in heißem Öl braun fritieren. Herausheben, auf Küchenpapier trocken schütteln und mit Salz bestreuen.

ANRICHTEN

Die Hühnerkämme auf heißen Tellern hübsch anordnen. Mit der heißen Sauce begießen, in die Mitte die Strohkartoffeln geben.

PRODUKTBESCHREIBUNG

Die früher beliebten Hühner- und Hahnenkämme werden heute nur noch selten serviert. Dabei kosten sie meist nichts: Lassen Sie sie sich von der Geflügelhändlerin von den nicht verkauften Köpfen der Suppenhühner schneiden.

Geschwungenes aus Hühnerkämmen und -mägen

Frikassée vom Masthuhn in Paprika-Rahm-Sauce

Rezeptur für 4 Personen:
1 Masthuhn von ca. 1,6 kg,
4 kleine Fleisch- oder
große Flaschen-(Eier-)Tomaten,
4 Schalotten oder 1 Zwiebel,
100 g geräuchertes Wammerl,
2 Gartengurken
(Gemüsegurken),
1 grüne Paprika,
1 rote Paprika,
1 Zweig Estragon,
1 kleine Karotte,
100 g Staudensellerie,
1 Schalotte, 2 dl Weißwein,
¼ l Crème fraîche,
¼ l saure Sahne, etwas Öl,
Salz, Pfeffer,
1 Thymianzweig,
1–2 Knoblauchzehen,
3 TL Paprika edelsüß,
1 TL Rosenpaprika,
50 g Tomatenpüree,
Zitrone, 4 cl Cognac

VORBEREITEN

Masthuhn flambieren, ausnehmen, in 8 Stücke schneiden, Fett sowie das Knochengerüst klein hacken. Tomaten überbrühen, schälen, entkernen und in Würfel schneiden. Schalotten schälen, in Würfel schneiden, ebenso das Wammerl. Gartengurke schälen, entkernen und olivenförmig zuschneiden.
Paprika waschen, halbieren und Außenseiten unter dem Grill dunkelbraun werden lassen. Haut abziehen und das Fruchtfleisch in ca. 1 cm große Stücke schneiden. Estragon hacken. Karotte, Sellerie und Schalotte waschen, in Scheiben schneiden.

ZUBEREITEN

Das Hühnerfett in einer Kasserolle mit dickem Boden zerlaufen lassen, die gehackten Hühnerknochen hineingeben und langsam anschwitzen, jedoch ohne Farbe nehmen zu lassen. Karotte, Sellerie und Schalotte beigeben und in ca. 5 Minuten ebenfalls etwas anschwitzen. Das Fett abgießen, mit Weißwein ablöschen.
Einkochen lassen, einige Male mit Wasser ablöschen und immer wieder total reduzieren, um die Säfte anzuziehen – das dauert ca. 20 Minuten. Crème fraîche und saure Sahne beigeben, nur zum Aufkochen bringen und nochmals ziehen lassen.
In der Zwischenzeit eine Pfanne mit ganz wenig Öl ausstreichen, heiß werden lassen, und die gesalzenen und gepfefferten Geflügelstücke einlegen. Thymianzweig und 1–2 ungeschälte Knoblauchzehen dazufügen und im auf ca. 220° vorgeheizten Ofen auf beiden Seiten goldbraun braten (15 Minuten).
Das Wammerl kroß ausbraten, Fett abschütten, gehackte Schalotten beigeben, anschwitzen. Paprikapuder darüberstäuben, nicht rösten lassen. Tomatenwürfel und -püree zufügen und langsam köcheln lassen. Die angebratenen Geflügelstücke einlegen, alles abermals 25 Minuten im Ofen zugedeckt braisieren.
Danach die Sahnesauce durch ein Spitzsieb auf die Geflügelstücke passieren, die Paprikastücke zugeben und alles zusammen abgedeckt im Ofen weitere 10 Minuten köcheln lassen.
Mit Salz, Pfeffer und Zitrone abschmecken, den kleingeschnittenen Estragon beigeben, auch Cognac und einige Spritzer Weißwein.

ANRICHTEN

Die Geflügelstücke auf heißen Tellern anrichten, mit Sauce übergießen und mit den Gurken, die nur im Salzwasser mit Biß gekocht wurden, umlegen. Sofort servieren.

Geflügelklößchen auf Leipziger Allerlei

Rezeptur für 4 Personen:
200 g Geflügelfleisch
(entbeint und gehäutet),
Salz, Pfeffer,
55 g Weißbrot, 3 EL Milch, 1 Ei,
3 dl (0,3 l) eiskalte süße Sahne
Für die Sauce:
2 dl (0,2 l) Geflügelbrühe,
100 g Butter,
1 EL geschlagene Sahne,
Salz, Pfeffer, 1 EL Zitronensaft
Für das Gemüse:
50 g Erbsenschoten,
30 g junge Möhren,
30 g Kohlrabi,
50 g Spargelspitzen,
30 g Zuckererbsen,
30 g frische Morcheln,
60 g Butter, 1 Prise Zucker, Salz,
frisch gezupfte Kerbelblättchen

VORBEREITEN

Klößchen: Das Geflügelfleisch in kleine Stücke schneiden, mit Salz und Pfeffer würzen. Weißbrot entrinden, ebenfalls in kleine Würfel schneiden und in der Milch einweichen.

Gemüse: Alle Gemüse putzen, Karotten und Kohlrabi olivenförmig zuschneiden. Abwiegen.

ZUBEREITEN

Klößchen: Die Geflügelwürfel im Mixer zermusen, das Ei zufügen und noch einmal kurz durchmixen. Nach und nach die flüssige Sahne zugeben – jeweils, in fünf Arbeitsgängen, nur etwa 6 cl zugießen und dann immer wieder 6 bis 8 Sekunden durchmixen. Zum Schluß das leicht ausgedrückte Brot zugeben und noch einmal kurz mixen.
Die Masse durch ein flaches Sieb mit Holzrand passieren. Mit zwei Eßlöffeln gleichmäßige Nocken formen und in heißes Salzwasser einlegen. Die Nocken sollen nur gar ziehen (bei 65 bis 80 Grad) und dürfen nicht kochen. Nach 6 bis 8 Minuten sind sie fertig.

Sauce: Die Geflügelbrühe auf ein Drittel einkochen. Mit der kalten Butter aufmixen und, wenn nötig, mit etwas Wasser verdünnen. Geschlagene Sahne unterschwenken und mit Salz, Pfeffer sowie Zitronensaft abschmecken.

Gemüse: Jedes Gemüse mit 5 g Butter, einer Prise Zucker und dem nötigen Salz glacieren, mit 1 EL Wasser begießen und das Wasser wieder verkochen lassen. Oder alle Gemüse zusammen glacieren. Mit der restlichen Butter schwenken und abbinden, mit Kerbelblättchen vermischen.

ANRICHTEN

Das Leipziger Allerlei auf einer vorgewärmten Platte verteilen, die Geflügelklößchen daraufsetzen und mit der Sauce überziehen.

Geflügelklößchen auf Leipziger Allerlei, folgende Doppelseite

Ente, gepökelt, auf Bohnengemüse

Rezeptur für 4 Personen:
1 Ente, 1 Gemüsebündel
(Lauch, Karotte,
Petersilienwurzel,
Staudensellerie)
Zum Pökeln:
1 Zwiebel, 1 Lorbeerblatt,
1 Nelke, 30 g Pökelsalz,
1½ l Wasser
Für die Sauce:
4 cl Entenfond,
4 cl Geflügelfond,
2 cl Weißwein, 50 g Butter

VORBEREITEN
Die Ente ausnehmen und gut säubern. In einen glasierten Tontopf legen, mit den Zutaten zum Pökeln bestreuen bzw. übergießen, gut abdecken und 4 Tage in den Kühlschrank stellen.

ZUBEREITEN
Die Ente herausnehmen und in einen passenden Topf legen. Mit kaltem Wasser bedecken und zum Kochen bringen. Sobald es zu Kochen beginnt, das sich auf der Oberfläche bildende Eiweiß abschöpfen. Wenn die Schaumbildung nachläßt, das Gemüsebündel zugeben.
Die Garzeit beträgt 50 Minuten, wobei das Wasser nicht stark kochen soll.
Die Ente herausnehmen, von Haut und Fett befreien, die Brüste und Schenkel abtrennen und von den Knochen lösen. Die Ente in gleichmäßige Stücke schneiden.
Sauce: In einer Stielpfanne die Fonds und den Weißwein auf 5 cl einkochen lassen und mit 50 g Butter aufmixen.

ANRICHTEN
Als Beilage zu der Ente passen Breite Bohnen mit Speck und Bohnenkraut (s. Seite 180).
Die Ente auf den Bohnen anrichten und mit der Sauce leicht überziehen.

Bayerische Ente, mit Zwiebel und Apfel gefüllt

Rezeptur für 2–4 Personen:
1 bayerische Ente,
die ausgenommen etwa
1,6 kg wiegen sollte,
1 dl Wasser,
4 Zwiebeln à ca. 70 g
Für die Füllung:
1 kleine Zwiebel, 1 kleiner Apfel,
Salz, Pfeffer, Majoran

VORBEREITEN
Ofen auf 220° vorwärmen. Für die Füllung Zwiebel schälen und vierteln, Apfel ebenfalls und das Kerngehäuse ausschneiden.
Ente innen mit Salz, Pfeffer und Majoran ausstreuen, mit Zwiebelvierteln und Apfelstücken füllen. Die Ente zusammenbinden und außen mit nicht zuviel Salz bestreuen. Dieses sehr gut in die Haut einreiben. Hals, Flügelknochen und den Kopf der Ente klein hacken.

ZUBEREITEN
Wasser in die Fettpfanne gießen, die Entenknochen darin verteilen und die Ente mit dem Rücken darauf legen. In den Ofen schieben. Am Anfang öfters übergießen. Nach ca. 20 Minuten die Ente auf eine der Keulen drehen, nach weiteren 20 Minuten auf die andere Keule. Zwischendurch mit dem eigenen Fett übergießen. Nach einer ¼–1 Stunde das meiste Bratenfett abschütten, die ganzen, geschälten Zwiebeln mit hineinlegen, und die Ente weich und knusprig braten. Aufpassen, daß die Zwiebeln zwar schön braun werden, aber nicht verbrennen. Einen Teil davon als Beilage reservieren. Am Rande der Pfanne etwas Wasser angießen. Nach 1½ Stunden die Ente mit einer Fleischgabel herausnehmen und den inneren Bratensaft in die Bratpfanne laufen lassen. Die Ente im Rohr heiß stellen.
Sauce: Das Fett abschütten. Den Bratensaft samt Knochen und restlichen Zwiebeln in einen Topf umfüllen. Bratensatz einkochen lassen, mit Wasser ablöschen und diesen Vorgang einige Male wiederholen. Die Sauce durch ein Sieb passieren, die Rückstände ausdrükken. Nochmals aufkochen lassen. Die Sauce muß kurz und kräftig sein.

ANRICHTEN
Ente aufschneiden und mit der Füllung sowie den reservierten Zwiebeln umlegen. Mit etwas Sauce begießen und sofort auftragen.

PRODUKTBESCHREIBUNG
Nachdem deutsches Geflügel lange Zeit (mit Recht) einen eher mäßigen Ruf genoß, bemühen sich jetzt wieder mehr Züchter, gute Ware anbieten zu können. Man muß diese weiterhin wenigen Erzeuger natürlich kennen, denn die „normalen" Produkte lassen noch immer zu wünschen übrig. Gutes Geflügel ist zwar relativ teuer, doch ist eine mit Körnern auf dem Bauernhof gefütterte Ente auch ein großer Genuß. Im übrigen sind die bayerischen Enten im Fleisch weniger fett als gleichschwere französische, auch wenn mehr sichtbares Fett vorhanden ist – das liegt an der Rasse.

Stubenküken mit zwei Selleries

Rezeptur für 4 Personen:
2 Stubenküken, Salz, Pfeffer,
10 g Butter, 1 EL Öl,
150 g Staudensellerie
(halbmondförmige Scheiben),
150 g Knollensellerie
(in Rauten geschnitten),
etwas Butter
Für die Füllung:
50 g Kalbfleisch oder
Geflügelfleisch,
12,5 g Gänseleber,
12,5 g Kalbsbries,
5 g Weißbrot (in Milch
eingeweicht), Salz, Pfeffer,
25 g Spinat, grob gehackt,
25 g Butter
Für die Sauce:
3 dl Geflügelfond
(aus Häuten und Gerippen
bereitet – s. Seite 77),
50 g Trüffeljulienne,
90 g Butter, davon die Hälfte
gesalzen, Zitrone, Cayenne,
1 Mokkalöffel Selleriepüree,
1 TL geschlagene Sahne

VORBEREITEN

Küken: Mit einem scharfen Messer die Haut am Rücken entlang aufschneiden, und das Gerippe an jeder Seite von Fleisch und Haut lösen. Die Oberflügel- und Oberschenkelknochen dabei mit auslösen.

Füllung: Kalbfleisch oder Geflügel, Gänseleber und Kalbsbries salzen und durch die feine Scheibe des Fleischwolfs drehen, gut mit dem eingeweichten Brot vermischen. Mit Salz und Pfeffer würzen, den gehackten Spinat und die Butter untermischen.

Sauce: 3 dl Geflügelfond bereiten, abseihen und 2 dl davon auf die Hälfte (1 dl) einkochen.

ZUBEREITEN

Küken: Die Stubenküken auf der Innenseite mit Salz und Pfeffer bestreuen, die Füllung darauf placieren und die Tiere in die ursprüngliche Form zurechtdrücken. Mit einem Faden zusammennähen.

Die Küken von außen salzen und pfeffern. Butter und Öl in einer Pfanne erhitzen, die Küken auf der Rückenseite einlegen und etwa 30 Minuten langsam braten. Des öfteren mit dem Bratfett übergießen – die Küken sollen goldgelb werden. Sobald sie fertig sind, die Fäden herausziehen, die Küken warmstellen. Den Bratensatz mit wenig Wasser ablöschen.

Sauce: Die Trüffeljulienne in 1 EL Butter anschwitzen, mit dem reduzierten Fond auffüllen und etwa 1 Minute kochen lassen. Die restliche, möglichst kalte Butter einmixen, mit Zitrone und Cayenne würzen. Das Selleriepüree zugeben und zuletzt die geschlagene Sahne unterheben.

Selleries: Die beiden Selleriesorten mit etwas Butter und dem restlichen Geflügelfond weich dünsten, mit Salz und Pfeffer würzen.

ANRICHTEN

Die Küken halbieren und auf den zwei Selleries anrichten. Einen Kranz von der Sauce herumgießen. Den abgelöschten Bratensaft über die Küken gießen. Sofort servieren.

Stubenküken, mit Wachtel gefüllt

Rezeptur für 4 Personen:
1 Stubenküken (ca. 350 g),
1 Wachtel (ca. 100 g),
60 g Poulardenfleisch,
2 cl (ungefähr ½) Eiweiß,
5 cl Crème double,
Salz, Pfeffer,
30 g Morcheln (12 Stunden vorher einweichen),
25 g Butter, 1 cl Rotwein,
10 g Weißbrotwürfel, etwas Öl,
30 g Spinat
Saucengemüse:
1 kleine Zwiebel, 20 g Lauch,
1 Knoblauchzehe zerdrückt mit Schale, 15 g Petersilienstengel
Für die Sauce:
4 cl Geflügelfond, 4 cl Sahne

VORBEREITEN
Stubenküken und Wachtel vom Rücken her entbeinen, die Flügel abschneiden, beim Stubenküken nur die Flügelspitzen.
Morchelfarce: Das eiskalte Poulardenfleisch mit der Küchenmaschine zu Püree zerkleinern, das Eiweiß unterrühren, dann langsam Crème double zugeben, mit Salz und Pfeffer würzen. Durch ein Haarsieb streichen und kaltstellen.
Die Morcheln auspressen, in Streifen schneiden, mit 5 g Butter kurz dünsten, Rotwein dazugeben und einkochen. Erkalten lassen, dann zur Geflügelfarce geben, gut vermischen.
Wachtelfarce: Weißbrotwürfel in 5 g Butter rösten. Den Spinat blanchieren, erkalten lassen, ausdrücken, in Streifen schneiden und in 5 g Butter anschwitzen. Erkalten lassen, die Brotwürfel zugeben, vermischen und würzen.
Die Wachtel flach auslegen, mit der Farce füllen und in die übliche Form bringen.
Stubenküken: Das Stubenküken flach auslegen, mit der Morchelfarce gleichmäßig bestreichen, die Wachtel daraufgeben und einschlagen. Den Rücken des Stubenkükens zunähen.

ZUBEREITEN
Die Knochen klein gehackt in wenig Öl anbraten, das gefüllte Stubenküken daraufsetzen und im Rohr bei 200° braten. Nach 8 Minuten die kleingeschnittenen Gemüse und 10 g Butter zugeben und weiter braten. Alle zwei Minuten das Bratgut mit dem eigenen Saft übergießen.
Die Bratzeit beträgt 15–20 Minuten (Nadelprobe machen). Sobald es fertig ist, herausnehmen und den Bratensatz mit 4 cl Geflügelfond oder Wasser ablöschen, mit 4 cl Sahne auffüllen, durchkochen lassen und passieren.

ANRICHTEN
Das Stubenküken halbieren und mit der Sauce überziehen. Als Beilage eignen sich junge Karotten und Frühlingszwiebeln, in Butter zart gedünstet.

PRODUKTBESCHREIBUNG
Stubenküken sind nicht einfach kleine Hähnchen, sondern mit hochwertigem Futter ganz hell gemästete Junghühner. Freilich werden sie nicht mehr, wie früher, im Korb am Stubenofen gehalten. Leider in Deutschland seltener als in anderen Ländern.

Wild

Daß sich in der feinen Wildküche in den letzten Jahren viel geändert hat, weiß inzwischen jeder. Vor allem der einst so geschätzte „Hautgoût" findet nur noch wenige Liebhaber im erzkonservativen Lager des Lukullus. Wir ziehen den frischen, unverfälschten Geschmack des Fleisches vor, brauchen also auch keine scharfen Beizen, um den Duft der Verwesung zu überdecken.
Andererseits verlangt die pure und klare Zubereitung des Wilds auch eine makellose Qualität. Und da hapert es heute zum Teil gewaltig! So schmeckt Rehwild oft einfach fade – die Tiere müssen sich ihre Nahrung nicht mehr suchen, sondern fressen am Futterplatz fast wie das liebe Vieh. Fasanen werden in Farmen gemästet und im Herbst ausgesetzt – der Feinschmecker kann sie getrost vergessen. Hasen sucht er dagegen vergebens, denn durch die Flurbereinigung und den intensiven Landbau findet Meister Lampe kaum mehr seinen Lebensraum; und die schnellen Maschinen lassen ihm und seinen Jungen keine Chance mehr, unversehrt zu entkommen. Wachteln werden in Gehegen gezogen, aber trotzdem als Wildgeflügel geführt – allerdings: ihr Geschmack ist, gutes Futter vorausgesetzt, milde geworden und durchaus einer sensiblen Zunge würdig. Aber hier wie sonst heißt es: Qualität müssen Sie aufmerksam suchen!

Sauté von der Wachtel mit kleinen Geldbeuteln

Rezeptur für 4 Personen:
4 Wachteln à 150 g,
1 Schweinenetz,
2 Wacholderbeeren,
2 Rosmarinnadeln,
Salz, Pfeffer,
20 g Butter, 1 EL Öl,
1 cl Madeira
Für die Sauce:
3 Champignons,
20 g Staudensellerie,
20 g Karotten, 10 g Schalotten,
30 g Schinkenspeck,
20 Wacholderbeeren, 3 Nelken,
2 Lorbeerblätter, 1 Stückchen
frische Ingwerwurzel, ¼ Apfel,
1 kleiner Thymianzweig,
1 Rosmarinzweig,
1 dl Weißwein, 1 dl Madeira,
¼ l braune Geflügelbrühe,
20 g Butter
Für die Geldbeutelfüllung:
120 g Pfifferlinge oder
Steinpilze, Morcheln, etc.,
1 Schalotte,
20 g glatte Petersilie,
50 g Kalbsschnitzel (oder
Huhn),
10 g Butter, 4 cl Crème double,
Salz, Pfeffer, 1 Prise Muskat
Für den Geldbeutelteig:
4 Eiweiß, 50 ccm Wasser,
2 TL Kartoffelmehl, 1 Prise Salz,
2 EL Öl,
12 feine Schnittlauchhalme,
1 ganzes Ei, 30 g Butter

VORBEREITEN

Wachteln: Die Vögel ausnehmen. Lebern und Herzen reservieren. Die Keulen abtrennen; Haut abziehen, Oberschenkelknochen herauslösen. Etwas Fülle von den Geldbeuteln (s. u.) auf dem Fleisch verteilen, jede Keule einzeln in ein Stück Schweinenetz wickeln. Die Brüste vom Gerippe lösen. Wacholder und Rosmarin fein hacken.
Sauce: Gemüse waschen, putzen, in 1 cm große Würfel schneiden. Wachtelknochen und Schinkenspeck mit Schwarte kleinschneiden.
Füllung für Geldbeutel: Pilze putzen, Schalotte schälen, würfeln. Petersilie waschen, hacken, ebenso das Kalbfleisch.
Teig: Eiweiß, Wasser, Kartoffelmehl und Salz verschlagen, Schaum abnehmen. Teflonpfanne ölen, erhitzen. Teig dünn ausgießen, ohne Farbe anbacken, umdrehen, backen, auf geöltem Blech auskühlen. Auf diese Weise 12 Crêpes backen. Die Schnittlauchhalme kurz in kochendes Salzwasser halten, in Eiswasser abschrecken, abtupfen.

ZUBEREITEN

Sauce: Schinkenspeck in der Pfanne ausbraten, Knochen beigeben, im Rohr bei 200° braten. Alle Aromaten und Gemüse zufügen, die Pfanne wieder ins Rohr stellen, bis Zwiebeln und Gemüse schön braun angeröstet sind. Mit Weißwein und Madeira ablöschen, die Flüssigkeit total einkochen. Mit der Geflügelbrühe auffüllen, im Rohr zur gewünschten Konsistenz köcheln lassen. Durch ein feines Haarsieb pressen, stehen lassen, Fett abschöpfen.
Füllung: Butter aufschäumen, Schalotten ohne Farbe anschwitzen. Pilze beigeben, Wasser verdunsten lassen. Kalbfleisch, Crème double zufügen, einkochen. Petersilie einarbeiten, würzen, kühlen.
Geldbeutel: Füllmasse auf die 12 Crêpes verteilen, diese zusammenlegen, einzeln mit Schnittlauchhalmen zubinden. Einen Rest der Fülle für die Wachtelkeulen verwenden. Das Ei und 1 EL Öl verschlagen, die Beutel durchziehen, in heller Butter auf beiden Seiten goldgelb herausbraten.
Wachtelsauté: Butter und Öl aufschäumen lassen, Keulen einlegen, auf einer Seite braun braten, umdrehen, die Wachtelbrüste mit der Hautseite zuerst einlegen, knusprig braten. Salz und Pfeffer daraufstreuen. Die Wachtelkeulen und Brüste auf einer Platte anordnen. Bratenfett der Wachtel abgießen, frische Butter beigeben, Leber und Herzen darin schwenken, mit Salz, Pfeffer, gehackten Wacholderbeeren und Rosmarin würzen, über die Wachteln verteilen.
Pfanne mit Madeira ablöschen, mit Wachtelsauce aufgießen, rasch einkochen. Noch 20 g Butter bräunen, zur Sauce geben und damit die Wachteln umgießen. Die fertigen Geldbeutel danebenlegen.

Sauté von der Wachtel mit kleinen Geldbeuteln

Wachtelbrüste mit gefülltem Wirsingblatt

Rezeptur für 4 Personen:
4 große Wachteln je 100–120 g,
60 g Wachtelleber (die 4 vorhandenen können mit Geflügelleber ergänzt werden),
4 schöne Wirsingblätter,
1 EL frisch geriebenes Weißbrot,
1 TL gehackte Petersilie mit etwas frischem Majoran,
6 cl Crème double,
Salz, Pfeffer, 1 cl Pflanzenöl,
50 g Butter, 2 cl Kalbsfond,
Essig
Für die Gemüsegarnitur:
1 kleine Zwiebel, 15 g Karotten,
10 g Petersilienstengel

VORBEREITEN
Wachteln ausnehmen, Leber und Herzen sauber putzen. Die Keulen ablösen, die Flügel an der Brust abschneiden. Die hintere Hälfte des Rückenknochens abschneiden und nochmals in der Mitte durchtrennen.
Wirsingblätter in Salzwasser einmal aufkochen, abschütten und in Eiswasser erkalten lassen, anschließend auf ein Küchentuch zum Trocknen legen.
Füllung: Den Wachtelkeulen die Haut abziehen, und die Knochen auslösen. Das Fleisch in feine Stücke schneiden. Die Leber und die Herzen fein hacken und mit dem geriebenen Weißbrot, den Kräutern und der Crème double mit einem Löffel gut verrühren. Würzen. Etwa 30 Minuten kaltstellen, dann jeweils ¼ der Masse mit einem Löffel portionieren, auf eines der Wirsingblätter geben und einschlagen. Die Form soll einem runden Kissen entsprechen.

ZUBEREITEN:
Die Wachtelbrüste in einer Kupfersauteuse in dem Pflanzenöl und 10 g Butter auf beiden Seiten bei 200° anbraten, Knochen zugeben und noch 4 Minuten mitbraten. Dann die Gemüsegarnitur beigeben. Die Wachtelbrüste auf die Gemüse und die Knochen legen, noch etwa 8 Minuten weiterbraten. Die Wachtelbrüste aus dem Ofen nehmen und an einem lauwarmen Platz zugedeckt ruhen lassen.
Sauce: Die Wachtelknochen mit 8 cl Wasser und 2 cl Kalbsfond aufgießen, durchkochen und durch ein feines Sieb passieren. Nochmals kurz kochen und 20 g braune Butter zugeben – dazu die Butter erhitzen und mit einem kleinen Schuß Essig ablöschen. Die Wirsingblätter etwa 6 Minuten auf beiden Seiten in ca. 20 g Butter im Ofen braten, wie für die Wachtelbrüste angegeben.

ANRICHTEN
Wachtelbrüste von den Knochen lösen, neben den Wirsingblättern anrichten und mit der Sauce überziehen.

PRODUKTBESCHREIBUNG
Wachteln werden heute wie Hühner in Zuchten gehalten und gemästet. Es kommt hier wie dort auf die Art der Haltung und die Qualität der Ernährung an. Gute Wachteln sollen etwas fett sein und sehr fleischig. Von tiefgekühlten Wachteln ist abzuraten, denn ihr Fleisch wird sehr leicht zäh.

Rehkitzrücken, im ganzen gebraten

Rezeptur für 4 Personen:
1 Rehkitz-Rücken von etwa 750 g,
100 g geräucherter Spickspeck (vom Rücken), Salz, Pfeffer
Für die Marinade:
1 Flasche kräftiger Bordeaux,
20 Wacholderbeeren,
10 weiße Pfefferkörner,
10 schwarze Pfefferkörner,
3 Nelken, 1 Zimtstange,
1 Thymianzweig,
1 Lorbeerblatt,
1 Stückchen frischer Ingwer,
1 EL Preiselbeeren, 1 EL Öl
Für die Garnitur:
2 Karotten, 2 Stangen Lauch,
1 Knollensellerie,
eventuell einige Steinpilze,
12 Frühlingszwiebeln,
50 g Butter, Salz, Zucker,
1 EL gehackte Petersilie
Für die Sauce:
¼ l süße Sahne, Cayenne, Zitronensaft, Salz, 30 g Butter

VORBEREITEN

Den Rücken sauber parieren – Haut und Sehnen mit Hilfe eines spitzen Messers sorgfältig entfernen und den Rückenknochen mit einer scharfen, großen Küchenschere oben gerade abschneiden. Überstehende Knochen stutzen. Alle Abschnitte kleinschneiden.

Marinieren: Den Rehrücken mit den Abschnitten in eine passende Form legen, mit dem Wein begießen, die angedrückten Wacholderbeeren und Pfefferkörner sowie die übrigen Aromaten zufügen und alles mit einem geölten Papier abdecken. ½ Tag in der Küche durchziehen lassen, während dieser Zeit des öfteren umwenden.

Spicken: Rücken nach dem Marinieren trockentupfen. Den gekühlten, besser angefrorenen Speck in 3 mm dünne Streifen schneiden und mit einer Spicknadel schräg in das Fleisch einführen.

Gemüse: Gemüse putzen, waschen und entweder längs spalten oder in etwa 2 cm große Stücke schneiden.

ZUBEREITEN

Rücken: Ofen auf 220 Grad vorheizen. Auf dem Herd die Abschnitte des Specks ausbraten, etwa 10 g von der für die Sauce benötigten Butter zufügen. Sobald sie aufschäumt, den gepfefferten und gesalzenen Rehrücken einlegen, mit der Fleischseite nach unten. In den Ofen schieben und 10 Minuten braten, dabei immer wieder begießen. Umdrehen, weitere 10 Minuten unter häufigem Begießen braten. Das Fleisch soll schön rosa werden.
Rücken aus der Form nehmen und zum Nachziehen warm stellen.

Sauce: Die Marinade von den Abschnitten und Aromaten abgießen, aber auffangen. Abschnitte in der Bratenform leicht anrösten, dann mit kleinen Mengen von der Marinade immer wieder ablöschen und einkochen. Ist alle Marinade verbraucht, die Sahne zugießen und sämig einkochen lassen. Abschmecken und durch ein Sieb passieren, dabei kräftig auspressen. Mit dem Mixstab die kalte Butter einschlagen. Wieder erhitzen.

Gemüsegarnitur: Frühlingszwiebeln mit etwas Zucker leicht karamelisieren, salzen (s. Seite 172). Die anderen Gemüse getrennt mit etwas Wasser und Zucker knackig-gar kochen. Zum Schluß mit Butter schwenken, anrösten. Zu den Karotten die Petersilie geben.

ANRICHTEN

Den Rücken in einen rustikalen Bräter, in dem serviert werden kann, einlegen und mit der heißen Sauce übergießen. Noch einmal erhitzen, immer wieder begießen. Mit den Gemüsen umlegen, diese aber nicht mit Sauce überziehen. Am Tisch wie üblich tranchieren.

Rehkitzrücken, im ganzen gebraten, folgende Doppelseite

Rehkitzschulter
in Preiselbeerrahmsauce

Rezeptur für 4 Personen:
800 g Rehkitzschulter mit
Knochen, Salz,
Pfeffer aus der Mühle,
10 zerdrückte Wacholderbeeren,
3 kleine Schalotten,
100 g Butter,
1 EL hausgemachte
Preiselbeeren,
150 g süße Sahne,
1 EL geschlagene Sahne

VORBEREITEN
Die Rehkitzschulter parieren, reichlich mit Salz und Pfeffer einreiben.
Wacholderbeeren zerdrücken, die Schalotten schälen.

ZUBEREITEN
80 g Butter hell aufschäumen lassen. Die Schulter samt Schalotten und Wacholderbeeren beigeben und langsam weichschmoren lassen. Das dauert in einer Kupferkasserolle bei etwa 210° etwa 1½ Stunden. Öfters mit der Butter übergießen, zwischendurch auch mit Wasser ablöschen. Die Schulter aus der Pfanne nehmen und warmstellen. Mit den Preiselbeeren bedecken.
Sauce: Die Sahne in die Pfanne schütten, die Kruste vom Rand ablösen, einmal aufkochen lassen und durch ein Spitzsieb drücken.
Die Sauce mit Hilfe eines Mixstabs aufmixen, nochmals aufkochen und die restliche, eiskalte Butter einmixen. Die Sauce wieder heiß aufschlagen, kräftig mit Pfeffer (schwarz) würzen und einen Eßlöffel geschlagene Sahne unterheben. Die Schulter damit umgießen und die Sauce langsam im Ofen zum Aufkochen bringen. Von Zeit zu Zeit das Fleisch damit wieder übergießen.

PRODUKTBESCHREIBUNG
In der feinen Küche kamen in den letzten Jahren nur die als Portion bequem zu servierenden Kurzbratstücke vom Reh zu Ehren. Heute besinnen wir uns wieder auf jene Teile, die man schmoren muß – um die geschmacklich so wichtigen Sehnen- und Knorpelschichten zu aktivieren. Die durchwachsene Schulter ist hierfür das beste Stück!

Kleine Blätterteigpastetchen vom Reh

Rezeptur für 6 Personen:
50 g schwarze Trüffel,
10 g Butter, 1 EL Madeira,
ca. 20 g Pistazien,
etwa 400 g Rehfleisch
von Schulter, Keule oder Rücken
– das ergibt nach dem Putzen
ca. 250 g schieres Fleisch,
100 g grüner Speck (nicht
gesalzen und geräuchert),
50 g rohe Stopfleber von der
Gans oder Ente oder helle
Geflügelleber, Salz,
Pfeffer aus der Mühle,
1 Prise Muskat,
15 cl eiskalte, dickflüssige
Sahne, ca. 2–3 EL Trüffelsaft,
1 EL Cognac
200 g Blätterteig, 1 Ei

VORBEREITEN

Trüffel in kleine Würfel schneiden und in aufschäumender Butter anschwitzen, mit Madeira ablöschen. Pistazien in kochendes Wasser werfen, wieder aufkochen und aus der Schale pellen, danach halbieren. Abgießen, abschrecken und Rehfleisch putzen (parieren) – säuberlich von allen Sehnen und Häuten befreien. Das Fleisch kann dabei in kleinen Stücken anfallen oder auch abgeschabt werden, wenn der Muskel sehr stark durchzogen ist. Von den Sehnen und Nerven des Rehfleisches etwas Sauce ansetzen (s. Seite 169). Die Sauce muß stark eingekocht sein. Es kann auch eine fertige Sauce dazu verwendet werden – von Rehbraten oder Rehragout. Das gut gekühlte Rehfleisch, den fetten Speck und die Gänseleber durch den Fleischwolf (feine Scheibe) in eine kalte Schüssel drehen. Mit Salz, Pfeffer, 1 Prise Muskat würzen und mit einem Kochlöffel zu einer geschmeidigen Masse rühren. Nach und nach die eiskalte Sahne sowie die Wildsauce, Trüffel, Trüffelsaft, Cognac, Pistazien zugeben. Kalt stellen. Den Blätterteig ca. 2 mm dünn ausrollen und davon mit zwei verschiedenen Ausstechern Kreise ausstechen: 6 Stück mit 7 cm Durchmesser für die Böden, 6 Stück mit 10 cm Durchmesser für die Deckel.
Auf die kleinen Kreise die Masse verteilen, dabei aber einen Rand von ca. 1 cm freilassen. Diesen mit Eistreiche (= Eigelb und etwas Wasser verschlagen) einpinseln, den Deckel darüber legen und den Rand leicht andrücken (am besten mit der stumpfen Rückseite eines kleinen Ausstechers).
Nochmals mit dem Ausstecher von 7 cm Durchmesser ausstechen.

ZUBEREITEN

Den Teig mit Eistreiche sorgfältig bepinseln – aber Achtung: nicht über den Rand hinaus, da sonst der Blätterteig ungleichmäßig aufgeht. Die Pastetchen auf ein Backblech placieren und in den vorgeheizten Ofen schieben. Bei etwa 200 Grad ca. 15 Minuten knusprig backen. Nadelprobe machen (um festzustellen, ob die Füllung gar ist: Mit einer Spicknadel ins Innere stechen, einen Moment drinlassen, herausziehen und die Nadel an die Lippen halten – ist sie gleichmäßig und durchgehend warm, ist die Füllung gar).

TIP

Die Masse eignet sich nur für warme Gerichte. Das Rehfleisch kann ohne weiteres durch Kaninchen, Wildgeflügel oder Masthuhn ersetzt werden. Nur: Das Fleisch muß ganz frisch sein!

Gefüllte Perlhuhn- oder Masthuhnbrust mit Erbsen-Mais-Risotto

Rezeptur für 4 Personen:
2 Perlhühner oder Masthühner,
30 g Butter, 1 EL Olivenöl,
Salz, Pfeffer
Für die Füllung:
50 g Fleisch von den Keulen,
Salz, Pfeffer, Muskat,
15 g Spinat, 6 cl Sahne
Für den Risotto:
150 g Zuckererbsen,
150 g Maiskörner, etwas Milch,
Salz, 70 g Butter,
100 g Frühlingszwiebeln,
100 g Risotto-Reis (s. Seite 32),
4 cl trockener Weißwein
(Soave), etwa ½ l kräftige
Geflügelbrühe,
1–2 EL geschlagene Sahne

VORBEREITEN
Brüste mit Haut und Flügelknochen von den Gerippen lösen. Von den Keulen 50 g schieres Fleisch abschneiden, Rest anderweitig verwenden. Brüste von der Innenseite her horizontal aufschneiden.
Füllung: Das reine Keulenfleisch mit Salz, Pfeffer und einem Hauch Muskat würzen und im Mixer fein mixen. Spinat verlesen, waschen, in Salzwasser abbrühen, in Eiswasser abschrecken, ausdrücken und hacken. In das eiskalte Fleischpüree nach und nach die eiskalte Sahne geben, zum Schluß den Spinat. Jetzt nur kurz durchmixen.
Risotto: Erbsen ausbrechen und abwiegen. Maiskolben in Milchsalzwasser mit 10 g Butter weich kochen, Körner mit einem Löffel lösen. Abwiegen. Frühlingszwiebeln putzen, waschen und das Weiße in Würfelchen schneiden.

ZUBEREITEN
Füllmasse auf die aufgeschnittenen Brüste streichen, zusammenklappen und die Brüste wieder in die ursprüngliche Form drücken. Butter und Öl hellbraun aufschäumen lassen, die gesalzenen und gepfefferten Brüste mit der Hautseite nach unten einlegen. Unter häufigem Begießen ca. 10 Min. braun braten, umdrehen, bei milder Hitze die Fleischseite braten, aber keine Farbe geben. Warmstellen.
Sauce: Bratensatz mit Brühe ablöschen, loskochen, reduzieren.
Risotto: 40 g Butter hell aufschäumen lassen, die Zwiebeln glasig anschwitzen und den Reis mitrösten, ohne Farbe nehmen zu lassen. Mit dem Wein ablöschen, kochendheiße Geflügelbrühe angießen, würzen und in knapp 20 Minuten leicht knackig (al dente) kochen. Nötigenfalls immer wieder etwas Brühe zufügen, die niemals stark kochen darf. In den letzten 5 Minuten die Erbsen und den Mais zufügen. Unterdessen 4 cl Geflügelbrühe aufkochen und mit dem Mixstab die restlichen 20 g Butter einschlagen. Sahne steif schlagen. In den fertigen Risotto neben dem Feuer Sauce und Sahne mischen.

ANRICHTEN
Die Brüste in schräge Scheiben schneiden und auf heißen Tellern anrichten. Daneben den Risotto servieren. Die Brüste mit der klaren Sauce beträufeln.

PRODUKTBESCHREIBUNG
Perlhuhn oder Masthuhn (wie auf dem Foto zu sehen) müssen von erstklassiger Qualität sein. Und der Erfolg des Risotto steht und fällt mit den Erbsen, die wirklich jung und zart sein sollen!

Gefüllte Perlhuhn- oder Masthuhnbrust mit Erbsen-Mais-Risotto

Wildhasenragout mit Kartoffelnudeln

Rezeptur für 4 Personen:
1200 g Hasenkeulen = 4 Stück,
50 g Spickspeck,
4 Thymianstengel,
1 Hasenrücken,
2 EL Mehl, 6 EL Olivenöl,
80 g Wammerl,
280 g Zwiebeln,
60 g Staudensellerie,
120 g Karotten,
10 Wacholderbeeren,
1 Lorbeerblatt, 1 Nelke,
20 Pfefferkörner, ⅛ Orange,
¼ Apfel, 0,4 l Rotwein,
0,2 l Wasser, Salz, Pfeffer,
1 Spritzer Cognac,
1 Spritzer Grand Marnier,
3 EL Blut, 2 EL Sahne
Für die Leberreduktion:
10 g Schalotten,
5 Wacholderbeeren,
1 Thymianstengel,
1 Lorbeerblatt, 1 Nelke,
1 pfenniggroßes Stück
hauchdünn abgeschnittener
Orangenschale,
1 dl Madeira, 1 dl Portwein,
3 schöne, große
Poulardenlebern,
4 cl Cognac
Für die Kartoffelnudeln
(Fingernudeln):
500 g mehlig kochende
Kartoffeln, 100 g Butter,
Salz, Muskatnuß,
3 Eigelb,
Mondamin zum Ausrollen

VORBEREITEN
Jede Hasenkeule in 2–3 Stücke schneiden bzw. hacken. Den fetten, ungeräucherten Speck (Spickspeck) in ½ cm dicke Streifen schneiden und mit einigen Thymianblättchen bestreuen. Anstatt Thymian können auch feingehackte Wacholderbeeren genommen werden. Die Speckstreifen mit Hilfe einer Spicknadel in die Keulen führen.
Hasenrücken mit einem spitzen Messer von Sehnen und Nerven befreien.
Die vorbereiteten Hasenstücke in Mehl wenden, abklopfen und in 2 EL Öl langsam auf beiden Seiten Farbe nehmen lassen.
In der Zwischenzeit zwei weitere EL Öl in einem Schmortopf erhitzen. Das Wammerl in Streifen schneiden, beigeben und leicht ausbraten.
Die angebratenen Hasenstücke und eine gehackte Zwiebel sachte dahinbrutzeln, ohne jedoch anbrennen zu lassen. Wenn die Zwiebeln eine schöne Farbe angenommen haben, das Fett abschütten, die restlichen kleingeschnittenen Aromaten (Staudensellerie, Karotten, Wacholderbeeren, Lorbeerblatt, Nelke, Pfefferkörner, Orange und Apfel) dazugeben und das Ganze bei ca. 190° zugedeckt im Ofen schmoren lassen. Mit Rotwein und Wasser ablöschen und in 1½ Stunden weich schmoren.
Leberreduktion: Die Aromaten (Schalotten fein gehackt) mit Madeira und Portwein in einen Topf geben, fast gänzlich reduzieren. Die Poulardenlebern beigeben und anziehen lassen, bis sie steif sind. Anschließend mit Cognac flambieren, durchmixen und durch ein Haarsieb passieren.
Kartoffelnudeln: Kartoffeln schälen, abwiegen und kochen oder (noch besser) im Dämpfer garen. Gut ausdampfen, aber nicht ganz abkühlen lassen. Butter klären.

ZUBEREITEN
Kartoffelnudeln: Die ausgedampften Kartoffeln rasch durch ein feinmaschiges Sieb oder durch die Kartoffelpresse drücken. Das Püree würzen und die Eigelb hinzufügen. Rasch durchmischen, aber nicht zu lange und zu schnell, sonst wird das Püree zäh. Von dieser Masse auf dem bemehlten bzw. mit Mondamin bestäubten Tisch kleine, kleinfingergroße Nudeln formen und auf ein bemehltes Blech legen. Direkt vor dem Anrichten in geklärter Butter (beziehungsweise fertig gekauftem Butterschmalz) goldgelb herausbacken.
Achtung: Die angegebene Menge reicht – je nach Appetit und Speisenfolge – auch für 6 bis 10 Personen.

Hasenrücken: In einer ovalen Pfanne mit dickem Boden die beiden restlichen EL Öl heiß werden lassen, den ungespickten Hasenrücken auf der Fleischseite einlegen und im vorgeheizten Ofen bei 220° ca. 13 Minuten (je nach Größe) braten, so daß er innen noch rosa ist. Dann den Hasenrücken aus der Pfanne nehmen, mit Salz und Pfeffer aus der Mühle bestreuen und ruhen lassen (öfters wenden).
Die Hasenstücke mit Hilfe einer Fleischgabel aus dem Topf nehmen und in ein anderes Geschirr geben. Die gewonnene Flüssigkeit kräftig durch ein Spitzsieb drücken, anschließend die Lebermasse hinzugeben. Darauf achten, wieviel man dazugeben kann, ohne daß die Sauce zu dick wird. Die Sauce heißrühren, mit Salz, Pfeffer, 1 Spritzer Cognac und Grand Marnier abschmecken und durch ein Spitzsieb auf die Hasenstücke klopfen. Langsam zum Aufkochen bringen. Auf kleinem Feuer ziehen lassen, soll nicht kochen.
Zum Schluß das Blut und die Sahne in das Ragout schwenken. Nicht mehr kochen lassen. Das Rückenfilet vom Hasenrücken loslösen und in Stücke schneiden.

ANRICHTEN
Die Hasenkeulen auf die heißen Teller verteilen und mit Maronen, Zwiebeln, Fingernudeln und Champignons umlegen. Ein Stück vom Hasenfilet anlegen, die Sauce nochmals kurz erhitzen und die Keulen begießen, nicht das Rückenfilet.

ANMERKUNG
Maronen kurz fritieren, dann abschälen und mit reichlich Butter, 1 Stück Sellerie, Salz und Pfeffer in Geflügelfond weich kochen. Die Zwiebeln bereiten, wie auf Seite 172 angegeben. Champignons in Butter dünsten.

PRODUKTBESCHREIBUNG
Versuchen Sie, möglichst frische und hiesige, junge Hasen zu bekommen, nicht älter als 7 bis 8 Monate, also aus demselben Jahr. Nur ihre Keulen – gute Händler geben sie auch alleine ab, so daß Sie nur einen Rücken dazukaufen müssen – werden wirklich zart bei der angegebenen Garzeit. Ältere und größere Hasen sollten Terrinen und im ganzen bereiteten Gerichten vorbehalten bleiben, damit sie bei 3 Stunden und mehr Garzeit zu würziger Saftigkeit schmoren.

Rehkoteletts mit Morchel-Füllung in Strudelteig

Rezeptur für 4 Personen:
100 g Strudelteig,
30 g getrocknete Morcheln,
320 g Rehkoteletts (netto) – oder Medaillons; entspricht einem Stück Rücken von ca. 750 g),
2 EL Öl, 10 g Butter, Salz, Pfeffer aus der Mühle,
2 cl Madeira
Für die Farce:
90 g Rehabschnitte (ohne Sehnen und Häute),
40 g grüner Speck, Salz, Pfeffer,
30 g Gänseleber, 1 cl Portwein

VORBEREITEN
Der Strudelteig sollte bereits am Vortag gemacht werden (siehe Anmerkung). Morcheln waschen und in lauwarmem Wasser einweichen. Das Kotelettstück enthäuten, Sehnen und Häute entfernen. Dem Rückgratknochen entlang auf beiden Seiten einschneiden und mit einem schweren Messer oder Beil das Fleisch mit den Rippen vom Knochenstrang des Rückgrats abtrennen. Koteletts von regelmäßiger Dicke schneiden. Die anhängenden Rippenknochen schaben.
Von den Häuten und Rückgratknochen eine Rehsauce zubereiten. Entweder nach Rouenaiser Art (leicht mit Sahne gebunden) oder nature belassen (s. Seite 169). Die Rehkoteletts in heißem Öl auf jeder Seite ca. 30 Sekunden scharf anbraten und auf ein Gitter zum Auskühlen legen. Die in Wasser eingelegten Morcheln herausnehmen, ausdrücken, Stiele entfernen (der Sauce beigeben), die Spitzen vierteln oder halbieren und in etwas hellbrauner Butter anrösten, bis sämtliche Flüssigkeit verdunstet ist. Mit Salz und Pfeffer würzen, mit Madeira ablöschen und total einkochen lassen. Kalt stellen.
Farce: Das Rehfleisch und den Speck durch die feine Scheibe des Fleischwolfs drehen, in den Mixer geben, mit Salz und Pfeffer würzen und fein pürieren. Zum Schluß die Gänseleber beigeben und in die Farce einmixen. Durch ein Haarsieb streichen, in einer kalten Schüssel mit einem Kochlöffel glatt rühren. Mit Portwein, Salz und Pfeffer abschmecken. Die ausgekühlten Morcheln einmengen.

ZUBEREITEN
Ofen auf 220° vorwärmen. Den Strudelteig wie üblich dünn ausziehen. Die Rehkoteletts mit Salz und Pfeffer bestreuen und die Morchelmasse auf beiden Seiten ca. ¼ cm dick aufstreichen. Die Koteletts in den Strudelteig einschlagen, das Ganze auf ein geöltes Papier legen, mit etwas zerlassener Butter bestreichen und bei guter Hitze in etwa 7 Minuten lang rosa backen.

ANRICHTEN
Mit Sauce auf heißen Tellern servieren. Als Garnitur eignen sich gedünstete Sellerieknollen: In Scheiben geschnitten, mit Trüffelscheiben in Butter angebraten, mit Madeira abgelöscht und gedünstet.

ANMERKUNG
Strudelteig rasch kneten aus 250 g Weizenmehl (Type 405), 20 g lauwarmer zerlassener Butter, knapp ⅛ l lauwarmem Wasser und 1 Ei. In eine Schüssel legen, mit zerlassener Butter oder Öl bestreichen. Ruhen lassen. Zum Ausziehen wieder mehrmals bepinseln.

Rehkoteletts mit Morchelfüllung in Strudelteig

Geschmorte Frischlingskeule, mit Honig überglänzt

Rezeptur für 8 Personen:
1 Frischlingskeule ca. 1,6 kg,
Salz, schwarzer Pfeffer aus der
Mühle, 12 Wacholderbeeren,
150 g kleine Petersilienwurzeln,
150 g junge Karotten,
100 g kleine Schalotten oder
Perlzwiebeln (nicht aus dem
Glas!), 2 EL Öl, 50 g Butter,
1 Thymianzweig, 2 Nelken,
1–2 kleine Lorbeerblätter,
1 EL Honig,
eventuell etwas Sherry

VORBEREITEN
Von der Keule die Schwarte so dünn wie möglich ablösen sowie den Schlußknochen auslösen und den Haxenknochen abscheiden bzw. verkürzen. Mit einem Tuch abtrocknen, mit Salz, Pfeffer und den fein gehackten Wacholderbeeren bestreuen und die Keule damit kräftig einreiben. Den Schlußknochen klein hacken. Die kleinen Petersilienwurzeln und die Karotten sauber waschen und schälen und dann ganz belassen. Die Zwiebeln schälen.

ZUBEREITEN
In einer Schmor- oder Bratpfanne das Öl und die Butter zum Aufschäumen bringen, die Keule einlegen und im vorgeheizten Ofen bei 220° langsam Farbe nehmen lassen. (Das Fett soll dabei nicht verbrennen.) Danach das Fett abschütten. Die zerkleinerten Knochen hinzufügen.
Nach ca. 20 Minuten die Keule umdrehen, die Aromaten, Karotten, Petersilienwurzeln und die Zwiebeln beigeben und bei 180° unter ständigem Übergießen mit dem eigenen Saft noch ca. 1 Stunde schmoren lassen. Das Fleisch soll rosa werden. Sollte es notwendig sein, mit etwas Wasser in kleinen Mengen untergießen. Die Keule aus der Pfanne nehmen, auf ein Drahtgitter placieren und noch 10 Minuten bei offenem Rohr ruhen lassen. Die Keule mit Honig einstreichen und unter starker Oberhitze glacieren. Den ausgetretenen Saft in die Sauce geben.
Sauce: Das aufsteigende überflüssige Fett abschöpfen. Den Bratensaft einige Male einkochen und danach mit wenig Wasser ablöschen, damit sich eine kurzgehaltene, kräftige Sauce bilden kann. Gemüse und Zwiebeln herausnehmen und reservieren. Die Sauce durch ein Sieb passieren und abschmecken. Je nach Wunsch einige Tropfen Sherry beigeben.

ANRICHTEN
Die Keule mit schwarzem Pfeffer aus der Mühle bestreuen und dem Knochen entlang in Scheiben schneiden. Mit den Gemüsen umlegen und mit etwas Sauce umgießen.
Statt der Gemüse können Maronen- oder Selleriepüree, Pilze oder was immer Sie möchten dazu serviert werden. Als Beilage eignen sich auch Maispfannkuchen.

TIP
Nach Belieben die Keule einige Tage mit denselben Aromaten in Milch einlegen und in den Kühlschrank stellen.

Wildsauce

Rezeptur für 4 Personen:
Die Parüren eines ganzen Rehrückens (Knochen, Häute, Sehnen sowie das Brustfleisch) oder etwa 1,5 kg Knochen und Fleischabfälle vom Wild,
25 weiße Pfefferkörner,
10 Wacholderbeeren,
1 kleine Zwiebel,
2 kleine Schalotten,
40 g Karotten,
40 g Knollensellerie,
3 EL Olivenöl,
20 g Butter,
2 Sträußchen Thymian,
2 Lorbeerblätter,
⅛ l Weißwein,
¼ l doppelter Rahm,
1 EL Cognac,
1 TL Preiselbeeren,
15 g Blauschimmelkäse

VORBEREITEN
Die Parüren zu Daumennagelgröße schneiden, Pfefferkörner und Wacholderbeeren zerdrücken. Zwiebel, Schalotten, Karotten und Sellerie in Würfel schneiden.

ZUBEREITEN
Parüren mit den Pfefferkörnern in heißem Olivenöl anrösten. Öl abschütten, Butter dazugeben und mit den Gemüsen und Aromaten braun rösten und anbraten.
Mit Weißwein ablöschen und reduzieren. Abgießen. Sahne und Cognac hinzufügen und zur gewünschten Konsistenz einkochen.
Preiselbeeren und Käse dazugeben und mit dem Handmixer pürieren. Anschließend durch ein Sieb passieren und abschmecken.

TIP
Nach Belieben auf die Sahne und den Käse verzichten und die Sauce nature belassen.
Die Sauce wird noch konzentrierter, wenn man mehrmals mit Wasser angießt und die Flüssigkeit jeweils wieder fast ganz einkochen läßt – so werden aus Fleisch, Knochen, Aromaten und Gemüsen alle Säfte ausgezogen.

ANMERKUNG
Diese Sauce läßt sich aus allen Wildresten und -parüren bereiten und paßt zu jeder Art von kurzgebratenem Wild (Medaillons, Filets) oder zu großen Braten.

Junge Rebhühner auf krauser Endivie

Rezeptur für 4 Personen:
4 junge Rebhühner, Salz,
Pfeffer, 4 dünne Scheiben fetter,
geräucherter Speck,
4 Weinblätter, 30 g Butter,
10 Wacholderbeeren,
1 guter Schuß braune
Geflügelbrühe (oder Wasser)
Für das Gemüse von krauser
Endivie (Frisée):
1 Endivie von etwa 250 g,
100 g Frühlingszwiebeln,
30 g Butter, 1 kleiner Schöpfer
Geflügelbrühe oder Wasser,
Salz, Pfeffer, Muskat
Für die Buttersauce:
3–4 EL Geflügelbrühe,
40 g Butter,
2 EL geschlagene Sahne,
2 EL glatte, gehackte Petersilie,
Salz, Pfeffer

VORBEREITEN
Die Rebhühner wie üblich sauber putzen, ausnehmen und abflämmen. Innen mit Salz und Pfeffer ausstreuen und zusammenbinden. Über die Brust die dünnen Speckscheiben legen, darauf die Weinblätter und beides mit Bindfaden festbinden.

ZUBEREITEN
Rebhühner: Den Ofen auf 220 Grad vorheizen und die Rebhühner darin etwa 20 Minuten braten, damit sie schön rosa werden. Dazu die Butter hellbraun aufschäumen lassen und die Rebhühner seitlich auf den Keulen einlegen. Die angedrückten Wacholderbeeren zugeben und unter häufigem Begießen braten. Nach 10 Minuten auf die andere Keulenseite legen. In den letzten 5 Minuten die Weinblätter und Speckscheiben abnehmen und die Brust nach oben liegend braun werden lassen. Noch häufiger beschöpfen. Zum Schluß salzen und pfeffern.
Die Speckscheiben in feine Streifen schneiden und in einer Pfanne ohne weiteres Fett anbraten. Auf einem Sieb abtropfen lassen.
Gemüse: Mit den angegebenen Zutatenmengen zubereiten, wie auf Seite 172 erklärt.
Buttersauce: Geflügelbrühe aufkochen und die eiskalten Butterstücke mit dem Mixstab einmixen (s. Seiten 77–79). Die sehr fest geschlagene Sahne und die Petersilie untermischen, würzen.

ANRICHTEN
Das fertige Rebhuhn auf das Endiviengemüse legen, beides zusammen warmhalten. Den Bratensatz mit etwas brauner Geflügelbrühe oder Wasser ablöschen, durch ein Sieb passieren.
Buttersauce an das Endiviengemüse geben, die Rebhühner mit dem Natur-Fond beträufeln und mit den Speckstreifen bestreuen. Sofort servieren.
Als Beilage passen sehr gut Kartoffelplätzchen (Macaire-Kartoffeln).

PRODUKTBESCHREIBUNG
Leider sind die Rebhühner selten und teuer geworden. Achten Sie darauf, daß Sie wirklich junge bekommen, was Sie daran erkennen können, daß die Füße grau gefärbt sind und sich die untere Schnabelhälfte noch biegen läßt.

Gemüse

Gemüse schmeckt nur dann dreisternewürdig, wenn es taufrisch ist und von erstklassiger Qualität. Das klingt ganz einfach und ist doch so schwer zu haben! Denn deutsche Gärtner haben im allgemeinen ihr Augenmerk mehr auf Massen- als auf Spitzenware gerichtet. Sie ernten erst, wenn alles zu groß ist, hart oder faserig geworden. Die meisten Produkte sind überdies ein Opfer zu ausgiebiger Düngung und halten an Geschmack nicht, was ihr Aussehen verspricht. So müssen wir einen Teil des Primeurs, Salate und Kräuter sowie fast alle ein wenig exotischen Gemüse aus dem Ausland importieren, obwohl sie ohne Schwierigkeiten bei uns angebaut werden könnten. Von guter Qualität sind dagegen die klassischen deutschen Gemüse, die in der zweiten Jahreshälfte geerntet werden: Möhren, Lauch, Sellerie (aber nicht Stangensellerie!), Kohl aller Art, Schmorgurken, Rote Rüben, Meerrettich usw. Schon bei den Erbsen aber wird es schwierig, bei den Bohnen dann klassischerweise unmöglich, und wir lassen sie aus Frankreich, Italien oder Kenia kommen. Es bleiben eben nur die langen Transportwege, die wirkliche Frische in der Massengesellschaft unmöglich machen. Denn was an Kühlung und Verpackung zur Vortäuschung von Frische unternommen wird, zerstört die Qualität des Produktes, das mit frisch geerntetem nur noch das Aussehen gemeinsam hat. Glücklich, wer über einen eigenen Garten verfügt!

Spinatknödel

Rezeptur für 4 Personen:
50 g Butter, 1 TL Mehl, 2 Eigelb,
40 g aufgetauter Blattspinat,
Salz, Pfeffer, Muskat,
Knoblauch, 150 g Brösel, Butter,
Parmesankäse

ZUBEREITEN
Die zimmerwarme Butter schaumig rühren, Mehl und nach und nach die Eigelb dazugeben, gut schlagen. Den Spinat dazumischen und mit Salz, Pfeffer, Muskat und Knoblauch würzen. Zuletzt die Brösel dazugeben. Die Masse 20–30 Minuten rasten lassen (Brösel gehen auf).
Dann Knödel formen und in leicht kochendes Salzwasser geben. Ca. 12–15 Minuten ziehen lassen. Herausnehmen, mit zerlaufener Butter übergießen, mit frisch geriebenem Parmesankäse bestreuen und servieren.

Glasierte Zwiebeln

Rezeptur für 4 Personen:
25 Frühlings- oder
Lauchzwiebeln (ca. 250 g),
15 g Butter, Salz,
Pfeffer, Zucker, etwas Essig

ZUBEREITEN
Die Lauchzwiebeln putzen. Im Topf die Butter zergehen lassen, die Lauchzwiebeln beigeben und anziehen lassen. Mit Salz, Pfeffer und Zucker würzen und mit einigen Tropfen Essig ablöschen. Das Ganze bei sehr schwacher Hitze braisieren, bis die Zwiebeln weich sind. Falls nötig, etwas Wasser hinzugeben.

Frisséesalat, braisiert

Rezeptur für 4 Personen:
1 Kopf Frisséesalat,
80 g gesalzene Butter,
2 Frühlingszwiebeln,
1 Messerspitze Knoblauch,
3 cl weißer Fond,
Salz, Muskatnuß,
1 EL Petersilie

ZUBEREITEN
Den Salatkopf putzen, in die einzelnen Stiele zerlegen und gut waschen. Wasser zum Kochen bringen, den Salat einlegen, nur einmal aufkochen lassen, dann sofort abschütten, den Salat in Eiswasser legen, abtropfen und ausdrücken.
30 g Butter aufschäumen lassen, die geschnittenen Zwiebeln und den Knoblauch beigeben, den Salat dazugeben und langsam braisieren. Wenn nötig, den Fond beigeben und mit Salz und Muskat würzen. Zuletzt die restliche kalte, gesalzene Butter einmontieren und die Petersilie dazugeben.

Ragout von Maronenpilzen, Äpfeln und Schalotten

Rezeptur für 4 Personen
16 kleine Maronenpilze,
8 Schalotten oder Perlzwiebeln,
2 kleine, säuerliche Äpfel,
2 Knoblauchzehen,
4 Taubenherzen und -lebern,
50 g Gänseleberfett von einer
Terrine – wenn möglich,
sonst Hühnerfett,
Salz, Pfeffer, 1 Prise Zucker,
1 kleiner Thymianzweig,
2 Nelken,
eventuell etwas Hühnerbrühe,
1 Prise Majoran

VORBEREITEN

Die Maronenpilze sauber putzen, wenn möglich nicht waschen. Ganz lassen. Die Schalotten oder Perlzwiebeln schälen. Die Äpfel schälen und in vier bzw. acht Stücke teilen, Kerngehäuse herausschneiden. Die Knoblauchzehen nicht schälen, sondern nur anklopfen. Die Taubenherzen vom gestockten Blut befreien, Lebern sauber putzen.

ZUBEREITEN

Das Fett heiß werden lassen, die Zwiebeln beigeben, mit Salz und Pfeffer bestreuen, 1 Prise Zucker darüberstreuen und die Zwiebeln bei schwacher Hitze in 30 Minuten halbgar rissolieren. Danach die Maronenpilze beigeben, ebenso Knoblauch, Thymian und Nelken. Die Zutaten ca. 10 Minuten weiterschmoren. Wenn notwendig, von Zeit zu Zeit mit etwas Brühe ablöschen.
Zum Schluß die Apfelspalten zufügen und ihnen eine schöne hellbraune Farbe geben. In etwa 10 Minuten weich dünsten.
In einer Pfanne etwas Fett heiß werden lassen, die Herzen einlegen und rasch rosa werden lassen. Zum Schluß die Leber zufügen, mit Salz und Pfeffer sowie etwas Majoran bestreuen und alles zu den Maronenpilzen geben. Nelken, Thymian und Knoblauch entfernen.

TIP

Es ist wichtig, daß die Pfanne gerade mit den Zutaten ausgefüllt ist. Eignet sich zu Taube, Ente, Gans und Schwein, wobei die Innereien dann von diesen Tieren genommen werden.

Ragout von Maronenpilzen, Äpfeln und Schalotten, folgende Seite

Perlpilzkappen im Eiermantel, in Butter gebraten

Rezeptur für 2 Personen:
4 mittelgroße Perlpilze,
1 Ei, 1 EL Olivenöl,
50 g gesalzene Butter (demi-sel),
etwas Mehl

VORBEREITEN
Die Stengel der Pilze herausdrehen, die Haut abziehen. Das Ei mit dem Öl mit Hilfe einer Gabel erst direkt vor Gebrauch verschlagen.

ZUBEREITEN
Die Butter hellbraun aufschäumen lassen, die Pilzkappe mit Mehl bestäuben, abklopfen, durch das Ei ziehen und mit der oberen Seite in die Butter einlegen, später umdrehen. Langsam braten, pro Seite ca. 4 Minuten. Öfters mit Butter übergießen. Die Butter darf nicht zu heiß werden!

ANRICHTEN
Die Pilze mit der schönen Seite nach oben anrichten. Etwas von der Butter darübergeben und so servieren. Dazu wird nichts von den üblichen Beigaben (Petersilie, Zitronensaft etc.) gereicht!

PRODUKTBESCHREIBUNG
Perlpilze kommen in manchen Sommern sehr häufig vor und werden bei uns stark unterschätzt. Sie sind zart, schmecken fein (was leider auch die Maden wissen!) und passen zu hellem Fleisch ganz ausgezeichnet.
Beim Sammeln kann man sie nicht mit dem giftigen und ähnlich aussehenden Panterpilz verwechseln, wenn man darauf achtet, daß ihr Fleisch beim Anschneiden stets zart errötet, auch um angefressene Stellen oder Wurmlöcher immer rötlich angelaufen ist.
Kleine, noch geschlossene Pilze als Ragout bereiten, die größeren Exemplare jedoch auf diese Art, welche sich auch hervorragend für Schirmpilze (Parasole) eignet.

Perlpilzkappen im Eiermantel, in Butter gebraten,
vorhergehende Seite

Rotkappen, mit Tomaten und Rosmarin gedünstet

Rezeptur für 4 Personen:
4 mittelgroße Rotkappen
(oder auch Steinpilze),
3 Flaschen-(Eier-)Tomaten,
1 kleine Knoblauchzehe,
1 Schalotte, 1 Messerspitze voll
feinst gehacktem Rosmarin,
3 EL Olivenöl, Salz, Pfeffer,
wenn vorhanden:
4 cl Perlhuhnsaft,
20 g Butter,
1 EL gehackte Petersilie

Die perfekte Beilage zu rosa gebratenem Perlhuhn!

VORBEREITEN
Die Rotkappen putzen und trocken sauberwischen. Die Tomaten 3 Sekunden lang in kochendes Wasser tauchen, dann in Eiswasser abschrecken, Haut abziehen, Tomaten entkernen und vierteln. In 1 cm große Würfel schneiden. Die Knoblauchzehe schälen und fein hacken, ebenso die Schalotte. Die Rosmarinnadeln mit 1 TL Öl beträufeln und sehr fein hacken. Die Rotkappen vom Stiel abtrennen. Den Stiel in ½ cm dicke Scheiben schneiden.

ZUBEREITEN
1 EL Olivenöl erhitzen, den gehackten Knoblauch und die Schalotte, ohne Farbe zu geben, anschwitzen, den Rosmarin beigeben, nach einigen Minuten auch die Tomaten. Mit Salz und Pfeffer würzen und alles langsam schmoren lassen. Eventuell etwas Perlhuhnsaft (oder Saft von anderem Fleisch) zugießen. Mittlerweile die Stiele in zur Hälfte Butter und zur Hälfte Olivenöl geben, nicht zu heiß auf beiden Seiten braten, mit Salz und Pfeffer bestreuen. Die Kappen ganz lassen und wie die Stiele behandeln. Steht ein Grill zur Verfügung, ist es empfehlenswert, die Pilze nicht zu braten, sondern zu grillen. Dazu vorher mit einem Butter-Öl-Gemisch einstreichen.

ANRICHTEN
Die gebratenen Stiele fächerartig auf heißen Tellern anordnen, mit etwas Tomatenfondue bedecken und mit wenig gehackter Petersilie bestreuen. Dazu die Rotkappen legen und sofort servieren.

TIP
Den Teller vorher mit Knoblauch einreiben. Auch gut: Die Stiele wie oben angeführt behandeln, anschließend zu den Tomaten geben und mitschmoren lassen.
Eignet sich auch als Begleitung zu Schwein, Kalb, Kaninchen und Stubenküken.

PRODUKTBESCHREIBUNG
Die festfleischigen und beim Garen dunkel werdenden Rotkappen können durch Birkenpilze, Maronen oder Schusterpilze (flockenstielige Hexenröhrlinge) ersetzt werden.

Bäckerin-Kartoffeln

Rezeptur für 2 Personen:
120 g Kartoffeln = 2 Stück,
60 g Zwiebeln, 5 g Butter,
½ Knoblauchzehe,
15 g Butter für die Form,
Salz, Pfeffer,
1 dl Geflügelfond

VORBEREITEN
Kartoffeln schälen und in 3 mm dicke, runde Scheiben schneiden. Zwiebeln schälen, in Halbringe schneiden und in ganz wenig Butter angehen lassen.

ZUBEREITEN
Die Hälfte der Kartoffelscheiben flach in eine mit Knoblauch ausgeriebene, mit Butter gut eingefettete Backform von ca. 19 cm Durchmesser legen. Die angeschwitzten Zwiebeln darauf verteilen. Mit Salz und Pfeffer würzen. Nochmals eine Schicht Kartoffeln in die Form geben. Mit dem Fond auffüllen und in den heißen Ofen stellen, bis der Fond reduziert ist und die Kartoffeln zu braten beginnen. Bei 200 Grad sollte das etwa ½ Stunde dauern.

Bratkartoffeln

Rezeptur für 4 Personen:
300 g Kartoffeln (geschält gewogen), 80 g Zwiebeln,
50 g Wammerl (geräucherter, durchwachsener Bauchspeck),
3 cl Öl, Salz und Pfeffer,
30 g Butter, 1 Thymianzweig,
2 Knoblauchzehen,
1 EL gehackte Petersilie

VORBEREITEN
Kartoffeln schälen und in ½ cm dicke Scheiben schneiden. Zwiebel schälen und in Halbringe, das Wammerl in Streifen schneiden.

ZUBEREITEN
Das Öl in einer Pfanne heiß werden lassen, die Wammerlstreifen sautieren und die Kartoffeln dazugeben. Mit Salz und Pfeffer würzen und unter Schwenken auf allen Seiten braun rösten. Zwiebel und Butter hinzugeben. Den Thymianzweig und die ganze, ungeschälte Knoblauchzehe hinzufügen (beides später wieder entfernen). Mit gehackter Petersilie bestreuen und anrichten.

Kartoffelnockerl Piemonteser Art

Rezeptur für 6 Personen:
1 kg mehlige Kartoffeln,
Salz, Muskat,
200 g Mehl, 3 Eigelb,
etwas Öl, 200 g Parmesankäse,
80 g Butter,
4 Blatt frischer Salbei

VORBEREITEN
Die Kartoffeln waschen und in Salzwasser weich kochen. Schälen, noch heiß durch ein Haarsieb drücken und mit Salz und Muskat würzen, auskühlen lassen. Anschließend das Mehl und die Eigelb beigeben und alles rasch zu einem festen Teig zusammenarbeiten. Es ist wichtig, diesen Teig sofort weiterzuverarbeiten, da er sonst klebrig wird! Einen Teil vom Teig abschneiden und daraus fingerdicke Rollen wälzen. Diese mit Hilfe einer Palette oder eines Messers in ½ cm lange Stücke schneiden, leicht mit Mehl bestäuben und über eine Gabel drücken.

ZUBEREITEN
Die Gnocchi in Salzwasser mit wenig Öl ca. 3 Minuten kochen, gut abtropfen lassen. In einen tiefen Teller geben, mit Parmesankäse bestreuen und mit nußbrauner Salbeibutter (Butter aufschäumen lassen; wenn sie hellbraun ist, die gehackten Salbeiblätter zugeben) abschmelzen.

Karotten Vichy

Rezeptur für 4 Personen:
150 g Karotten
(geputzt gewogen),
20 g Butter, Salz, Zucker,
2 cl Wasser, Butter

VORBEREITEN
Die geschälten, gewaschenen Karotten ziselieren und in dünne Scheiben schneiden. In einer Kasserolle die Hälfte der Butter aufschäumen lassen, die geschnittenen Karotten beigeben und anziehen lassen. Mit Salz und Zucker würzen. Wasser zugießen, abdecken und langsam kochen lassen. Mit etwas kalter Butter binden.

ANMERKUNG
Ziselieren: Mit der Messerspitze längs kleine Kerben in die Möhren schneiden – beim Hobeln in Scheiben entstehen dann Sternchen (wenn die Kerben eng nebeneinander geschnitten werden) oder Blumen (wenn sie im Abstand eingeschnitten werden).

Breite Bohnen mit Speck und Bohnenkraut in saurer Sahne

Rezeptur für 4 Personen:
300 g junge Breite Bohnen,
30 g Frühlingszwiebeln,
30 g geräuchertes Wammerl
(durchwachsener Bauchspeck),
1 Zweiglein Bohnenkraut,
Salz, 10 g Butter,
1 Spritzer weißer Essig oder
Flüssigkeit von Essig-Gurken,
6 cl dicke saure Sahne oder
Crème double, Pfeffer,
1 EL geschlagene Sahne

VORBEREITEN
Die Bohnen an beiden Enden abzupfen und schräg in ½ cm breite Stücke schneiden.
Die Frühlingszwiebeln putzen und fein schneiden. Das Wammerl ohne Schwarte und Knorpel in ½ cm breite Streifen schneiden und in Wasser einmal aufwallen lassen, danach auf ein Sieb schütten. Von dem Bohnenkrautzweig einige Blätter abzupfen, fein schneiden.

ZUBEREITEN
Die Bohnen in einem Edelstahltopf (ca. 22 cm Durchmesser) knapp mit Wasser bedecken, salzen, den verbliebenen Bohnenkrautzweig beigeben, und alles rasch zum Kochen bringen. Die Bohnen weich kochen – ca. 7 Minuten – sie sollten noch Biß haben. Auf ein Sieb schütten, falls noch Wasser vorhanden sein sollte.
In der Zwischenzeit die Butter in einer Kupferpfanne zerlaufen lassen, die Wammerlstreifen sowie die gehackten Zwiebelchen darin ohne Farbe zu geben anschwitzen. Einen Spritzer Essig und die saure Sahne hinzufügen, aufkochen lassen. Nun die Bohnen beigeben und nochmals einige Minuten durchkochen. Mit Salz und Pfeffer aus der Mühle, einem Spritzer Essig und dem gehackten Bohnenkraut würzen, zum Schluß noch 1 EL geschlagene Sahne unterheben. Sofort servieren.

ABWANDLUNGEN
Ca. 100 g von den 300 g Bohnen pürieren und die Bohnen damit abbinden oder, wenn vorhanden, mit 1 EL Béchamelsauce.
Als Hauptgericht gedacht: Mehr Bohnen und mehr Speck, die Frühlingszwiebeln ganz lassen und weiß glacieren.
Dazu oder mit hinein kleine neue Kartoffeln, die mit der Schale gekocht und dann geschält werden.

PRODUKTBESCHREIBUNG
Die stricknadelfeinen Kenia-Böhnchen haben einen so hervorragenden Ruf, daß in den feinen Restaurants die angestammten deutschen Bohnen fast vollkommen verdrängt wurden – zu Unrecht, denn die Breiten Bohnen schmecken eigentlich viel „bohniger". Nur: Jung müssen sie sein, dürfen noch keine deutlich ausgeprägten Bohnen ausgebildet haben. Leider lassen unsere Gärtner die Bohnen jedoch meist zu lange hängen.

Cassolette von jungem Lauch mit Ochsenmark oder Masthuhnleber

Rezeptur für 4 Personen:
3 Stangen junger Lauch,
4 Flaschen-(Eier-)Tomaten
oder 2 Fleischtomaten,
30 g schwarze Trüffel
(eventuell auch nur Schalen),
1 kleine Zwiebel,
25 g alter Parmesan,
12–14 Masthuhnlebern
oder 4 Markknochen,
1 Messerspitze Knoblauch,
Salz, 50 g Gänse- oder Entenfett
(am besten von einer Terrine
de foie gras), 1 Gewürznelke,
1 winziger Thymianzweig,
4 cl trockener Weißwein,
4 cl Noilly Prat,
6 cl Geflügelbrühe,
Pfeffer aus der Mühle,
1 Prise Muskat,
20 g Butter, 1 EL Olivenöl,
einige Spritzer Madeira

VORBEREITEN
Lauch putzen, das Grüne abschneiden. Den Rest in 4 cm lange Stücke schneiden, gut waschen und im kochenden Salzwasser einmal aufkochen lassen. In Eiswasser kalt abschrecken und auf einem Tuch trocknen. Tomaten überbrühen, Haut abziehen, vierteln, entkernen und in 1 cm große Würfel schneiden. Trüffel grob hacken. Zwiebel schälen und in ganz feine Würfel schneiden. Parmesan frisch reiben. Die frischen Masthuhnlebern von Sehnen, Adern und Häuten befreien. Werden Markknochen verwendet, diese zuvor 6 Stunden in eiskaltes Wasser legen, damit das Mark weiß wird. Dann das Mark aus den Knochen drücken. Kurz heiß abspülen und abwischen, um Knochensplitter zu entfernen. Mit einem immer wieder in heißes Wasser getauchten Messer in Scheiben schneiden. 1 Messerspitze Knoblauch mit Salz verreiben.

ZUBEREITEN
Das Gänseleberfett in einer Kasserolle zerlaufen lassen. Die gehackten Zwiebeln, ohne Farbe zu geben, langsam angehen lassen. Trüffel zufügen, nach ca. 5 Minuten die Tomaten, den Thymianzweig, die Gewürznelke ebenfalls dazugeben und behutsam weiterköcheln, bis die Flüssigkeit total verdunstet ist. Mit Weißwein und Noilly Prat ablöschen, abermals reduzieren lassen. Die Lauchstücke darauf legen und mit Geflügelbrühe aufgießen. Vorsichtig salzen und mit Butterpapier abdecken, Deckel aufsetzen und den Lauch im Ofen langsam, bei ca. 180 Grad, in 35 Minuten gar dünsten.
Die Lauchstücke in tiefe, vorgewärmte Pfännchen (Cassolettes) oder Teller verteilen, den gewonnenen Sud dickflüssig einkochen, mit Salz und Pfeffer und Muskat korrigieren und damit die Lauchstücke überziehen. Sachte mit dem Parmesan bestreuen, einige Butterflocken darauf verteilen und unter starker Oberhitze hellbraun gratinieren.
Mittlerweile die Geflügelleber in schäumender Butter mit etwas Olivenöl rosa braten, mit Salz und Pfeffer aus der Mühle bestreuen und das Lauchgericht damit umlegen. Oder mit dem ganz kurz in Salzwasser blanchierten Markscheiben belegen.
Mit etwas Madeira beträufeln und sofort servieren.

TIP
Dazu paßt getoastete Flûte (dünne französische Weißbrotstangen), welche mit einem Hauch von Knoblauch eingerieben wird.

Cassolette von jungem Lauch mit Ochsenmark oder Masthuhnleber,
folgende Seite

Gemischtes Gemüse

Rezeptur für 4 Personen:
50 g Erbsenschoten
(Mange-touts),
50 g Kirschtomaten,
50 g Bleichsellerie
50 g Pfifferlinge,
50 g Butter,
Salz, etwas Zucker,
Pfeffer aus der Mühle,
Kräuter nach Belieben

VORBEREITEN
Die Schoten putzen – Spitzen und Stiele abschneiden und, falls vorhanden, Fäden ziehen.
Tomaten mit kochendem Wasser überbrühen, dann sofort in Eiswasser abschrecken, damit das Fruchtfleisch nicht weitergart und die Farbe leuchtend wird. Abtropfen, schälen.
Vom Bleichsellerie die an den Stangenrücken verlaufenden Fäden abziehen. Stangen dann quer in Scheibchen schneiden.
Pfifferlinge putzen, möglichst nicht waschen, damit sie sich nicht voll Wasser saugen. Alle Gemüse erst jetzt abwiegen.

ZUBEREITEN
Die Gemüse getrennt in jeweils 10 g Butter aufsetzen. Zu den Schoten ein wenig Wasser geben, ebenso eine Prise Zucker. Letztere auch an die Tomaten und die Gurken, ansonsten alles salzen. Zugedeckt die Tomaten fast nur erwärmen, die Gurken schmoren und die Pfifferlinge Saft ziehen lassen, nach einigen Minuten aufdecken und alle Flüssigkeit verdunsten lassen.
Nach Geschmack mit Pfeffer würzen. Zum Schluß mit einem Stückchen Butter schwenken.

ANRICHTEN
Einzeln oder vermischt servieren und mit Kräutern nach Belieben (Kerbel, Estragon, Petersilie) dekorieren oder bestreuen.

ANMERKUNG
Natürlich können Sie hier alle möglichen Gemüse kombinieren, die ebenso zubereitet werden.
Kohl (Broccoli, Blumenkohlröschen, Rosenkohl, Kohlrabi-Oliven) vorher blanchieren. Zucchini olivenförmig mit etwas leuchtendgrüner Schale zuschneiden. Gurken schälen, entkernen und in Halbkreise schneiden.

Gemischtes Gemüse, vorhergehende Seite

Wirsing-Timbale

Rezeptur für 4 Personen:
8 Wirsingblätter (ca. 200 g),
Salz, 4 Karotten (80 g),
2 Petersilienwurzeln (80 g),
1 kleine Zwiebel (80 g, alle diese Gemüse geschält und zugeschnitten gewogen),
20 g Wammerl (geräucherter, durchwachsener Bauchspeck),
¼ Knoblauchzehe,
20 g Butter, Pfeffer,
2 EL Geflügelfond,
1 EL gehackte Petersilie

VORBEREITEN
Wirsingblätter in Salzwasser blanchieren. Karotten und Petersilienwurzel schälen und in dünne Scheiben schneiden. Zwiebel schälen und in Halbringe schneiden. Wammerl in kleine Würfel schneiden und blanchieren. Knoblauchzehe fein hacken.

ZUBEREITEN
4 Timbale-Formen mit Butter ausreiben, den blanchierten Wirsing einlegen, salzen und pfeffern. Zwiebel, Speck und Knoblauch in Butter anschwitzen, das Gemüse hinzugeben und mit etwas Wasser fast weichkochen. Salzen, pfeffern und mit der Petersilie vermischen. Das Gemüse in die Förmchen verteilen, die Blätter einschlagen und etwas Geflügelfond angießen. Mit Alufolie abdecken und bei 200 Grad ca. 45 Minuten im Rohr braisieren.

Ragout aus feinen Zuckererbsen und grünen Spargelspitzen

Rezeptur für 4 Personen:
400 g Zuckererbsen,
8 grüne Spargelspitzen,
2 Frühlingszwiebeln (ca. 30 g),
1 EL gehackte Petersilie,
Salz, 40 g Butter, Zucker,
1 kleine Prise Muskat

VORBEREITEN
Erbsen ausbrechen. Spargelspitzen schälen und in 1 cm große Stücke schneiden. Frühlingszwiebeln ohne Grün waschen und in Würfel schneiden. Petersilie waschen, zupfen und klein schneiden.
Spargelbutter: Die Spargelenden in 1 dl leicht gesalzenem Wasser weichkochen (ca. 6 Minuten), abschütten, auf ein Sieb geben und mit 30 g Butter fein pürieren. Kalt stellen.

ZUBEREITEN
In eine feuerfeste Glasschüssel 1 EL Wasser, 10 g Butter, die Erbsen, die geschnittenen Spargelspitzen, eine Prise Zucker, etwas Salz und eine Prise frisch geriebene Muskatnuß geben, mit dem Deckel so abdecken, daß noch ein Spalt offen bleibt, und ca. 6–10 Minuten kochen lassen. Zum Schluß die Spargelbutter beigeben und das Gemüse abbinden. Petersilie einschwenken.

Grüner Spargel mit Wachteleiern

Rezeptur für 2 Personen:
200 g grüner Spargel,
Salz, 10 g Butter,
1 EL dickflüssige Sahne,
abgezupfte Kerbelblättchen,
Pfeffer aus der Mühle,
8 Wachteleier, 1 Schuß Essig
Für die Butterbrösel:
40 g Butter,
2 EL frisch geriebene
Weißbrotbrösel (von einem Tag altem Toastbrot)

VORBEREITEN
Spargel waschen und die unteren Enden abschneiden. Die Spitzen abschneiden, die Stiele reservieren. Beides getrennt in Salzwasser weich kochen, so daß aber noch ein Biß vorhanden ist. Sofort in Eiswasser abschrecken, damit die schöne Farbe erhalten bleibt. Abtropfen lassen und auf Küchenpapier trocknen.

ZUBEREITEN
In einer Pfanne die Butter erhitzen. Sobald sie aufzuschäumen beginnt, die Spargelabschnitte und -spitzen einlegen. Sahne zufügen und die Spargelstangen damit unter Rütteln erwärmen und überziehen. Zum Schluß die Kerbelblättchen dazugeben und abschmecken.

Wachteleier: Gleichzeitig die Wachteleier pochieren. Dazu die Eier auf einem dünnen Messerrücken vorsichtig aufschlagen und in einen Löffel gleiten lassen. Mit diesem Löffel in leise siedendes Essigwasser setzen und 3 Minuten pochieren. Herausheben, auf Küchenpapier trocknen und die anhängenden Fäden mit einer Schere abschneiden.

Butterbrösel: Butter braun werden lassen und die frisch geriebenen, unbedingt von einem weichen Brot bereiteten Brösel darin braun anrösten.

ANRICHTEN
Spargel schön auf heißen Tellern verteilen, Wachteleier dazusetzen und alles mit den Butterbröseln bestreuen. Noch mit frischen Kerbelblättchen verzieren.

ANMERKUNG
Das Aufschlagen der Wachteleier ist nicht ganz einfach, weil sie eine zähe Eihaut besitzen. Wer es einfacher will, pochiert die Wachteleier in der Schale und gibt sie geschält auf die Teller.

PRODUKTBESCHREIBUNG
Auch grüner Spargel ist nur gut, wenn er ganz frisch ist. Beste Ware kommt aus Frankreich, Italien und Kalifornien. Sind die unteren Enden beim Kauf verpackt, so bestehen Sie darauf, daß das Papier entfernt wird – jetzt sehen Sie, ob die Enden verschrumpelt oder verschimmelt sind, was auch für die Spitzen mäßige Qualität bedeutet.

Grüner Spargel mit Wachteleiern

Champagner-Sauerkraut auf bürgerliche Art

Rezeptur für 8 Personen:
500 g Sauerkraut,
3 mittlere Zwiebeln,
6 kleine Karotten,
2 Knoblauchzehen in Scheiben,
200 g Wammerl,
3 säuerliche Äpfel,
600 g Selchkarree,
150 g Gänseleberfett,
2 kleine Thymianzweige,
2 Lorbeerblätter, 2 Nelken,
1 Prise Majoran,
Salz, Pfeffer,
¾ Flasche Champagner

VORBEREITEN
Frisches Sauerkraut oder gute Dosenware waschen und vollkommen abtropfen lassen. Die Zwiebeln schälen, halbieren und in Scheiben schneiden. Die Karotten schaben, Knoblauch abziehen und beides in Scheiben schneiden.
Das Wammerl in Streifen schneiden, einmal in Wasser aufkochen lassen, auf ein Sieb schütten und kalt abspülen. Die Äpfel schälen, vierteln, entkernen und grob raspeln. Das Selchkarree 20 Minuten in ungesalzenem Wasser kochen lassen, danach herausnehmen.

ZUBEREITEN
Das Gänseleberfett langsam erhitzen. Wammerlstreifen zugeben, glasig werden lassen. Zwiebel, Knoblauch, Karotten sowie sämtliche Aromaten zufügen, alles langsam, ohne Farbe zu geben, anschwitzen.
Darauf das Sauerkraut verteilen sowie die geraspelten Äpfel und das Selchkarree. Mit dem Champagner untergießen. Deckel daraufsetzen und das Kraut langsam gar dünsten.

TIP
Die Flüssigkeit soll fast zur Gänze verdunstet sein. Ein Löffel Béchamel und etwas Sahne runden das Kraut fein ab.

PRODUKTBESCHREIBUNG
Sauerkraut in ein Sieb legen und so lange frisches Wasser darüberfließen lassen, bis das Wasser unten klar herausläuft – vor allem bei naturbelassenem Sauerkraut wichtig, das dabei auch leicht entsalzen wird. Dosenware ist im allgemeinen weniger salzig und man braucht nicht so lange nachzuspülen. Dem Geschmack kommt diese Maßnahme jedoch immer zugute.
Selchkarree vorbestellen – ein Stück Kotelettstrang mit Gewürzen und Pökelsalz einlegen lassen (oder selbst pökeln).
Unbedingt einen Champagner brut, also ganz besonders herb, nehmen! Der Champagner darf ruhig von einer kräftigen Sorte sein (kein Blanc de Blancs).

Desserts

Wer kann Süßem widerstehen? Gute Desserts begeistern jeden, auch jene, die immer wieder behaupten, sie würden sich aus Süßem nichts machen! Aber Desserts sind nicht nur ein Vergnügen, sondern auch ganz einfach gesund: Der Zucker gibt neue Kräfte, verjagt die Müdigkeit nach einem ausgiebigen Mahl und stärkt das innere Wohlbefinden.
Auf ein gelungenes Dessert muß man allerdings ein wenig Zeit und Mühe verwenden. Man muß auch konzentriert und genau arbeiten, denn schnell kann eine Creme einmal zu heiß werden und gerinnen. Aber bei aller Arbeitsintensität sind Desserts doch praktisch, weil man sie gut vorbereiten kann und nur noch das endgültige Anrichten zur Zeit des Essens vom Tisch ablenkt. Und nirgendwo gibt es so viele Möglichkeiten, mit wenig Mitteln viel zu erreichen! Vor allem mit frischen Früchten und aromatischen Beeren gelingen Gerichte, die ganz einfach sein können, wenn die Qualität der verwendeten Produkte einwandfrei ist. Ein simples Kompott, eine Creme mit vollreifen Erdbeeren, karamelisierte Äpfel – das sind Entdeckungen, die sich im Zeitalter der Dosen und gekühlten Früchte wieder lohnen! Und wenn Sie gar noch mit ein paar einfachen Tricks den Anblick Ihrer Desserts ins Zauberhafte wenden, dann ist Ihnen das Entzücken Ihrer Gäste gewiß!

Apfelschmarrn mit frischen Walnüssen

Rezeptur für 2 Personen:
30 g Mehl, 1/10 l Milch,
1 Prise Salz,
1 Messerspitze Vanillezucker,
etwas abgeriebene
Zitronenschale,
1 Schuß Stroh-Rum, 3 Eier,
1 säuerlicher Apfel,
10–12 frische Walnüsse
(Schälnüsse),
10 g geklärte Butter,
30 g frische Butter,
30 g Puderzucker,
1 TL Zucker

VORBEREITEN
Schmarrn: Mehl mit Milch, Salz, Vanillezucker, Zitronenschale und ein paar Tropfen Rum glattrühren und die Eier nur leicht darunterziehen – nicht verschlagen.
Apfel: Apfel schälen, vierteln und das Kerngehäuse herausschneiden. Die Spalten in etwa 1 cm dicke Scheiben schneiden. Nüsse knacken, die Kerne auslösen und schälen.

ZUBEREITEN
Schmarrn: Die geklärte Butter (Butterschmalz) leicht erhitzen und den Teig hineingeben. In den auf 200 Grad vorgeheizten Backofen schieben. Wenn der Teig oben trocken wird, seitlich 10 g frische Butter zugeben, die Teigplatte wenden. Hat der Schmarrn eine schöne Farbe bekommen, mit 2 Gabeln leicht zerreißen. 20 g Puderzucker darüberstäuben und 10 g Butter in dünnen Scheibchen darauf verteilen. Wieder in den Ofen schieben und zart karamelisieren.
Apfel: 10 g Butter in einer Teflonpfanne zerlaufen lassen, den Zucker einstreuen und karamelisieren lassen. Die Apfelscheiben hinzugeben und rasch karamelisieren bzw. glacieren. Dabei die Hitze reduzieren. Nicht zu weich werden lassen. Sobald der Apfel Farbe bekommen hat, die Walnüsse dazugeben.

ANRICHTEN
Die Schmarrnstücke auf zwei Tellern verteilen und den glacierten Apfel mit den Walnüssen darauf anordnen. Mit dem restlichen Puderzucker bestäuben und servieren.

PRODUKTBESCHREIBUNG
Am besten schmecken hierin Canada Reinetten oder Boskoop. Sonst eine Sorte nehmen, die nicht zu leicht zerfällt.
Frische Walnüsse (Schälnüsse) gibt es leider nur kurze Zeit. Das Abziehen der bitteren Haut macht auch viel Arbeit – aber sie lohnt sich, denn die reinen Kerne schmecken nun viel zarter. In der übrigen Zeit des Jahres muß man sich mit einer Zwischenlösung bescheiden: Walnußkerne überbrühen, 1 Stunde ziehen lassen; jetzt löst sich die Schale. Die Kerne nach Belieben auch in Milch einweichen, das macht sie noch zarter.

Apfelschmarrn mit frischen Walnüssen

Topfen-Ravioli auf Zwetschgen-Röster

Rezeptur für 4 bis 8 Personen:
400 g Nudelteig (s. Seite 33),
1 Ei, 600 g Zwetschgen-Röster
(oder Aprikosen-
bzw. Kirsch-Ragout),
Staubzucker zum Bestreuen
Für die Fülle:
100 g Butter, 40 g Zucker,
½ Zitrone, 3 Eigelb,
2 cl Rum, 400 g Quark,
40 g Marzipan,
100 g Brioche-Brösel
Für die Butter-Brösel:
150 g Brioche-Brösel,
50 g Butter, 50 g Zucker
Für die Vanille-Milch:
½ l Milch, 80 g Zucker,
1 Vanillestange

VORBEREITEN
Fülle: Butter, Zucker, Zitronensaft und Zitronenschale schaumig rühren. Eigelb, Rum, Quark und Marzipan dazumischen, Brioche-Brösel beimengen und das Ganze ungefähr 30 Minuten ruhen lassen.
Ravioli: Den Nudelteig dünn ausrollen oder mit der Maschine austreiben, mit verquirltem Ei bestreichen.
Fülle in einen Spritzsack mit Loch-Tülle einfüllen und kleine Tupfen aufspritzen. Mit Teig abdecken, in den Zwischenräumen festdrücken und die Ravioli abradeln.

ZUBEREITEN
Butter-Brösel: Butter aufschäumen lassen, Brösel und Zucker beigeben und langsam braun rösten.
Vanille-Milch: Milch, Zucker und längs aufgeschlitzte Vanillestange (das Innere der Stange herauskratzen) zum Aufkochen bringen.
Ravioli einlegen und in etwa 3 Minuten garziehen lassen.

ANRICHTEN
Auf den Tellern den Zwetschgen-Röster oder das jeweilige Ragout (kalt) verteilen und darauf die gut abgetropften Ravioli placieren. Mit Butter-Bröseln sowie Staubzucker bestreuen.

TIP
Die Ravioli können auch in Salzwasser gekocht werden.

Gefüllte Datteln mit Mokkasauce

Rezeptur für 4 Personen:
24 frische Datteln,
10 g frischer Ingwer,
200 g weiße Schokoladen-Mousse,
2 EL Himbeerpüree
Für die Mokkasauce:
1 dl (0,1 l) Vanillecreme
(s. Seite 219),
1 EL flüssige Sahne,
1 gestrichener TL Kaffeepulver
(pressopresso),
1 TL Cognac

VORBEREITEN
Die Datteln schälen, längs aufschneiden, vorsichtig aufbiegen und die Kerne herauslösen. Ingwer schälen und in feine Streifchen (Julienne) schneiden.

ZUBEREITEN
Datteln: Die Früchte mit Hilfe eines Spritzsackes mit der weißen Schokoladen-Mousse füllen.
Sauce: Sämtliche Zutaten zusammen in einen Rührbecher geben und mit dem Pürierstab aufmixen.

ANRICHTEN
Pro Person sechs Datteln sternförmig auf einem Teller anordnen. Die Mokkasauce in die Mitte gießen, so daß sie von selbst nach außen fließt. In die Mitte der auseinandergeflossenen Sauce einen Klacks von Himbeerpüree träufeln und mit einem spitzen Gegenstand durch Himbeerpüree und Mokkasauce einen Stern zwischen die Datteln ziehen, wobei sich das abgebildete Ornament ergibt. Den Ingwer über die Datteln verteilen.
Nach Belieben noch 3 eingelegte Rumpflaumen (Seite 214) dazulegen, mit Puderzucker und Kaffepulver bestäuben und Minzeblättchen dazulegen.

PRODUKTBESCHREIBUNG
Frische Datteln gibt es jetzt immer öfter bei uns zu kaufen, auch ausgezeichnete Tiefkühlware aus Israel findet man in zunehmendem Maße. Die frischen Datteln schmecken mehr nach Obst als die getrockneten und sind nicht gar so pappig-süß. Außerdem gelten sie als sehr gesund und sollen sowohl dem Herzinfarkt als auch dem Krebs vorbeugen.

Gefüllte Datteln mit Mokkasauce, folgende Doppelseite, Teller links

Weiße und braune Schokoladen-Mousse mit Rumpflaumen

Rezeptur für 4 Personen:
Für die braune Mousse:
105 g Buttercouverture,
20 g Milchcouverture,
1 ganzes Ei,
½ cl Stroh-Rum, ½ cl Cognac,
300 g geschlagene Sahne
Für die weiße Mousse:
125 g weiße Couverture,
1 ganzes Ei, 1 Blatt Gelatine,
300 g geschlagene Sahne,
½ cl Stroh-Rum,
½ cl Grand Marnier
Für die Orangensauce:
100 g Zucker, ⅛ l durchgeseihter frischer Orangensaft,
1 TL Kartoffelmehl,
4 cl Cointreau
Weiterhin:
20 Rumpflaumen (Seite 214),
Pfefferminzblättchen,
Schokoladen-Raspeln,
Puderzucker, Kakao

ZUBEREITEN
Braune Mousse: Die Couverture im Wasserbad auflösen. Das ganze Ei schaumig schlagen, am besten über Dampf, anschließend kalt rühren.
Die erkaltete Couverture zum Eischaum geben und vollkommen glatt rühren. Rum und Cognac dazugießen, ebenfalls untermischen. Zum Schluß die geschlagene Sahne in mehreren Partien ganz vorsichtig unterheben. Kalt stellen.
Weiße Mousse: Derselbe Arbeitsvorgang wie bei der braunen Mousse, nur in der aufgeschlagenen, noch warmen Eiermasse die eingeweichte und gut ausgedrückte Gelatine auflösen.
Orangensauce: Zucker mit wenig Wasser in einem hellen Töpfchen aufsetzen und hellbraun karamelisieren lassen. Mit dem Orangensaft neben dem Feuer ablöschen (Vorsicht, spritzt!) und bis auf ⅔ einkochen lassen. Mit dem mit einem EL kaltem Wasser angerührten Kartoffelmehl abbinden. Cointreau zufügen und auskühlen lassen.

ANRICHTEN
Mit zwei immer wieder in lauwarmes Wasser getauchten Eßlöffeln jeweils eine Portion Mousse abstechen und formen. Auf Teller setzen, Rumpflaumen danebenlegen. Mit Pfefferminzblättchen garnieren, Sauce dazugießen und mit Schokoladen-Raspeln, Puderzucker und/oder Kakao nach Belieben garnieren.

TIP
Nach Belieben die Orangensauce mit Schokoladensauce oder Himbeerpüree umgießen und ein Ornament herstellen, indem mit einem spitzen Gegenstand die äußere spiralenförmig in die innere Sauce gezogen wird.

PRODUKTBESCHREIBUNG
Couverture nur im guten Fachgeschäft kaufen – was in Deutschland normalerweise unter Kuvertüre angeboten wird, ist unbrauchbar. Sie können auch halbbittere und Milchschokolade nehmen, sollten dann aber die Schokolade mit etwas zusätzlicher Butter auflösen.
Bei weißer Schokolade ist es noch schwieriger – jeder Hersteller hat eine andere Mischung, so daß man vor Überraschungen niemals gefeit ist. Machen Sie unbedingt einen Versuch, bevor Sie dieses Dessert für Gäste bereiten! Eventuell zur Schokolade etwas Butter, wenn sie auseinanderfällt, ein wenig Stärke geben.

Weiße und braune Schokoladen-Mousse mit Rumpflaumen,
vorhergehende Doppelseite, Teller rechts

Nougatcreme auf Meringue mit Kaffee-Sauce

Rezeptur für 7 Personen:
Für die Nougatcreme:
200 g Nougat, 3 Blatt Gelatine,
2 Eigelb, 60 g Staubzucker,
2 cl Sahne,
1 cl Rum oder Cognac,
3 dl geschlagene Sahne,
Kakaopulver zum Bestäuben,
eventuell Minzeblättchen
und Puderzucker
Für die Meringue-Masse:
⅛ l Eiweiß, 125 g Zucker,
1 Prise Salz,
abgeriebene Zitronenschale,
Vanillezucker
Für die Kaffee-Sauce:
100 g geröstete Kaffeebohnen,
½ l süße Sahne, 1 Prise Salz,
8 Eigelb, 100 g Zucker,
1 cl Kaffee-Likör,
3 EL geschlagene Sahne

ZUBEREITEN:

Nougatcreme: Nougat im Wasserbad auflösen, Gelatine in Wasser einweichen. Eigelb mit Staubzucker schaumig rühren. Die eingeweichte Gelatine in 2 cl warmer Sahne auflösen, zu den Eigelb geben und alles nochmals schaumig schlagen. Dann die aufgelöste Nougatmasse zugeben und glatt rühren. Rum oder Cognac zufügen. Zum Schluß geschlagene Sahne unterheben und die Masse in Förmchen (8 cm Durchmesser, 4 cm Höhe) abfüllen. Kühl stellen.
Meringue: Aus Eiweiß, Zucker und Salz einen festen Schnee schlagen, mit Zitronenschale und Vanillezucker abschmecken.
Auf Butterpapier aus dem Spitzbeutel mit glatter Tülle Kreise von 8 cm Durchmesser flach aufspritzen und im Ofen bei 100° in etwa 45 Minuten ganz trocken ausbacken. Wenn die Nougatcreme angezogen hat, mit jeweils einer Meringue-Scheibe bedecken.
Kaffee-Sauce: Kaffeebohnen zerstoßen und fein mixen oder mahlen. ½ l Sahne (vorher 1 EL abnehmen) und eine Prise Salz mit dem Kaffeepulver aufkochen lassen. Eigelb mit Zucker verrühren, die kochende Sahne unter Rühren langsam dazugießen und über Dampf bis zur Rose (bis eine dickliche Creme entsteht) abziehen.
Durch ein feinmaschiges Sieb passieren und auskühlen lassen.
Vor dem Anrichten mit dem zurückbehaltenen Löffel flüssiger Sahne und eventuell 1 cl Kaffee-Likör gut aufmixen. Zum Schluß die geschlagene Sahne darunterheben.

ANRICHTEN

Die Förmchen mit der Creme kurz in heißes Wasser tauchen und die Creme auf Teller stürzen. Außen herum die Kaffee-Sauce gießen, und die Creme mit Kakaopulver bestreuen. Eventuell mit Minzeblättern garnieren und den Tellerrand mit Staubzucker bestreuen.

PRODUKTBESCHREIBUNG

Sowohl Nougat-Masse als auch der Kaffee müssen von allererster Qualität sein. Nur beim guten Confiseur bzw. Röster kaufen!

Blätterteig-Schnitte mit Zitronencreme und Kiwis

Rezeptur für 4 Personen:
160 g Blätterteig, Puderzucker
6 Kiwis
Für die Zitronen-Buttercreme:
75 g Zucker, 75 g Butter, 1 Ei,
Saft und Schale von 1 Zitrone,
0,1 l süße Sahne
Für die Honigsauce:
2 dl Honig,
5 g frische Ingwerscheiben,
2 Limetten, 1 TL Speisestärke

VORBEREITEN
Den Blätterteig zu einem Rechteck von 24×6 cm ausschneiden, die Teigstücke mit Puderzucker dick bestäuben und auf ein Blech geben. Im Ofen, der auf 225° vorgeheizt wurde, gut ausbacken, wobei die Oberfläche karamelisieren sollte. Teig auskühlen lassen.
Zitronen-Buttercreme: Zucker, Butter, Ei, Zitronensaft und -schale verquirlen, zusammen aufkochen lassen, passieren und kalt stellen. Die kalte Sahne steif schlagen und unter die Masse heben.
Honigsauce: Honig in einem Topf aufkochen und die frischen Ingwerscheiben beigeben, mit dem Saft von 2 Limetten ablöschen. Zur Seite stellen und ca. 10 Minuten ziehen lassen. Danach aufkochen und mit der Speisestärke, die mit wenig kaltem Wasser angerührt wurde, leicht abbinden und dann passieren.
Kiwis: Kiwis schälen und in etwa 3 mm dicke Scheiben schneiden.

ZUBEREITEN
Den Teig fast am Boden durchschneiden. Mit Zitronencreme bestreichen, darauf die Kiwi-Scheiben verteilen, welche wiederum mit Zitronencreme bedeckt werden. Nochmals eine Schicht Kiwi-Scheiben darauf und zum Abschluß nochmals Zitronencreme.
Teig-Deckel daraufsetzen und die Schnitten für wenigstens 10 Minuten im Kühlschrank kalt stellen.

ANRICHTEN
Die gefüllten Schnitten auf kalte Teller placieren und mit der heißen Honigsauce umgießen.

TIP
Man kann die Blätterteigplatten auch nur mit Ei bestreichen und normal backen. Den Blätterteig-Deckel dann mit Puderzucker bestäuben, unter den Grill geben, karamelisieren und im letzten Moment auf die Kiwis und die Zitronencreme setzen. Kiwi-Scheibe als Garnitur darauflegen und mit etwas Honigsauce beträufeln.

Ananas-Crêpe mit Orangenragout

Rezeptur für 2 Personen:
Für den Crêpe-Teig:
0,5 dl (3–4 EL) Milch,
2 EL Mehl, einige Tropfen Rum,
1 Prise Salz,
etwas Vanillezucker,
ein Hauch frisch abgeriebene
Zitronenschale, 2 Eier,
50 g Butter, 50 g Puderzucker,
Puderzucker zum Bestäuben
Für die Ananas:
½ Ananas, 10 g Butter,
100 g Puderzucker
Für das Orangen-Ragout:
20 g Zucker,
⅛ l passierter Orangensaft,
1 Messerspitze Ingwerwürfel
2 Orangen, ½ TL Cointreau

VORBEREITEN
<u>Teig:</u> Mehl und Milch glattrühren, die Geschmackszutaten dazugeben und zum Schluß die Eier unterheben.
<u>Ananas:</u> Die Ananas schälen und den Strunk herauslösen. Der Breite nach in dünne Scheiben schneiden.
Butter in einer Teflonpfanne zerlaufen lassen. Ananas dazugeben und mit etwa 100 g Puderzucker bestreuen. Farbe nehmen lassen. Umdrehen und auf der anderen Seite so lange glacieren, bis die Ananasscheiben insgesamt eine schöne Farbe bekommen haben.
<u>Orangen-Ragout:</u> Zucker mit einem EL Wasser karamelisieren. Wenn er leicht Farbe angenommen hat, mit dem Orangensaft ablöschen und bei kleiner Hitze langsam kochen lassen. Wenn ungefähr die Hälfte eingekocht ist, den Ingwer dazugeben und kaltstellen. Zum Schluß die Filets von zwei Orangen und den Cointreau zugeben.

ZUBEREITEN
In einer Pfanne 20 g Butter heiß werden lassen. Den Crêpe-Teig dünn eingießen, die Pfanne in den Ofen stellen. Wenn der Teig oben trocken ist, umdrehen und die Ananasscheiben gleichmäßig hineinschichten. Mit Butterflocken (die restlichen 30 g) bestreuen und mit 50 g Puderzucker bepudern. Im Grill glacieren. Wenn die Ananasscheiben eine schöne Farbe haben, herausnehmen.

ANRICHTEN
Crêpe auf einen großen Teller betten. In die Mitte die Orangenfilets mit ihrer Sauce geben. Den Tellerrand mit Puderzucker bestäuben.

PRODUKTBESCHREIBUNG
Am besten sind nicht die großen, gelbgrünlichen Früchte, sondern die kleineren, fast rotgoldenen Sorten. Die besten Ananas kommen aus Südafrika.

Crêpes mit Maronenmus

Rezeptur für 4 Personen:
Für den Crêpes-Teig:
25 g Mehl, 1/16 l (4 EL) Milch,
1/16 l Sahne, 20 g Vanillezucker,
1 Spritzer Rum,
1 Prise Salz, abgeriebene Schale
von 1/4 Zitrone, 1 Eigelb,
1 Ei, 15 g zerlassene Butter,
Butter zum Backen der Crêpes,
Aprikosen- oder Orangenmarmelade, Puderzucker
Für das Maronenmus:
150 g rohe Maronen (ergeben 100 g Püree), 100 g geschlagene Sahne, 1/2 cl Kirschwasser, Puderzucker nach Geschmack

VORBEREITEN
Crêpes: Mehl, Milch und Sahne verrühren, die Geschmackszutaten beigeben und zum Schluß die Eier und die zerlassene Butter unterrühren.
Mus: Die Maronen kreuzweise einritzen und im heißen Öl fritieren oder im heißen Backofen aufplatzen lassen. Von Schalen und Haut befreien. Im Mixer pürieren, mit der geschlagenen Sahne und dem Kirschwasser vermengen. Nach persönlichem Geschmack süßen.

ZUBEREITEN
Die Crêpes dünn ausbacken, mit dem Maronenmus einstreichen, einrollen und die Enden andrücken. In eine feuerfeste, gebutterte Form dicht nebeneinanderlegen. Leicht mit Aprikosen- oder Orangenmarmelade einstreichen, mit Puderzucker bestäuben und unter dem Grill karamelisieren lassen.

PRODUKTBESCHREIBUNG
Die Maronen (Eßkastanien) müssen frisch sein. Das Dessert läßt sich also nur im Herbst auf diese Weise zubereiten. In der übrigen Jahreszeit kann man, will man auf die Crêpes nicht verzichten, eine nur schwach oder gar nicht gesüßte Maronencreme aus der Dose verwenden.

Rhabarber-Timbale mit Kirsch-Ragout

Rezeptur für etwa 12 Personen:
Für das Rhabarber-Püree:
Saft von 1 Orange,
Saft von 2 Zitronen,
280 g geschälter Rhabarber (Erdbeer-Rhabarber),
100 g Zucker
Für die Rhabarber-Timbale:
4 Blatt Gelatine, 3 Eier,
50 g Puderzucker, Zimt,
Nelkenpulver,
2 dl geschlagene Sahne
Für das Kirsch-Ragout:
400 g Rotwein, 100 g Zucker,
Saft von je ½ Orange und Zitrone,
500 g entsteinte, dunkle Kirschen,
2 cl Whisky-Likör Drambuie

ZUBEREITEN

Rhabarber-Püree: Orange und Zitronen auspressen und den Saft in eine feuerfeste Glasform schütten. Den geschälten Rhabarber in Stücke schneiden und beigeben, ebenso den Zucker. Deckel darauflegen und den Rhabarber langsam vollkommen weich dünsten, bis fast sämtliche Flüssigkeit verschwunden ist.
Mit dem Mixstab pürieren, durch ein Sieb passieren und kalt stellen.
Rhabarber-Timbale: Gelatine-Blätter in Wasser einweichen. Eier trennen. 3 Eigelb und Puderzucker schaumig schlagen und etwas Zimt und Nelkenpulver beigeben.
Gelatine aus dem Wasser nehmen, ausdrücken und in einem Töpfchen bei milder Hitze zerlaufen lassen. Dem Eischaum beigeben. Wie das Rhabarber-Püree kalt stellen und fast stocken lassen.
In der Zwischenzeit die Sahne möglichst steif und 2 Eiweiß in einer anderen Schüssel zu festem Schnee aufschlagen. Beides unter die Rhabarber-Masse heben. In bereitstehende Förmchen abfüllen und in ungefähr 3 Stunden durchkühlen und stocken lassen.
Kirsch-Ragout: Rotwein mit Zucker in einem Edelstahltopf auf ¼ einkochen. Saft von je einer halben Orange und Zitrone sowie die entsteinten Kirschen beigeben. Gut durchschwenken und zum Schluß den Whisky-Likör zufügen (nicht abbinden!).

ANRICHTEN
Die Förmchen einzeln kurz (1 Sekunde) in kochendheißes Wasser tauchen und auf eiskalte Teller stürzen. Mit dem Kirsch-Ragout umgeben und eventuell mit einigen mit Puderzucker bestäubten Minze-Blättern garnieren.

TIP
In den Rhabarber kann zum Schluß noch etwas frisch gehackter Ingwer gegeben werden. Restliches Eiweiß anderweitig verwerten.

PRODUKTBESCHREIBUNG
Am besten ist der rotschalige, sogenannte Erdbeer-Rhabarber. Achten Sie auf dicke, fleischige und möglichst wenig gerippte Stiele, denn bei ihnen sind die Fasern, die man sonst abziehen muß, praktisch gar nicht vorhanden.

Erdbeer-Rosette auf Rhabarber-Schaum

Rezeptur für 4 Personen:
250 g Rhabarber
(Sorte Erdbeer-Rhabarber),
Saft von 3 Zitronen,
100 g Zucker, 0,3 l Wasser,
2 Eigelb, 100 g Puderzucker,
2 EL geschlagene Sahne,
1 Prise gemahlener Zimt,
320 g Erdbeeren,
einige Pfefferminz-Blättchen,
Puderzucker zum Bestäuben

VORBEREITEN
Die Rhabarberstangen waschen, schälen und in 1 cm große Stücke schneiden.

ZUBEREITEN
Zitronensaft, Zucker und das Wasser in einem dafür geeigneten Topf aufkochen lassen, die Rhabarberstücke beigeben und weichdünsten. Den Rhabarber auf ein Sieb schütten und gut abtropfen lassen. (Die Flüssigkeit kann anderweitig verwendet werden: für eine Eiszubereitung, zum Trinken etc.) Den abgetropften Rhabarber in eine Schüssel schütten und zum Durchkühlen auf Eis stellen.
In der Zwischenzeit die Eigelb und den Puderzucker dickschaumig und weiß schlagen. Den kalten Rhabarber unter die Eigelb-Masse heben. Nochmals auf Eis stellen, dann die geschlagene Sahne sowie die Prise Zimt darunterziehen. Die Erdbeeren putzen (möglichst nicht waschen!) und in ½ cm dicke Scheiben schneiden.

ANRICHTEN
Auf eiskalten Tellern den Rhabarber-Schaum zu einem Kreis verteilen, darauf die vollaromatischen Erdbeeren in Rosetten-Form anordnen, mit einigen Pfefferminz-Blättern garnieren und zum Schluß mit Puderzucker bestäuben. Sofort servieren.

TIP
Dazu paßt Grand-Marnier-Eis hervorragend!

PRODUKTBESCHREIBUNG
Am besten sind die Erdbeeren der Sorte Senga sengana – allerdings muß man diese im eigenen Garten haben oder sich auf einer Erdbeerfarm pflücken, denn auf dem Markt ist sie praktisch nicht mehr vertreten: Sie verdirbt zu rasch, wenn sie bei genügender Reife gepflückt werden soll. Legen Sie Erdbeeren niemals in den Kühlschrank, denn in der Kälte verlieren sie ihr Aroma (wie es den aus Italien oder von anderswo importierten Früchten passiert), und denken Sie daran, daß bereits zwei Stunden nach dem Pflücken erwiesenermaßen eine geschmackliche Veränderung in den Beeren festzustellen ist. Erdbeeren sind die empfindlichsten aller Beeren!

Erdbeer-Rosette auf Rhabarber-Schaum

Auflauf von Sacherbröseln mit geeister Minze-Sauce

Rezeptur für 4 Personen:
50 g Sacherbrösel, 2 Eier,
50 g Zucker,
50 g Bitter-Schokolade,
10 g Kakao, ½ EL Rum,
Butter und Zucker
für die Förmchen
Für die Minze-Sauce:
0,2 l Sahne, 40 g Zucker,
4 Eigelb,
5–10 kleine Minzeblätter,
½ EL Pfefferminzlikör,
1 EL Sahne

ZUBEREITEN
Auflauf-Masse: Reste von einer Sachertorte fein reiben. Eier trennen. Eigelb mit 30 g Zucker sehr steif aufschlagen. Die im Wasserbad geschmolzene Schokolade sowie den Kakao und ein Drittel der Sacherbrösel unterheben.
Die Eiweiß mit 20 g Zucker steif schlagen und unter die Eigelb-Masse heben. Die restlichen Sacherbrösel vorsichtig einstreuen und leicht unterheben. Zur Verfeinerung kann ½ EL Rum beigegeben werden.
Kleine Rehrückenförmchen (ersatzweise kleine Soufflé-Förmchen nehmen) mit Butter ausstreichen und mit Zucker bestreuen. Die Auflauf-Masse einfüllen und im Wasserbad bei 200° vorsichtig 18–20 Minuten im Rohr kochen.
Minze-Sauce: Sahne mit Zucker aufkochen und mit den Eigelb zur Rose abziehen – also bei milder Hitze dicklich schlagen, dabei jedoch nicht mehr kochen lassen. Sofort in gehacktem Eis kalt stellen und bis zum völligen Abkühlen immer wieder durchrühren, damit sich keine Haut bildet. Die Minzeblätter, den Likör sowie einen Löffel Sahne mit dem Mixstab fein pürieren und in die kalte Sauce mischen.

ANRICHTEN
Die Formen stürzen und mit der eiskalten Sauce umgießen. Mit einigen Minzeblättern garnieren.

Soufflé von Quark mit Aprikosensauce

Rezeptur für ca. 6 Personen:
80 g Quark, 2 Eier, 1 Eiweiß,
70 g Zucker,
ganz wenig Zitronenschale,
Butter und Zucker
für die Förmchen
Für die Aprikosensauce:
500 g vollreife Aprikosen,
2 EL Wasser, 1 dl Weißwein,
150 g Zucker, ½ Zimtstengel,
Saft von ½ Zitrone

VORBEREITEN
Quark durch ein Sieb streichen. Eier trennen.

ZUBEREITEN
Soufflé: 2 Eigelb mit 40 g Zucker und Zitronenschale schaumig schlagen, den passierten Quark beigeben und glatt rühren. 3 Eiweiß mit 30 g Zucker zu steifem Schnee schlagen und unter die Quarkmasse ziehen. Soufflé-Förmchen mit Butter ausstreichen und mit Zucker ausstreuen, die Masse bis zu ¾ hoch einfüllen. Etwa 15 Minuten im Wasserbad im Rohr backen.
Aprikosensauce: Frische Aprikosen mit Wasser, Weißwein, Zucker, Zimtstengel und etwas Zitronensaft langsam zu einem Püree köcheln lassen. Durch ein Sieb passieren und kalt stellen.

ANRICHTEN
Auf einen kalten Teller stürzen und mit der eiskalten Aprikosensauce übergießen.

PRODUKTBESCHREIBUNG
Der Quark sollte recht trocken sein – am besten ist Schichtkäse geeignet, da unser Quark in den meisten Fällen mit zu viel Wasser und Bindemitteln homogenisiert ist. Am besten gelingt das Soufflé mit wenig fettem Quark.

Scheiterhaufen aus Brioches und Äpfeln

Rezeptur für 4 Personen:
4 hausgemachte Brioches zu je etwa 20 g (s. Seite 12),
4 Dörr-Aprikosen, Zucker,
4 cl Aprikosenlikör,
120 g ungesalzene Süßrahmbutter, etwas Milch,
4 säuerliche Äpfel (Boskoop),
die Schale von 1 Orange oder 1 Mandarine,
Butter für die Form,
Zimtzucker,
wenn vorhanden: Abfälle von Mandelbögen, Puderzucker,
⅛ l Vanille-Sauce (s. Seite 219)
Für den Eierguß (Royale):
1 Ei, ⅛ l Milch,
1 TL Zucker

VORBEREITEN

Bereits am Vortag die Brioches backen. Dörr-Aprikosen einweichen, in etwas Läuterzucker durchkochen, auskühlen lassen und über Nacht in Aprikosenlikör marinieren. Butter klären (vorsichtig erwärmen), den Schaum abschöpfen, das reine Schmalz abpassieren von der Molke. Brioches in ½ cm dicke Scheiben schneiden, auf einem Blech anordnen, mit warmer Milch leicht benetzen. Die Äpfel schälen, halbieren, Kerngehäuse entfernen und die Früchte ebenfalls in ½ cm dicke Scheiben schneiden.

Die Orangenschale ohne das Weiße (die sogenannte Zeste) sehr fein hacken und einmal in kochendem Wasser aufwallen lassen, danach auf ein Sieb abschütten. Die Dörr-Aprikosen in feine Streifen oder Würfel schneiden, mit den Orangenzesten vermischen und mit Aprikosenlikör beträufeln. Förmchen (ca. 12 cm ⌀) mit weicher Butter gut ausstreichen und mit Zimtzucker ausstreuen. In einer beschichteten Pfanne etwas von der geklärten Butter erhitzen, die Briochescheiben einlegen und auf beiden Seiten goldgelb anbakken; danach auf ein Saugpapier legen. Ebenso werden die Äpfel behandelt.

Eierguß: Lauwarme Milch mit dem Ei und dem Zucker mit Hilfe eines Schneebesens oder einer Gabel verschlagen.

ZUBEREITEN

Mit den Apfelscheiben beginnen, die hübsch in den Förmchen angeordnet werden, darauf Briochescheiben usw. Jede Schicht mit dem Aprikosen-Orangenschalen-Gemisch bestreuen. Falls vorhanden, auch die Abfälle (oder Bruch) von Mandelbögen darüberstreuen. Mit Brioches abschließen und mit dem Eierguß auffüllen. Mit Alu-Folie abdecken. Bei 200° im vorgewärmten Ofen ca. 20 Minuten backen, danach 10 Minuten ruhen lassen.

ANRICHTEN

Auf einen Teller stürzen, mit Puderzucker bestreuen und im Salamander oder bei starker Oberhitze glacieren (dies ist jedoch nicht unbedingt notwendig). Umgießen mit einer Vanille-Sauce.

PRODUKTBESCHREIBUNG

Wichtig sind aromatische Äpfel bester Qualität – vorzugsweise aus Deutschland, weil die hiesigen Äpfel eine elegantere Säure besitzen als jene aus den südlichen Ländern.

Scheiterhaufen aus Brioches und Äpfeln

Kalte Reis-Galette mit Weichselkirsch-Ragout

Rezeptur für 4 Personen:
100 g Risotto-Reis (s. Seite 32),
3 dl Wasser,
Salz, 4 dl Milch, ½ Zimtrinde,
je 1 Stück Orangen- und
Zitronenschale,
40 g Zucker, 4 Blatt Gelatine,
1 dl Sahne, 1 Eiweiß,
1 Spritzer Kirschwasser
Für das Weichselkirsch-Ragout:
Siehe Zutaten für die
Dünstflüssigkeit beim
„Kirsch-Gratin mit frischen
Mandeln," (Seite 219),
300 g entsteinte Weichseln
(Sauerkirschen)

VORBEREITEN
Den Risotto-Reis in kochendes Salzwasser schütten und kurz durchkochen. Anschließend auf ein Sieb schütten und mit kaltem Wasser abschrecken.
Die Milch mit der Zimtrinde, Orangen- und Zitronenschale und Zucker aufkochen, den abgekühlten Reis beigeben, gut umrühren und zugedeckt im Ofen bei 160° garen. Er soll nur noch wenig Biß haben. Von Zeit zu Zeit mit der Gabel umrühren. Die Milch soll fast zur Gänze eingekocht sein. Die Gewürze herausnehmen und den Reis kalt stellen.

ZUBEREITEN
Die Gelatine-Blätter in Wasser einweichen. Die Schlagsahne steif schlagen; Eiweiß zu Schnee schlagen. Den eingeweichten und gut ausgedrückten Gelatine-Blättern etwas Kirschwasser beigeben und im Wasserbad oder am Herdrand zum Schmelzen bringen. Den Reis unter ständigem Rühren beigeben, anschließend den steif geschlagenen Rahm sowie den Eischnee vorsichtig einmengen. In Portionsförmchen füllen und 3 Stunden durchkühlen lassen.

ANRICHTEN
Beim Stürzen mit einem spitzen Messer rund um die Förmchenränder entlang fahren, eventuell kurz in heißes Wasser tauchen und dann jeweils auf einen kalten Teller stürzen. Mit Weichselkirsch-Ragout umgießen.

TIP
Als Begleiter eignen sich auch Himbeer-Püree oder Orangensauce.

Gefrorenes Soufflé mit Chivas und Früchten

Rezeptur für 10 Portionen:
3 Eier, 3 Eigelb, 110 g Zucker,
¼ Kaffeetasse Chivas Regal Whisky, ¼ Kaffeetasse Drambuie Whisky-Likör,
¼ l geschlagene Sahne,
Mangoscheiben,
Ananasscheiben, Orangenfilets,
Minzeblätter, Staubzucker
Für die Whiskysauce:
65 g Zucker,
½ l passierter Orangensaft,
1 TL Kartoffelmehl,
¹⁄₁₆ l Chivas Regal Whisky

VORBEREITEN
6 Eigelb mit 35 g Zucker gut schaumig rühren. 3 Eiweiß mit 75 g Zucker zu Eischnee schlagen.

ZUBEREITEN
3 Eßlöffel schaumige Eiermasse vorsichtig in den Eischnee mischen. Whisky und Likör dazugeben, die restliche Eigelbmasse unterheben und zum Schluß die geschlagene Sahne. In Förmchen geben und im Gefrierschrank mindestens 5 Stunden ziehen lassen.
Whiskysauce: Zucker mit 2 Eßlöffeln Wasser karamelisieren lassen. Wenn die Flüssigkeit leicht Farbe angenommen hat, mit dem Orangensaft ablöschen und bei kleiner Hitze einkochen. Ist der Saft auf ¼ reduziert, vorsichtig mit dem Kartoffelmehl binden. Zum Schluß den Chivas dazugeben, durch ein feines Sieb gießen und abkühlen lassen.

ANRICHTEN
Mangoscheiben, Ananasscheiben und Orangenfilets auf einem großen Teller anrichten. Das Soufflé am Förmchenrand mit einem Messer loslösen, die Form kurz in heißes Wasser tauchen, abtrocknen und das Soufflé in die Mitte des Tellers stürzen. Die Früchte mit der Sauce nappieren. Mit Minzeblättern garnieren und mit Staubzucker bestreuen.

PRODUKTBESCHREIBUNG
Das Dessert lebt von dem Gegensatz zwischen altem, vollem Whisky und den aromatischen Früchten. Verwenden Sie deshalb keinen leichteren Whisky und achten Sie auf vollreifes und makelloses Obst!

Muskattrauben auf Asti-Spumante-Creme

Rezeptur für 8–10 Personen:
Für den Mandelbiskuit:
5 Eier, 70 g Zucker,
65 g gesiebtes Mehl,
40 g geriebene Mandeln
Für die Creme:
4 Blatt Gelatine,
3 Eigelb, 80 g Zucker,
Saft von ½ Zitrone,
¼ l Asti Spumante,
4 Eiweiß, 1 Prise Salz,
Grappa zum Tränken,
300 g abgezupfte, dunkle,
kleine Muskattrauben –
wenn möglich kernlos
Für das Gelee:
4 Blatt Gelatine,
¼ l Asti Spumante,
80–100 g Zucker (je nach Süße der Trauben)

VORBEREITEN
Mandelbiskuit: Bereits am Vortag backen. Zunächst die Eier trennen. Eigelb mit Zucker schaumig schlagen, die Eiweiß zu einem festen Schnee. Den Eischnee auf die Eigelbmasse geben, mit Mehl besieben und die geriebenen Mandeln daraufstreuen. Mit dem Spachtel den Schnee samt Mehl vorsichtig und locker unterheben. Auf ein mit Backpapier ausgelegtes Blech verteilen und bei 200 Grad 30 Minuten backen. Abkühlen lassen.
Creme: Gelatine in kaltem Wasser einweichen. Die Eigelb mit dem Zucker schaumig rühren. Gelatine aus dem Wasser nehmen, ausdrücken und bei milder Hitze in einem kleinen Töpfchen schmelzen. Zitronensaft und Asti an die Eigelb geben, ebenso die zerlaufene Gelatine. Noch einmal durchschlagen, dann das Ganze kaltstellen und anstocken lassen.
Die Eiweiß mit einer Prise Salz steifschlagen. ¼ davon unter die angestockte Masse heben, dann den Rest.
Inzwischen den Mandelbiskuit mit Tortenringen von 8 cm Durchmesser (für Lignitzer Torte) ausstechen, so daß 8 Taler entstehen. Leicht mit Grappa tränken bzw. beträufeln. Der Tortenring wird mit der Creme aufgefüllt, jedoch nicht ganz bis zum Rand. Die Creme kaltstellen und fest werden lassen.
Die Trauben ganz lassen oder halbieren und bei Bedarf entkernen.
Gelee: Die Gelatineblätter in kaltem Wasser einweichen. Asti und Zucker zum Aufkochen bringen und die eingeweichten, ausgedrückten Gelatineblätter beigeben. Flüssigkeit einmal aufkochen lassen, abschäumen und kaltstellen, bis sie fast stockt.

ZUBEREITEN
Die Trauben hübsch auf der gestockten Creme anordnen, mit Gelee bedecken und nochmals kaltstellen.

ANRICHTEN
Aus dem Ring schneiden und auf einem kalten Teller anrichten, rundherum eventuell rote Traubensauce gießen.

Muskattrauben auf Asti-Spumante-Crème

Clairefontaine mit Himbeersauce

Rezeptur für 6–8 Personen:
1 Limette, 300 g Zucker,
3 ganze Eier, 25 g Butter,
200 g (0,2 l) süße Sahne,
1½ Blatt weiße Gelatine,
4 cl (2–3 EL) Zitronen-
oder Limettensaft,
Himbeeren zum Dekorieren
Für die Himbeersauce:
200 g Himbeeren, 20 g Zucker,
1 cl Himbeergeist

ZUBEREITEN

Die Limette in wirklich hauchdünne Scheiben schneiden. 200 g Zucker und 200 ccm (0,2 l) Wasser einmal aufkochen. Den kochendheißen Zuckersirup über die Limettenscheiben gießen und erkalten lassen. Diesen Vorgang noch sechsmal wiederholen, bis die Früchte weich sind. Dann mit ihnen sechs bis acht kleine Näpfchen (Soufflé-Förmchen) auslegen.
Die ganzen Eier mit 100 g Zucker im Wasserbad schaumig schlagen. Sobald die Masse dick ist, das Gefäß herausnehmen und die Eiermasse kalt schlagen. 25 g fast flüssige, lauwarme Butter zugeben und 200 g steif geschlagene Sahne unterziehen. Gelatine nach Vorschrift einweichen, ausdrücken, in 4 cl Zitronensaft auf sanfter Hitze in einem kleinen Töpfchen auflösen und unter die Eier-Sahne-Masse ziehen. Die Creme in die vorbereiteten Näpfchen füllen und im Kühlschrank 3 Stunden gut durchkühlen lassen.
Himbeersauce: Die Himbeeren pürieren, durch ein Sieb passieren und mit Zucker und Himbeergeist abschmecken.

ANRICHTEN

Zitronencreme auf Teller stürzen, mit Himbeeren verzieren und mit der Himbeersauce umgießen.

PRODUKTBESCHREIBUNG

Limetten schmecken „exotischer" als Zitronen. Nach Belieben auch Mandarinen oder Clementinen nehmen und mit Zitronensaft säuern. Statt frischer Himbeeren können Sie, da das Dessert im Winter nicht weniger gut schmeckt als im Sommer, auch tiefgekühlte nehmen. Für das Püree auftauen, die Beeren für die Dekoration jedoch noch gefroren anlegen.

Pfirsich, in Honig-Likör gedünstet

Rezeptur für 4 Personen:
*4 vollreife Pfirsiche,
Saft von ½ Orange,
Saft von ½ Zitrone,
70 g Zucker, 0,1 l Honiglikör,
3 EL Honig, 10 g Ingwer,
Julienne von ½ Limette
oder Zitrone,
Julienne von ½ Orange,
40 g frische Mandeln
(abgezogene Kerne von grünen
Mandeln), Vanilleeis*

VORBEREITEN
Die Pfirsiche 2–3 Sekunden in kochendes Wasser tauchen und sogleich im bereitstehenden kalten Wasser abschrecken, um die Haut abziehen zu können. Den ausgepreßten Orangen- und Zitronensaft mit 30 g Zucker aufkochen lassen, darin die Pfirsiche wälzen, und diese ganz leise zugedeckt in 5–10 Minuten weich dünsten. Des öfteren mit Saft begießen.
In der Zwischenzeit 40 g Zucker mit 4 cl Wasser zu einem hellbraunen Karamel kochen, mit Honiglikör ablöschen, den Honig zugeben und alles auf ⅓ einkochen – langsam!
Nun den frischen Ingwer in den Honig-Karamel raspeln und das Ganze für rund 10 Minuten beiseite stellen. Danach durch ein Sieb streichen. Von den Orangen und Limetten die Schale dünn abheben (ohne das Weiße) und in feine Streifen (Julienne) schneiden. In kochendes Wasser werfen, einmal aufkochen lassen, auf ein Sieb schütten und kalt abspülen. Gut abtropfen lassen und dem Honig-Karamel beigeben. Mandeln knacken. Kerne schälen und die Hälften auseinanderdrücken.

ZUBEREITEN
Pfirsiche und Flüssigkeit dem Honig-Karamel beigeben, nochmals zugedeckt ungefähr 3 Minuten ziehen lassen.

ANRICHTEN
Pfirsiche in tiefe Teller verteilen, mit dem Honig-Karamel begießen und mit den frischen Mandeln bestreuen. Eventuell mit einigen Himbeeren umlegen. Vanilleeis getrennt reichen oder in allerletzter Sekunde neben den Pfirsich legen.

TIP
Es können ersatzweise auch gehobelte oder gestiftelte Mandeln verwendet werden – oder darauf verzichten. Gehobelte oder gestiftelte Mandeln bitte vorher anrösten.

PRODUKTBESCHREIBUNG
Die Pfirsiche müssen reif und aromatisch sein. Am besten weißfleischige aus Italien oder große weißfleischige Weinbergpfirsiche mit dunkler Schale aus Frankreich.

Birne, mit Zimtcreme gefüllt und mit Backpflaumen umlegt

Rezeptur für 4 Personen:
4 reife, mittelgroße Birnen, 200 g Zucker, Wasser,
Saft von 3 Zitronen,
¼ l Weißwein, ¼ l Grenadine,
1–2 Gewürznelken,
½ Zimtstange,
1 TL Kartoffelmehl,
4 cl Birnenlikör
Für die Backpflaumen:
250 g Dörrpflaumen
(beste Qualität), ½ l Rotwein,
130 g Zucker,
3 Orangenschalen (ohne Weißes),
3 Zitronenschalen (ohne Weißes),
1 Zimtstange, 2 Gewürznelken,
½ l starker Schwarztee
Für die Zimtcreme:
2 Blatt Gelatine, ¼ l Sahne,
½ Zimtstange,
1 Messerspitze Zimtpulver,
1 Prise Salz, 6 Eigelb,
45 g Zucker, 1 cl Rum,
⅛ l geschlagene Sahne

VORBEREITEN

Birnen: Zucker mit einigen Löffeln Wasser hell karamelisieren lassen. Mit Zitronensaft ablöschen, Karamel auflösen und fast ganz einkochen. Mit Weißwein und Grenadine auffüllen, Nelken und Zimtstange beigeben, zum Kochen bringen. Schaum abschöpfen.
Die Birnen schälen, Stiele aber daranlassen. Früchte von unten her, mit Hilfe eines kleinen Löffels oder Apfelausstechers, aushöhlen und das Kerngehäuse vollkommen herausstechen. Birnen in die kochendheiße Flüssigkeit einlegen, einmal kurz aufkochen und auf kleinem Feuer gar ziehen lassen. Wenn die Birnen weich sind, mit Hilfe eines Schaumlöffels herausnehmen, auf ein Tuch zum Abtropfen geben und auskühlen lassen. Die Flüssigkeit durch ein Sieb passieren und ⅔ davon einkochen.
Das Kartoffelmehl mit etwas kaltem Wasser glatt anrühren und die Flüssigkeit damit abbinden. Einmal kurz aufkochen lassen, kaltstellen. Zum Schluß den Birnenlikör beigeben.
Backpflaumen: Rotwein, Zucker, Orangen- und Zitronenschalen, Zimtstange, Nelken zum Aufkochen bringen und mit dem Tee auffüllen. Wieder zum Kochen bringen und etwa 5 Minuten kochen. Die Dörrpflaumen in die Flüssigkeit einlegen und bei schwacher Hitze 10 Minuten lang ziehen lassen. Anschließend in eine Schüssel umschütten, abdecken und 24 Stunden kaltstellen.
Für Rumpflaumen den Rotwein durch Jamaica-Rum ersetzen.
Zimtcreme: Die Gelatineblätter zum Einweichen in kaltes Wasser legen. Sahne mit Zimtstange, Zimtpulver und einer Prise Salz einmal kurz aufkochen lassen. Die Eigelb mit Zucker in eine Schüssel geben und mit einem Schneebesen so lange rühren, bis sich der Zucker aufgelöst hat. Dann die aufgekochte Zimt-Sahne unter Rühren langsam dazuschütten und das Gemisch über Dampf bis zur Rose (also bis eine dickliche Creme entstanden ist) aufschlagen. Die Schüssel vom Dampf wegnehmen, ständig weiterschlagen. Creme durch ein Sieb passieren. Gelatineblätter aus dem Wasser nehmen, gut ausdrücken und zum Zerlaufen in die noch warme Masse legen. Auf Eis kalt schlagen. Die leicht gestockte Masse mit dem Rum glattrühren, und ¼ der geschlagenen Sahne vorsichtig darunter mengen. Danach die restliche geschlagene Sahne unterziehen. In eine tiefe Schüssel abfüllen und ½ Tag im Kühlschrank stocken lassen.

ANRICHTEN

Birnen mit Hilfe eines Spritzbeutels mit der Zimtcreme füllen und auf 4 kalte Teller setzen. Mit Backpflaumen umlegen und mit Birnen-Sauce überziehen. Mit abgetropften Backpflaumen umlegen.

Birne, mit Zimtcreme gefüllt und mit Backpflaumen umlegt

Basler Aprikosen-Wähe

Rezeptur für 8–12 Personen:
200 g Blätterteig,
40–50 g geriebene Mandeln
oder Haselnüsse,
500 g Aprikosen,
¼ l süße Sahne, 2 Eier,
2 gestrichene EL Mehl,
1 Hauch Zimt, 2 EL Zucker,
1 Prise Salz,
Puderzucker zum Bestäuben

ZUBEREITEN
Blätterteig dünn ausrollen und eine Form von 26 bis 27 cm Durchmesser damit auskleiden – nach Belieben vorher mit Butter einstreichen oder kalt abspülen. Den Boden stupsen (mit einer Gabel häufig einstechen, damit er beim Backen nicht zu sehr aufgeht). Geriebene Mandeln oder Haselnüsse auf den Boden streuen. Mit den halbierten und entkernten Aprikosen belegen. Sahne mit den Eiern, Mehl, Zimt, Zucker und der Prise Salz verrühren, aber nicht schaumig schlagen. Über die Aprikosen gießen. Auf dem Boden des Backofens einschieben, der auf 200 Grad vorgeheizt wurde. Nach 15 Minuten auf die mittlere Schiene einschieben. Die Wähe gut lauwarm mit Puderzucker bestäubt servieren.

TIP
Nach Belieben den Puderzucker 5 Minuten vor Ende der Backzeit auf die Wähe streuen und die Oberfläche auf der obersten Schiene glacieren. An Stelle der Aprikosen können Sie auch Sauerkirschen (entkernt), Pflaumen oder Zwetschgen, Äpfel (vorzugsweise Boskoop) oder Rhabarber nehmen (bei Rhabarber mehr gemahlene Nüsse oder Mandeln einstreuen, weil er mehr Saft abgibt).

ANMERKUNG
Wenn Sie tiefgekühlten Blätterteig verwenden, so nehmen Sie drei Platten. Zwei der Platten nach dem Antauen mit etwas Butter bestreichen und die Platten aufeinanderlegen. Erst dann auf bemehlter Unterlage ausrollen. Es ist sehr wichtig, Blätterteiggebäck zunächst auf dem Boden des Herdes einzuschieben, denn nur dann bekommt der Blätterteig den „Stoß", der ihn schön aufgehen läßt – leider wird das zu wenig berücksichtigt.

PRODUKTBESCHREIBUNG
Nur reife Aprikosen schmecken gut. Reife Aprikosen werden jedoch schnell matschig. Matschige Aprikosen kann man nicht verkaufen. Also pflückt man die Aprikosen fest und unreif. Unreife Aprikosen reifen aber nicht nach... Dies ist das Dilemma, dies ist der Grund, weshalb man so selten gute Aprikosen kaufen kann. Die besten Aprikosen kommen aus der Provence, aus Ungarn oder aus der Wachau (und heißen dann Marillen) oder aus dem Tessin bzw. dem Vintschgau, wo sie in der Bergluft würziges Aroma erlangen und spät reif werden. Gute Aprikosen haben rötliche oder bräunliche Punkte und sehen nicht so ganz ebenmäßig aus.

Mohnauflauf mit Rotweinbirne

Rezeptur für 8 Personen:
Butter und Zucker für die
Auflaufförmchen von
etwa 8 cm Durchmesser,
80 g Toastbrot ohne Rinde,
⅛ l Rotwein (Côtes du Rhône),
7 Eier, 140 g Butter,
100 g Puderzucker,
120 g gemahlener Mohn, etwas
geraspelte Zitronenschale,
1 Spritzer Rum, 1 Prise Salz,
8 Rotweinbirnen mit ihrer
Pochierflüssigkeit (Seite 214)

VORBEREITEN
Ofen auf 190° vorbereiten. Förmchen mit Butter ausstreichen und mit Zucker bestreuen. Kaltstellen. Das Toastbrot in Würfel schneiden und mit dem Wein anfeuchten. Eier trennen.

ZUBEREITEN
Butter und Puderzucker schaumig rühren, nach und nach 7 Eigelb beigeben, ebenso das eingeweichte Brot (ausdrücken) und den Mohn; mit etwas geraspelter Zitronenschale und einem Spritzer Rum würzen.
Die Eiweiß und eine Prise Salz zu einem festen Schnee schlagen und zuerst ¼ davon unterheben, danach den restlichen Schnee einmengen. In Förmchen abfüllen und im heißen Wasserbad ca. 20 Minuten im Ofen pochieren.
Rotweinbirnen: Siehe Seite 214 – statt Weißwein und Grenadine einen kräftigen Rotwein und 125 g Zucker nehmen. Diese Birnen sollten einen Tag vorher zubereitet werden, damit sie gut durchziehen können.

ANRICHTEN
Die Birnen auf den Tellern verteilen (in Spalten oder Scheiben) und mit Flüssigkeit leicht begießen. Darauf den Mohnauflauf stürzen, dünn mit Puderzucker bestäuben und servieren.

ANMERKUNG
Die Flüssigkeit für die Birnen kann leicht angedickt werden, z. B. mit ein wenig angerührtem Kartoffelmehl oder mit etwas Fruchtmark (z. B. Himbeer oder Brombeer).

PRODUKTBESCHREIBUNG
Den Mohn am besten selbst mahlen, er ist dann aromatischer. Entweder in der Mohnmühle oder im elektrischen Zerhacker (Universalzerkleinerer).

Zitronensoufflé

Rezeptur für 7 Personen:
60 g Zucker, 60 g Butter,
Saft und abgeriebene Schale
von 1 Zitrone, 5 Eier,
Butter und Kristallzucker
für die Förmchen

ZUBEREITEN
Butter mit 40 g Zucker schaumig rühren, Zitronenschale dazugeben. Die 5 Eigelb einzeln beigeben und über Dampf aufschlagen, bis die Masse fest wird. Auf gestoßenem Eis weiterschlagen, bis die Masse kalt ist. Zitronensaft vorsichtig unterrühren.
Die 5 Eiweiß mit 20 g Zucker zu Schnee schlagen und vorsichtig unterheben.
Masse in ausgebutterte und mit Kristallzucker ausgestreute Soufflé-Förmchen geben und im Wasserbad auf dem Gitter im Ofen in etwa 20 Minuten pochieren.

ANMERKUNG
Können Sie Ober- und Unterhitze getrennt regeln, so geben Sie von unten 190° und von oben 160°. Sonst bei 180° garen.
Wasserbad: Förmchen in einen ausreichend tiefen Bräter stellen, der mit einem Blatt Pergamentpapier, Alufolie oder auch Zeitungspapier ausgelegt wurde. Mit kochendem Wasser aufgießen, bis es so hoch steht wie die Masse in den Förmchen, die nur bis zu ⅔ gefüllt sein dürfen.
Dazu frische Beeren mit ihrem eigenen Püree reichen, auch gekochtes Obst (Kompott) oder einen Obstsalat.

PRODUKTBESCHREIBUNG
Sie benötigen für dieses Dessert unbedingt unbehandelte Zitronen – am besten die großen, recht buckligen Früchte von der Amalfitanischen Küste. Sie werden auf besondere, an die Pergola-Methode der Südtiroler Weinbauern erinnernde Art gezogen, sind überaus saftig, relativ wenig sauer und äußerst intensiv im Aroma. Allerdings kosten sie auch mehr als die gewöhnlichen Zitronen und sind auch nur im Delikatessenhandel und auf guten Märkten sowie in wenigen Kaufhäusern zu finden. Es gibt übrigens manchmal auch spanische Zitronen ähnlicher Qualität, die ohne weiteres die Größe einer Männerfaust erreichen können.
Wer's exotischer liebt, kann grüne Zitronen, Limetten oder Limonen genannt, verwenden – aber Achtung: Schale vorher heiß abwaschen!

Kirsch-Gratin mit frischen Mandeln

Rezeptur für 4 Personen:
300 g dunkle Kirschen
(entsteint gewogen),
25 g frische Mandelstifte
(aus grünen Mandeln),
100 g Biskuit-Brösel
Für die Flüssigkeit
zum Dünsten der Kirschen:
500 g Zucker, 0,4 l Wasser,
½ Zimtrinde,
Saft von 1 Zitrone,
0,2 l Kirschwasser
Für die Creme:
120 g (ca. ⅛ l) Vanillesauce
(siehe unten),
50 g (ca. 4 EL) Sabayon
(siehe unten),
100 g (ca. 1/10 l) Sahne,
1 EL Kirschwasser

VORBEREITEN
Für die Pochierflüssigkeit außer dem Kirschwasser alles zusammen aufkochen. Zum Schluß das Kirschwasser zufügen.
Die Kirschen waschen und entsteinen. In der Flüssigkeit in etwa 10 Minuten weich dünsten, ohne sie dabei zu kochen. Dann erkalten lassen. Die frischen Mandeln aus der Schale holen, die dünne, aber bittere Haut abziehen und die Kerne in Stifte schneiden.

ZUBEREITEN
Creme: Vanillesauce mit Sabayon und Sahne vermischen und mit Kirschwasser parfümieren. Die Biskuit-Brösel in vier tiefe Teller verteilen, darauf die gut abgetropften Kirschen legen. Diese mit den Mandelstiften bestreuen und mit der Creme nappieren. Unter starker Oberhitze – unter dem Grill oder im Ofen – die Oberfläche eine hellbraune Farbe annehmen lassen.

ANMERKUNG
Vanillesauce: Eine halbe Vanillestange aufschlitzen und die Kerne mit einer Messerspitze herauskratzen. ¼ l süße Sahne mit der halbierten Vanillestange, dem herausgekratzten Mark und einer Prise Salz kurz aufkochen lassen. 5 Eigelb mit 25 g Zucker schaumig schlagen, die heiße Vanillesahne zugießen und unter ständigem Schlagen einrühren. Über Dampf oder im heißen Wasserbad aufschlagen zur Rose, das heißt, bis die Sauce dicklich wird und beim Rühren bleibende Spuren entstehen. Auf Eis kalt schlagen.
Sabayon: Aus der italienischen Küche „entliehene" Creme, ursprünglich mit Marsala gerührte Zabaione. Heute auch eine andere Weinsauce, die sogar pikant sein kann. Grundsätzlich kann man von dieser Mischung ausgehen: 1 Eigelb, 1 EL Zucker, 2–4 EL Südwein oder Kochsud. Alles im Wasserbad oder über Dampf schaumig schlagen.

Verzeichnis der Rezepte

Vorspeisen

Gänselebermousse mit hausgemachten Brioches 12
Rehterrine 13
Mousse vom Huhn in der Zunge mit Gelee 14
Zungenmousse 16
Steinpilzsalat mit gebackenem Kalbshirn 17
Gekochte Rinderzunge auf Salatbett 18
Feldsalat mit Ochsengaumen 18
Scheiben vom Kaninchenrücken auf Sellerie- und Rote-Bete-Salat 20
Kalbsbrieseterrine mit frischer Gänseleber 21
Frischer roher Lachs mit weißen Trüffeln 24
Taubenbrust auf Borschtschgelee 24
Entenstrich (à la Schnepfendreck) nach Bogenberger 25
Taubenbrustscheiben auf Artischocken-salat 26
Salat vom Masthuhn mit Sellerie, Äpfeln und Krebsen 28
Salat von Artischockenböden mit Mast-huhnleber und frischen Walnüssen 29
Ravioli mit Hirn-Gemüse-Füllung in Ker-belbutter mit Pfifferlingen 30
Champagner-Risotto mit Froschschenkeln und weißen Trüffeln 32
Nudeln mit Muscheln 33
Gefüllte Tomaten in Basilikumsauce 34

Suppen

Rahmsuppe von gelben Spalterbsen mit Karpfenklößchen 36
Fischsuppe von Lachs und Zander 37
Austernsuppe mit Curry 38
Kartoffelrahmsuppe mit Froschschenkeln und Kresseblättern 40
Tomatisierte Rahmsuppe mit Seeteufel und Fadennudeln 41
Klare Hühnersuppe mit Gemüsen und Butternockerln 42
Borschtsch aus der Taube 44
Rahmsuppe von Anis-Champignons, mit Pernod parfümiert 45
Linsensuppe mit gebratener Wachtel 46
Rahmsuppe von Kopfsalat mit gebackenen Taubenleberknödeln 48

Fisch

Zandersuprême auf Streifen von Roter Bete und Petersilienwurzel 50
Saibling mit Kohlrabi und Kresse in Rieslingsauce 52
Steinbutt mit Beluga-Malossol-Caviar im Blätterteig 53
Lachs mit Räucherlachs-Meerrettich-Kruste auf Riesling-Creme-Sauce 56
Steinbutt im Schweinenetz nach Karl Ederer 57
Rochenflügel in Senf-Butter-Sauce 60
Sankt-Petersfisch auf Fenchelgemüse 61
Seeteufel auf Rotweinbutter mit Kartoffeln und Artischocken 64
Seeteufel am Stück, auf Lauch-Kartoffel-Bett gebraten 65
Rotzunge in Sardellensud 66
Makrele oder Hering mit Tomaten und Estragon 68
Hering, mit geräucherter Schellfisch-mousse gefüllt 69
Kabeljau im Spitzkohlblatt mit Egerlingen und Rotweinbutter 70
Seehecht, mit Champignons überbacken, Rotweinbutter 72
Seezunge mit Tomaten und Champignons 73
Fritierte Seezungenbällchen mit Hopfensprossen 76
Buttersauce 77
Hecht-Mittelstück mit Kapern und Sardellen 80

Schalen- und Krustentiere

Jakobsmuscheln auf Lauch mit Tomaten-streifen 82
Cassolettes mit Muscheln und Gemüse 84
Bigorneaux in Senfbutter auf Kartoffel-Zucchini-Gratin 85
Seeigel, mit Jakobsmuscheln gefüllt 86
Langustenscheiben mit Spargelspitzen, in Blätterteig gebacken 88
Geröstete Krebse mit Tomaten und Frühlingszwiebeln 89
Hummer auf Artischockenbett in Rotwein-Buttersauce 92
Hummer auf Lauch in Buttersauce 93
Langustinenschwänze mit Paprika und Ingwer 94
Langustinen-Gratin auf Spinatbett 96
Krebsschwänze mit Gartengurken und Dillspitzen 97
Krebse mit Blumenkohl 98
Krebsschwänze im Dillsud 100
Krevetten im Gemüsefenchelsud 100

Fleisch

Gefüllte Kalbskoteletts mit Chicorée 102
Kalbsfiletscheiben, mit Schalotten gefüllt, auf Lauch 104
Kalbsstelze mit Sardellen-Limetten-Rahmsauce 105
Crépinetten vom Lammsattel 106
Lammsauté mit kleinen Gemüsen, parfümiert mit Basilikum 108
Gefüllte Milchlammbrust 109
Keule vom Kitz mit Bärlauch 112
Milchlammschulter, mit Gartengurken in Dill geschmort 113
Kaninchen mit Backpflaumen und Pumpernickel 116
Gefüllte Kaninchen in Aspik 117
Kaninchenmedaillons auf Auberginen, Zucchini und Tomaten 118
Gepökelte Spanferkelkeule oder Schinken mit Linsen 120

Innereien

Kalbsbries-Röschen mit Spargelspitzen und Zuckererbsen 122
Herz, Zunge und Kutteln vom Kalb in Champagnersud 124
Kutteln auf Weißkraut in Essigsauce 125
Beuschel vom Rehkitz in Pfifferlings-knödeln 128
Kalbskopf nach Bogenberger 129
Geschmorter Ochsenschwanz nach Otto Koch 132
Blutwürste 134
Kalbsleberscheiben, mit Steinpilzen und Tomaten geschwenkt 136

Geflügel

Gefüllte Tauben nach Bogenberger 138
Sauté von Taubenkeulen auf Mangold und Trüffeln 140
Junge Tauben, mit Tannenwipfelhonig gebraten 141
Geschwungenes aus Hühnerkämmen und -mägen 142
Frikassée vom Masthuhn in Paprika-Rahm-Sauce 144
Geflügelklößchen auf Leipziger Allerlei 145
Ente, gepökelt, auf Bohnengemüse 148
Bayerische Ente, mit Zwiebel und Apfel gefüllt 149
Stubenküken mit zwei Selleries 150
Stubenküken, mit Wachtel gefüllt 152

Wild

Sauté von der Wachtel mit kleinen Geldbeuteln 154
Wachtelbrüste mit gefülltem Wirsing-blatt 156
Rehkitzrücken, im ganzen gebraten 157
Rehkitzschuler in Preiselbeerrahm-sauce 160
Kleine Blätterteigpastetchen vom Reh 161
Gefüllte Perlhuhn- oder Masthuhnbrust mit Erbsen-Mais-Risotto 162
Wildsauce 164
Wildhasenragout mit Kartoffel-nudeln 164/165
Rehkoteletts mit Morchel-Füllung in Strudelteig 166
Geschmorte Frischlingskeule, mit Honig überglänzt 168
Junge Rebhühner auf krauser Endivie 170

Gemüse

Friséesalat, braisiert 172
Glasierte Zwiebeln 172
Spinatknödel 172
Ragout von Maronenpilzen, Äpfeln und Schalotten 173

Perlpilzkappen im Eiermantel, in Butter
gebraten 176
Rotkappen, mit Tomaten und Rosmarin
gedünstet 177
Bäckerin-Kartoffeln 178
Bratkartoffeln 178
Kartoffelnockerl Piemonteser Art 179
Karotten Vichy 179
Breite Bohnen mit Speck und Bohnenkraut
in saurer Sahne 180
Cassolette von jungem Lauch mit Ochsenmark oder Masthuhnleber 181
Gemischtes Gemüse 184
Wirsing-Timbale 185
Ragout aus feinen Zuckererbsen und
grünen Spargelspitzen 185
Grüner Spargel mit Wachteleiern 186
Champagner-Sauerkraut auf bürgerliche
Art 188

Desserts

Apfelschmarrn mit frischen
Walnüssen 190
Topfen-Ravioli auf Zwetschgen-Röster 192
Gefüllte Datteln in Mokkasauce 193
Weiße und braune Schokoladen-Mousse
mit Rumpflaumen 196
Nougatcreme auf Meringue mit Kaffee-Sauce 197
Blätterteig-Schnitte mit Zitronencreme
und Kiwis 198
Ananas-Crêpe mit Orangenragout 199
Crêpes mit Maronenmus 200
Rhabarber-Timbale mit Kirsch-Ragout 201
Erdbeer-Rosette auf Rhabarber-Schaum 202

Auflauf von Sacherbröseln mit geeister
Minze-Sauce 204
Soufflé von Quark mit Aprikosensauce 205
Scheiterhaufen aus Brioches und
Äpfeln 206
Kalte Reis-Galette mit Weichselkirsch
Ragout 208
Gefrorenes Soufflé mit Chivas und
Früchten 209
Muskattrauben auf Asti-Spumante-Creme 210
Clairefontaine mit Himbeersauce 212
Pfirsich, in Honig-Likör gedünstet 213
Birne, mit Zimtcreme gefüllt und mit
Backpflaumen umlegt 214
Basler Aprikosen-Wähe 216
Mohnauflauf mit Rotweinbirne 217
Zitronensoufflé 218
Kirsch-Gratin mit frischen Mandeln 219

Register

Ananas-Crêpe mit Orangenragout 199
Anis- Champignons-Rahmsuppe, mit
Pernod parfümiert 45
Äpfel- und Brioches-Scheiterhaufen 206
Äpfel, Schalotten und Maronenpilze als
Ragout 173
Apfelschmarrn mit frischen Walnüssen 190
Äpfel, Sellerie und Krebse im Masthuhnsalat 28
Apfel- und Zwiebelfüllung für bayerische
Ente 149
Aprikosensauce zu Quark-Soufflé 205
Aprikosen-Wähe, Basler Art 216
Artischockenbett für Hummer in Rotwein-Buttersauce 92
Artischockenböden-Salat mit Masthuhnleber und frischen Walnüssen 29
Artischocken und Kartoffeln zu Seeteufel
auf Rotweinbutter 64
Artischockensalat für Taubenbrust-scheiben 26
Aspik für gefülltes Kaninchen 117
Asti-Spumante-Creme zu Muskat-trauben 210
Auberginen, Zucchini und Tomaten für
Kaninchenmedaillons 118
Auflauf von Sacherbröseln mit geeister
Minze-Sauce 204
Austernsuppe mit Curry 38

Bäckerin-Kartoffeln 178
Backpflaumen und Pumpernickel zu
Kaninchen 116

Backpflaumen und Zimtcreme-Füllung für
Birne 214
Bärlauch zu Keule vom Kitz 112
Basilikum für Lammsauté mit kleinen
Gemüsen 108
Basilikumsauce zu gefüllten
Tomaten 34
Basler Aprikosen-Wähe 216
Bayerische Ente, mit Zwiebel und Apfel
gefüllt 149
Beluga-Malossol-Caviar zu Steinbutt im
Blätterteig 53
Beuschel vom Rehkitz mit Pfifferlings-knödeln 128
Blätterteig für Langustenscheiben mit
Spargelspitzen 88
Blätterteigpastetchen vom Reh 161
Blätterteig-Schnitte mit Zitronencreme
und Kiwis 198
Blätterteig für Steinbutt mit Beluga-Malossol-Caviar 53
Bigorneaux in Senfbutter auf Kartoffel-Zucchini-Gratin 85
Birne, mit Zimtcreme gefüllt und mit
Backpflaumen umlegt 214
Blumenkohl zu Krebsen 98
Blutwürste 134
Bohnen mit Speck und Bohnenkraut in
saurer Sahne 180
Bohnengemüse zu gepökelter Ente 148
Borschtsch aus der Taube 44
Borschtschgelee mit Taubenbrust 24
Bratkartoffeln 178

Braune und weiße Schokoladen-Mousse
mit Rumpflaumen 196
Breite Bohnen mit Speck und Bohnenkraut
in saurer Sahne 180
Brioches- und Äpfel-Scheiterhaufen 206
Brioches, hausgemacht, zu Gänseleber-mousse 12
Butternockerln und Gemüse in klarer
Hühnersuppe 42
Butter-Rotwein-Sauce zu Hummer auf
Artischockenbett 92
Buttersauce 77
Buttersauce zu Hummer auf Lauch 93

Cassolette von jungem Lauch mit Ochsenmark oder Masthuhnleber 181
Cassolettes mit Muscheln und
Gemüse 84
Caviar (Beluga-Malossol) zu Steinbutt im
Blätterteig 53
Champagner-Risotto mit Froschschenkeln
und weißen Trüffeln 32
Champagner-Sauerkraut auf bürgerliche
Art 188
Champagnersud für Herz, Zunge und
Kutteln vom Kalb 124
Champignon-Rahmsuppe, mit Pernod
parfümiert 45
Champignons und Rotweinbutter für
Seehecht 72
Champignons und Tomaten zu
Seezunge 73
Chicorée zu gefüllten Kalbskoteletts 102

221

Chivas und Früchte für gefrorenes Soufflé 209
Clairefontaine mit Himbeersauce 212
Crêpes mit Maronenmus 200
Crépinetten vom Lammsattel 106
Curry in Austernsuppe 38

Datteln, gefüllt, in Mokkasauce 193
Dillspitzen und Salatgurken zu Krebsschwänzen 97
Dillsud zu Krebsschwänzen 100

Egerlinge und Rotweinbutter für Kabeljau im Spitzkohlblatt 70
Eiermantel für Perlpilzkappen, in Butter gebraten 176
Endivie (krause) zu jungen Rebhühnern 170
Ente, bayerisch, gefüllt mit Zwiebel und Apfel 149
Ente, gepökelt, auf Bohnengemüse 148
Entenstrich nach Bogenberger 25
Erbsen-Mais-Risotto zu gefüllter Perlhuhn- oder Masthuhnbrust 162
Erdbeer-Rosette auf Rhabarber-Schaum 202
Essigsauce für Weißkraut zu Kutteln 125
Estragon und Tomaten zu Makrele oder Hering 68

Fadennundeln und Seeteufel in tomatisierter Rahmsuppe 41
Feldsalat mit lauwarmem Ochsengaumen 18
Fenchelgemüse für Sankt-Petersfisch 61
Fischfond 77
Fischsuppe von Lachs und Zander 37
Frikassée vom Masthuhn in Paprika-Rahm-Sauce 144
Frischer roher Lachs mit weißen Trüffeln 24
Frischlingskeule, geschmort, mit Honig überglänzt 168
Friséesalat, braisiert 172
Fritierte Seezungenbällchen mit Hopfensprossen 76
Froschschenkel mit Kresseblätter in Kartoffelrahmsuppe 40
Froschschenkel und weiße Trüffeln in Champagner-Risotto 32
Früchte und Chivas für gefrorenes Soufflé 209
Frühlingszwiebeln und Tomaten zu gerösteten Krebsen 89

Gänseleber, frisch, zur Kalbsbriesterrine 21
Gänselebermousse mit hausgemachten Brioches 12
Gartengurken mit Dill zu geschmorter Milchlammbrust 113
Gebackenes Kalbshirn zu Steinpilzsalat 17
Gebackener Taubenleberknödel zu Rahmsuppe von Kopfsalat 48
Gebratene Wachtel zur Linsensuppe 46
Geflügelfond 77
Geflügelklößchen auf Leipziger Allerlei 145
Gefrorenes Soufflé mit Chivas und Früchten 209

Gefüllte Datteln in Mokkasauce 193
Gefüllte Ente, bayerisch, mit Zwiebel und Apfel 149
Gefüllte Kalbskoteletts mit Chicorée 102
Gefülltes Kaninchen in Aspik 117
Gefüllte Milchlammbrust 109
Gefüllte Perlhuhn- oder Masthuhnbrust mit Erbsen-Mais-Risotto 162
Gefülltes Stubenküken (mit Wachtel) 152
Gefüllte Tauben nach Bogenberger 138
Gefüllte Tomaten in Basilikumsauce 34
Gefülltes Wirsingblatt zu Wachtelbrüsten 156
Gekochte Rinderzunge auf Salatbett 18
Gelee zu Mousse vom Huhn und von der Zunge 14
Gemischtes Gemüse 184
Gemüse und Butternockerln in klarer Hühnersuppe 42
Gemüsefenchelsud zu Krevetten 100
Gemüse, gemischt 184
Gemüse in klarer Hühnersuppe mit Butternockerln 42
Gemüse zu Lammsauté, parfümiert mit Basilikum 108
Gemüse und Muscheln in Cassolettes 84
Gepökelte Ente auf Bohnengemüse 148
Gepökelte Spanferkelkeule oder Schinken mit Linsen 120
Geräucherte Schellfischmousse-Füllung für Hering 69
Geröstete Krebse mit Tomaten und Frühlingszwiebeln 89
Geschmorte Frischlingskeule, mit Honig überglänzt 168
Geschmorte Milchlammbrust mit Gartengurken und Dill 113
Geschmorter Ochsenschwanz nach Otto Koch 132
Geschwungenes aus Hühnerkämmen und -mägen 142
Glasierte Zwiebeln 172
Gratin von Langustinen auf Spinatblatt 96
Grüner Spargel mit Wachteleiern 186

Hausgemachte Brioches zu Gänselebermousse 12
Hecht-Mittelstück mit Kapern und Sardellen 80
Hering oder Makrele mit Tomaten und Estragon 68
Hering, mit geräucherter Schellfischmousse gefüllt 69
Herz, Zunge und Kutteln vom Kalb in Champagnersud 124
Himbeersauce für Clairefontaine 212
Hirn-Gemüse-Füllung für Ravioli in Kerbelbutter mit Pfifferlingen 30
Honig-Likör für Pfirsich 213
Hopfensprossen zu fritierten Seezungenbällchen 76
Hühnerkämme und -mägen für Geschwungenes 142
Hühnersuppe, klar, mit Gemüse und Butternockerln 42

Hühner- und Zungenmousse mit Gelee 14
Hummer auf Artischockenbett in Rotwein-Buttersauce 92
Hummer auf Lauch in Buttersauce 93

Ingwer und Paprika zu Langustinenschwänzen 94

Jakobsmuschel-Füllung für Seeigel 86
Jakobsmuscheln auf Lauch mit Tomatenstreifen 82
Junge Rebhühner auf krauser Endivie 170
Junge Tauben, mit Tannenwipfelhonig gebraten 141

Kabeljau im Spitzkohlblatt mit Egerlingen und Rotweinbutter 70
Kaffee-Sauce zu Meringue mit Nougatcreme 197
Kalbsbries-Röschen mit Spargelspitzen und Zuckererbsen 122
Kalbsbrieseterrine mit frischer Gänseleber 21
Kalbsfiletscheiben, mit Schalotten gefüllt, auf Lauch 104
Kalbsfond 77
Kalbsherz, -zunge und -kutteln in Champagnersud 124
Kalbshirn, gebacken, zu Steinpilzsalat 17
Kalbskopf nach Bogenberger 129
Kalbskoteletts, gefüllt, mit Chicorée 102
Kalbsleberscheiben, mit Steinpilzen und Tomaten geschwenkt 136
Kalbsstelze mit Sardellen-Limetten-Rahmsauce 105
Kalte Reis-Galette mit Weichselkirsch-Ragout 208
Kaninchen mit Backpflaumen und Pumpernickel 116
Kaninchen, gefüllt, in Aspik 117
Kaninchenmedaillons auf Auberginen, Zucchini und Tomaten 118
Kaninchenrücken-Scheiben auf Sellerie- und Rote-Bete-Salat 20
Kapern und Sardellen zum Hecht-Mittelstück 80
Karotten Vichy 179
Karpfenklößchen in Rahmsuppe von gelben Spalterbsen 36
Kartoffeln und Artischocken zu Seeteufel auf Rotweinbutter 64
Kartoffeln nach Bäckerinart 178
Kartoffel-Lauch-Bett für Seeteufel am Stück 65
Kartoffelnockerl Piemonteser Art 179
Kartoffelnudeln zu Wildhasenragout 164
Kartoffelrahmsuppe mit Froschschenkeln und Kresseblättern 40
Kartoffel-Zucchini-Gratin zu Bigorneaux in Senfbutter 85
Kerbelbutter mit Pfifferlingen für Ravioli mit Hirn-Gemüse-Füllung 30
Keule vom Kitz mit Bärlauch 112
Kirsch-Gratin mit frischen Mandeln 219
Kirsch-Ragout zu Rhabarber-Timbale 201
Kitz-Keule mit Bärlauch 112

Kiwis und Zitronencreme für Blätterteig-Schnitte 198
Klare Hühnersuppe mit Gemüsen und Butternockerln 42
Kleine Blätterteigpastetchen vom Reh 161
Kohlrabi und Kresse zu Saibling in Rieslingsauce 52
Kopfsalat-Rahmsuppe mit gebackenen Taubenleberknödeln 48
Krebse, Äpfel und Sellerie im Masthuhnsalat 28
Krebse mit Blumenkohl 98
Krebse, geröstet, mit Tomaten und Frühlingszwiebeln 89
Krebsschwänze im Dillsud 100
Krebsschwänze mit Salatgurken und Dillspitzen 97
Kresseblätter und Froschschenkel in Kartoffelrahmsuppe 48
Kresse und Kohlrabi zu Saibling in Rieslingsauce 52
Krevetten im Gemüsefenchelsud 100
Kutteln, Herz und Zunge vom Kalb im Champagnersud 124
Kutteln auf Weißkraut in Essigsauce 125

Lachs, frisch und roh, mit weißen Trüffeln 24
Lachs mit Räucherlachs-Meerrettich-Kruste auf Riesling-Creme-Sauce 56
Lachs und Zander in der Fischsuppe 37
Lammsattel-Crépinetten 106
Lammsauté mit kleinen Gemüsen, parfümiert mit Basilikum 108
Langustinen-Gratin auf Spinatbett 96
Langustinenschwänze mit Paprika und Ingwer 94
Langustenscheiben mit Spargelspitzen, in Blätterteig gebacken 88
Lauch zu Hummer in Buttersauce 93
Lauch, jung, mit Ochsenmark oder Masthuhnleber in der Cassolette 181
Lauch zu Kalbsfiletscheiben, gefüllt mit Schalotten 104
Lauch-Kartoffel-Bett für Seeteufel am Stück 65
Lauch mit Tomatenstreifen für Jakobsmuscheln 82
Leipziger Allerlei zu Geflügelklößchen 145
Limetten-Sardellen-Rahmsauce zu Kalbsstelzen 105
Linsen zu gepökelter Spanferkelkeule oder Schinken 120
Linsensuppe mit gebratener Wachtel 46

Mais-Erbsen-Risotto zu gefüllter Perlhuhn- oder Masthuhnbrust 162
Makrele oder Hering mit Tomaten und Estragon 68
Mandeln für Kirsch-Gratin 219
Mangold und Trüffeln zu Sauté von Taubenkeulen 140
Maronenmus zu Crêpes 200
Maronenpilze, Äpfel und Schalotten als Ragout 173
Masthuhn-Frikassée in Paprika-Rahm-Sauce 144

Masthuhnleber oder Ochsenmark und junger Lauch in der Cassolette 181
Masthuhnleber und frische Walnüsse im Salat von Artischockenböden 29
Masthuhn- oder Perlhuhnbrust, gefüllt, mit Erbsen-Mais-Risotto 162
Masthuhnsalat mit Sellerie, Äpfeln und Krebsen 28
Meerrettich-Räucherlachs-Kruste für Lachs auf Riesling-Creme-Sauce 56
Meringue mit Kaffee-Sauce und Nougatcreme 197
Milchlammbrust, gefüllt 109
Milchlammschulter, mit Gartengurken in Dill geschmort 113
Minze-Sauce, geeist, zu Auflauf mit Sacherbröseln 204
Mohnauflauf mit Rotweinbirne 217
Mokkasauce für gefüllte Datteln 193
Morchel-Füllung für Rehkoteletts in Strudelteig 166
Mousse vom Huhn und von der Zunge mit Gelee 14
Muscheln und Gemüse in Cassolettes 84
Muscheln zu Nudeln 33
Muskattrauben auf Asti-Spumante-Creme 210

Nougatcreme auf Meringue mit Kaffee-Sauce 197
Nudeln mit Muscheln 33

Ochsengaumen, lauwarm, zu Feldsalat 18
Ochsenmark oder Masthuhnleber und junger Lauch in der Cassolette 181
Ochsenschwanz, geschmort, nach Otto Koch 132
Orangenragout zu Ananas-Crêpe 199

Paprika und Ingwer zu Langustinenschwänzen 94
Paprika-Rahm-Sauce für Frikassée vom Masthuhn 144
Perlhuhn- oder Masthuhnbrust, gefüllt, mit Erbsen-Mais-Risotto 162
Perlpilzkappen im Eiermantel, in Butter gerbraten 176
Petersfisch auf Fenchelgemüse 61
Petersilienwurzel- und Rote-Bete-Streifen zu Zandersuprême 50
Pfifferlinge mit Kerbelbutter zu Ravioli mit Hirn-Gemüse-Füllung 30
Pfifferlingsknödel zum Beuschel vom Rehkitz 128
Pfirsich, in Honig-Likör gedünstet 213
Piemonteser Kartoffelnockerl 179
Preiselbeerrahmsauce zur Rehkitzschulter 160
Pumpernickel und Backpflaumen zu Kaninchen 116

Quark-Soufflé mit Aprikosensauce 205

Ragout von Maronenpilzen, Äpfeln und Schalotten 173
Ragout aus feinen Zuckererbsen und grünen Spargelspitzen 185

Rahm-Paprika-Sauce für Frikassée vom Masthuhn 144
Rahmsauce mit Sardellen und Limetten zu Kalbsstelzen 105
Rahmsuppe von Anis-Champignons, mit Pernod parfümiert 45
Rahmsuppe von Kopfsalat mit gebackenen Taubenleberknödeln 48
Rahmsuppe von gelben Spalterbsen mit Karpfenklößchen 36
Rahmsuppe, tomatisiert, mit Seeteufel und Fadennudeln 41
Ravioli, mit Hirn-Gemüse-Füllung in Kerbelbutter mit Pfifferlingen 30
Ravioli mit Topfen auf Zwetschgen-Röster 192
Räucherlachs-Meerrettich-Kruste für Lachs auf Riesling-Creme-Sauce 56
Rebhühner auf krauser Endivie 170
Reh-Blätterteigpastetchen 161
Rehkitz-Beuschel mit Pfifferlingsknödeln 128
Rehkitzrücken, im ganzen gebraten 157
Rehkitzschulter in Preiselbeerrahmsauce 160
Rehkoteletts mit Morchel-Füllung in Strudelteig 166
Rehterrine 13
Reis-Galette, kalt, mit Weichselkirsch-Ragout 208
Rhabarber-Schaum für Erdbeer Rosette 202
Rhabarber-Timbale mit Kirsch-Ragout 201
Riesling-Creme-Sauce für Lachs mit Räucherlachs-Meerrettich-Sauce 56
Rieslingsauce zu Saibling mit Kohlrabi und Kresse 52
Rinderzunge, gekocht, auf Salatbett 18
Risotto mit Champagner, Froschschenkeln und weißen Trüffeln 32
Risotto mit Erbsen und Mais zu gefüllter Perlhuhn- oder Masthuhnbrust 162
Rochenflügel mit Senf-Butter-Sauce 60
Roher frischer Lachs mit weißen Trüffeln 24
Rote-Bete- und Petersilienwurzelstreifen zu Zandersuprême 50
Rote-Bete- und Sellerie-Salat zu Scheiben von Kaninchenrücken 20
Rotkappen, mit Tomaten und Rosmarin gedünstet 177
Rotweinbirne zu Mohnauflauf 217
Rotwein-Buttersauce zu Hummer auf Artischockenbett 92
Rotweinbutter und Egerlinge für Kabeljau im Spitzkohlblatt 70
Rotweinbutter für Seehecht, mit Champignons überbacken 72
Rotweinbutter für Seeteufel mit Kartoffeln und Artischocken 64
Rotzunge in Sardellensud 66

Sacherbrösel-Auflauf mit geeister Minze-Sauce 204
Saibling mit Kohlrabi und Kresse in Rieslingsauce 52

Salat von Artischockenböden mit Masthuhnleber in frischen Walnüssen 29
Salatbett für gekochte Rinderzunge 18
Salatgurken und Dillspitzen zu Krebsschwänzen 97
Salat vom Masthuhn mit Sellerie, Äpfeln und Krebsen 28
Sankt-Petersfisch auf Fenchelgemüse 61
Sardellen und Kapern zum Hecht-Mittelstück 80
Sardellen-Limetten-Rahmsauce zu Kalbsstelzen 105
Sardellensud für Rotzunge 66
Sauerkraut mit Champagner auf bürgerliche Art 188
Saure Sahne für Breite Bohnen mit Speck und Bohnenkraut 180
Sauté von Taubenkeulen auf Mangold und Trüffeln 140
Sauté von der Wachtel mit kleinen Geldbeuteln 154
Schalotten, Äpfel und Maronenpilze als Ragout 173
Schalotten in Kalbsfiletscheiben auf Lauch 104
Scheiterhaufen aus Brioches und Äpfeln 206
Schellfischmousse-Füllung für Hering 69
Schinken und Spanferkelkeule, gepökelt, mit Linsen 120
Schokoladenmousse, weiß und braun, mit Rumpflaumen 196
Seehecht, mit Champignons überbacken, Rotweinbutter 72
Seeigel, mit Jakobsmuscheln gefüllt 86
Seeteufel und Fadennudeln mit tomatisierter Rahmsuppe 41
Seeteufel auf Rotweinbutter mit Kartoffeln und Artischocken 64
Seeteufel am Stück, auf Lauch-Kartoffel-Bett gebraten 65
Seezunge mit Tomaten und Champignons 73
Seezungenbällchen, fritiert, mit Hopfensprossen 76
Sellerie, Äpfel und Krebse im Masthuhnsalt 28
Sellerie- und Rote-Bete-Salat zu Scheiben von Kaninchenrücken 20
Selleries zu Stubenküken 150
Senfbutter zu Bigorneaux auf Kartoffel-Zucchini-Gratin 85
Senf-Butter-Sauce für Rochenflügel 60
Soufflé, gefroren, mit Chivas und Früchten 209
Soufflé von Quark mit Aprikosensauce 205

Spalterbsen-Rahmsuppe mit Karpfenklößchen 36
Spanferkelkeule oder Schinken, gepökelt, mit Linsen 120
Spargel, grün, mit Wachteleiern 186
Spargelspitzen zu Langustenschwänzen, in Blätterteig gebacken 88
Spargelspitzen und Zuckererbsen zu Kalbsbries-Röschen 122
Spargelspitzen, grün, und feine Zuckererbsen als Ragout 185
Spinatbett für Langustinen-Gratin 96
Spinatknödel 172
Spitzkohlblatt für Kabeljau mit Egerlingen und Rotweinbutter 70
Steinbutt mit Beluga-Malossol-Caviar im Blätterteig 53
Steinbutt im Schweinenetz nach Karl Ederer 57
Steinpilzsalat mit gebackenem Kalbshirn 17
Steinpilze und Tomaten zu Kalbsleberscheiben 136
Strudelteig für Rehkoteletts mit Morchel-Füllung 166
Stubenküken mit zwei Selleries 150
Stubenküken, mit Wachtel gefüllt 152
Tannenwipfelhonig für junge Tauben 141
Tauben-Borschtsch 44
Taubenbrust auf Borschtschgelee 24
Taubenbrustscheiben auf Artischockensalat 26
Tauben, gefüllt, nach Bogenberger 138
Tauben, jung, mit Tannenwipfelhonig gebraten 141
Taubenkeulen-Sauté auf Mangold und Trüffeln 140
Taubenleberknödel, gebacken, zu Rahmsuppe von Kopfsalat 48
Timbale von Wirsing 185
Tomaten und Champignons zu Seezunge 73
Tomaten und Estragon zu Makrele oder Hering 68
Tomaten und Frühlingszwiebeln zu gerösteten Krebsen 89
Tomaten, gefüllt, in Basilikumsauce 34
Tomaten und Rosmarin für Rotkappen 177
Tomaten und Steinpilze zu Kalbsleberscheiben 136
Tomaten, Zucchini und Auberginen für Kaninchenmedaillons 118
Tomatisierte Rahmsuppe mit Seeteufel und Fadennudeln 41

Topfen-Ravioli auf Zwetschgen-Röster 192
Trüffeln weiß, zu frischem, rohem Lachs 24
Trüffeln weiß, und Froschschenkel in Champagner-Risotto 32
Trüffeln und Mangold zu Sauté von Taubenkeulen 140
Wachtel, gebraten, zur Linsensuppe 46
Wachtelbrüste mit gefülltem Wirsingblatt 156
Wachteleier zu grünem Spargel 186
Wachtelfüllung für Stubenküken 152
Wachtel-Sauté mit kleinen Geldbeuteln 154
Walnüsse im Apfelschmarrn 190
Weichselkirsch-Ragout zu kalter Reis-Galette 208
Weiße und braune Schokoladen-Mousse mit Rumpflaumen 196
Weiße Trüffeln zu frischem, rohem Lachs 24
Weißkraut in Essigsauce zu Kutteln 125
Wildhasenragout mit Kartoffelnudeln 164
Wildsauce 169
Wirsingblatt, gefüllt, zu Wachtelbrüsten 156
Wirsing-Timbale 185
Zander und Lachs in der Fischsuppe 37
Zandersuprême auf Streifen von Roter Bete und Petersilienwurzel 50
Zimtcreme-Füllung für Birne, mit Backpflaumen umlegt 214
Zitronencreme und Kiwis für Blätterteig-Schnitte 198
Zitronensoufflé 218
Zucchini, Auberginen und Tomaten für Kaninchemedaillons 118
Zucchini-Kartoffel-Gratin zu Bigorneaux in Senfbutter 85
Zuckererbsen und grüne Spargelspitzen als Ragout 185
Zuckererbsen und Spargelspitzen zu Kalbsbries-Röschen 122
Zunge, Herz und Kutteln vom Kalb in Champagnersud 124
Zungen- und Hühnermousse mit Gelee 14
Zungenmoussee 16
Zwetschgen-Röster zu Topfen-Ravioli 192
Zwiebel- und Apfelfüllung für bayerische Ente 149
Zwiebeln, glasiert 172

Im Wilhelm Heyne Verlag erschien ebenfalls als großformatiger Leinenband:
„Der neue Bocuse" – Die große Kunst der bürgerlichen Küche
(Paul Bocuse dans vôtre cuisine),
352 Seiten, 250 Rezepte, 58 farbige Bildtafeln.